"十二五"普通高等教育本科国家级规划教材
高等院校旅游专业系列教材

旅行社经营与管理

第三版

李宏　杜江　编著

南开大学出版社
天　津

图书在版编目(CIP)数据

旅行社经营与管理 / 李宏，杜江编著. —3 版. —天津：南开大学出版社，2016.5(2023.7 重印)
高等院校旅游专业系列教材
ISBN 978-7-310-05102-1

Ⅰ. ①旅… Ⅱ. ①李… ②杜… Ⅲ. ①旅行社－企业经营管理－高等学校－教材 Ⅳ. ①F590.63

中国版本图书馆 CIP 数据核字(2016)第 098622 号

旅行社经营与管理(第三版)
LÜXINGSHE JINGYING YU GUANLI (DI-SAN BAN)

南开大学出版社出版发行
出版人:陈　敬
地址:天津市南开区卫津路 94 号　　邮政编码:300071
营销部电话:(022)23508339　营销部传真:(022)23508542
https://nkup.nankai.edu.cn

天津泰宇印务有限公司印刷　全国各地新华书店经销
2016 年 5 月第 3 版　　2023 年 7 月第 8 次印刷
230×170 毫米　16 开本　16.5 印张　295 千字
定价:48.00 元

如遇图书印装质量问题,请与本社营销部联系调换,电话:(022)23508339

第三版前言

《旅行社管理》一书于 1997 年首版发行，先后被国家旅游局确定为高等旅游院校推荐教材和全国旅行社总经理资格考试指定教材，同时被众多高校的旅游管理专业选定为教材，在学界和业界有较好的声誉。2001 年，本书再版发行，根据旅行社业的发展形势进行了全面更新，教材内容与业界实际发展联系紧密。2011 年，本书第二版发行，全面整合十年间旅行社行业发展实践，强化了法制化、信息化和重视服务质量等方面的内容。2014 年，本教材获批"十二五"普通高等教育本科国家级规划教材。同年启动本书第三版编写工作。与第二版相比，在新的版本中增加了旅行社集团化和信息化两个章节，其中旅行社的信息化管理强调了旅游电子商务和旅游网络营销等两个方面。

从本教材首版发行至今已经有将近 20 个年头，几次改版都是在原有框架的基础上对内容进行增减，旅行社的定义和基本业务保持了前后的一致性，这与我国当前旅行社的法律环境保持了一致。然而，当前旅行社行业的发展现状与 20 年前相比要复杂很多。一方面，旅行社自身在经营模式、产品类型和营销手段等方面不断推陈出新；另一方面，互联网和移动互联网的迅速发展催生了在线旅游中间商（OTA）这一新的业态，OTA 本身分为不同的类型，有的与旅行社是互补的关系，有的与旅行社是互相替代的关系，不断有 OTA 从互联网向实体旅行社延伸，实体旅行社也在尝试各种方法希望充分利用互联网，旅行社的边界不断模糊。面对当前的复杂形势，旅行社经营管理还有很多规律需要摸索与总结。

在本书改版的过程中，南开大学出版社的王冰主任和宋磊编辑提供了全面而细致的帮助，北京第二外国语学院旅游管理学院的研究生董慧云同学和杨杰同学分别承担了一章的编写任务，在此表示感谢！希望本教材能够为旅游管理专业的同学了解旅行社行业发展和旅行社企业运营提供帮助。

编者

2016 年 4 月

第二版前言

《旅行社管理》一书于1997年首版发行，先后被国家旅游局确定为高等旅游院校推荐教材和全国旅行社总经理资格考试指定教材，同时被众多高校的旅游管理专业选定为教材，在学界和业界有较好的声誉。2001年，本书再版发行，根据旅行社业的发展形势进行了全面更新，教材内容与业界实际发展联系更加紧密。

2001年至今，十年的时间匆匆而过。这十年是我国旅游业全面发展的十年，是我国公民旅游市场呈井喷式发展，逐渐走向成熟的十年。在这十年当中，《旅行社条例》及《旅行社条例实施细则》得以颁布实施，我国旅行社的分类制度发生了根本的变化，旅行社的进入条件显著放开，旅行社的数量增长迅速，行业内一些有特色的知名企业浮出水面，呈现出具有个性的战略发展模式。在旅游者形成“出游找旅行社”的消费习惯的同时，旅行社的服务质量在社会上引起了广泛的关注，很多地方出台了本地的《旅行社等级标准》及类似文件，通过加强对旅行社规范化管理的督促，提升旅行社的管理水平与服务质量。

考虑到这些变化，本版教材重点调整了第二章“旅行社的设立”这部分内容，根据《旅行社条例》重新编写了“旅行社设立的要求与程序”，其他内容进行了相应调整。另外，本版将“旅行社的质量管理”独立成章，以彰显服务质量在旅行社管理中的重要性。同时，本版增加了“旅行社的危机管理”内容，并将其与原有的“旅行社品牌管理”内容合并为一章。考虑到本书上一版的章节安排与各地《旅行社等级标准》的内容契合度颇高，因此在章节安排上并没有做出更大的调整，只是对过时的内容进行了删减，并增加了新的研究成果。

旅行社行业的发展是迅速的，不断出现新的现象，提出新的问题。本版教材力图解决旅行社经营管理最基本的问题，同时酝酿对新问题成体系的解决方案。旅行社业在发展，本着与时俱进的精神，教材的内容要进行相应的改进。当然，一次改版不能解决所有的问题，编者将在未来的教学过程中寻找问题，积累素材，以期下一次的完善。

编者

2011年1月

第一版前言

《旅行社管理》一书自 1997 年 6 月出版发行以来，先后被国家旅游局确定为高等旅游院校推荐教材和全国旅行社总经理资格考试指定教材，并为广大读者所认可，在学界和业界有较好的声誉。但是，随着我国旅游业的迅速发展和旅游学术研究水平的不断提高，书中有些内容和观点已经过时。因此，修订工作便成为必然的和理性的选择。

鉴于我国旅行社的发展依然处于一个相对幼稚的时期，旅行社的经营思想、经营策略以及经营模式等方面尚处于探索阶段，而且又面临市场开放以及与国际接轨的严峻现实，本书在修订过程中注意将旅行社的经营与管理有机地结合起来，并将新版教材更名为《旅行社经营与管理》。事实上，原先的《旅行社管理》一书也包含了大量经营方面的内容，只是由于当时有关旅行社方面的著作（包括我自己早期的著作）皆以旅行社经营管理冠名，这迫使我在当时做出了一个次优的选择，主要目的在于方便读者检索和识别。

我国旅行社的发展和相关研究的实践证明，《旅行社管理》一书的编写体例是合理的和经得住实践检验的。因此，此次修改，在体例上没有太大的变化，依然是以旅行社的基本业务为线索构建全书，只是将原先的第六章旅行社的采购管理并入了现在的第三章旅行社的产品开发，并将原先的第九章发展中的中国旅行社业改变为现在的第八章我国旅行社业的发展趋势。至于这种修改是否合理，还有待于读者的检验。

在内容方面，新书根据我国旅行社发展的实际和旅游研究的最新成果进行了较大的修改，并补充了许多新的内容和观点，如旅行社的分工体系与分类制度、旅行社的组建形式、旅行社的品牌管理、旅行社的服务质量管理、旅行社的财务分析和旅行社的跨国经营等。希望这些修改和补充能够弥补原书的不足和缺憾。

在本书的修订过程中，广大读者以及众多的学界和业界友人给予了许多帮助和指导。在此我无法一一列举他们的名字，只能把新版著作奉献给他们，以此表达我深深的谢意！

雨果说："尽可能少犯错误，这是人的准则；不犯错误，那是天使的梦想。"敬请广大读者不吝赐教。

目 录

第一章　旅行社行业发展概述

学习目的

通过本章的学习，全面了解旅行社的产生、发展、性质、职能、产品、业务、分工体系和分类制度等有关旅行社的基本问题，为本课程的学习奠定坚实的理论基础。

主要内容

- 旅行社的产生与发展
  世界上第一家旅行社　旅行社行业的发展　我国第一家旅行社　我国现代旅行社业的发展进程
- 旅行社的性质与职能
  旅游分销渠道与旅游中间商　旅游中间商的专业化分工　我国旅行社在分销渠道中的位置　旅行社的职能
- 旅行社的产品与业务
  旅行社的产品类型　旅行社的业务流程
- 旅行社的分工体系与分类制度
  旅行社的分工体系　旅行社的分类制度

第一节　旅行社的产生与发展

一、世界上第一家旅行社

英国的托马斯·库克旅行社是世界上第一家旅行社。17、18 世纪，英国发生了产业革命，催生了近代旅游活动，为旅行社的产生提供了条件。产业革命极大地提高了生产效率，带来了社会经济的繁荣，增强了人们的支付能力；同时，产业革命加速了城市化进程，改变了人们的生产和生活方式，使人们产生了逃避节奏紧张的城市生活的度假动机。火车、蒸汽轮船是产业革命中技术进步的产物，这些“先进”的交通工具为人们的出游带来了方便，使大规模、远距离的旅行成为可能。

在19世纪初的英国，人们支付能力的增强、度假动机的产生和交通工具的进步等因素共同促进了旅游活动的开展，出游的人数大量增加。但是，当时的大多数人没有旅行的经验和习惯，不了解异国他乡的情况和有关的旅行手续，语言及货币方面的障碍也是人们计划外出旅游时所担心的问题，人们出游需要有人提供这些方面的帮助。英国人托马斯·库克及时地认识到了这种需要，创办了世界上第一家专职旅行社——托马斯·库克旅行社。

托马斯·库克先生1808年出生于英格兰，笃信宗教，支持禁欲。1841年，库克先生包租了一列火车，组织540人从莱斯特到拉夫伯勒参加禁酒大会，往返24英里，每人收费1先令，完成了一次有组织的“一日游”旅行。库克先生本人并未从此次活动中获利，但是他已经注意到了其中潜在的巨大商机。之后，库克又组织了数次类似的活动，积累了丰富的经验。1845年，库克在莱斯特成立了托马斯·库克旅行社，专门经营旅游业务。

托马斯·库克先生是旅行社的创始人，他和他的继承人不断探索、不断创新，使旅行社的业务不断得到发展与完善，对后来旅行社业的发展产生了重要的影响。

托马斯·库克旅行社刚成立时是“专职的短途旅行代理商”，但是，由于铁路公司所支付的佣金不足以维持企业的运营，库克先生不得不在其他方面扩展业务。在旅行社成立的第一年，库克组织了一次由莱斯特到利物浦的全包价旅游，库克渐渐转变为旅游活动的全面组织者，或者被称为旅游经营商。

1846年，库克开始组织远程旅游活动，他组织350人乘火车和蒸汽轮船进行了一次苏格兰游。1855年，库克将营业范围扩展到了欧洲大陆，为当年的巴黎博览会组织了一次全包价旅游。1865年，托马斯·库克与其子联合在旅行社原有的基础上创办了托马斯·库克父子公司，将营业地点迁往伦敦。1866年，在美国国内战争结束后不久，托马斯·库克之子约翰·梅森·库克带领一个旅游团访问了纽约、华盛顿等和战争有关的地方，从而将旅行社的业务扩展到了美洲大陆。1872年，托马斯·库克父子公司成功地组织了9人环球旅游。1873年，托马斯·库克父子公司发明了可以在银行、饭店、餐馆和商店中流通的“流通票据”，从而克服了欧洲大陆币种繁多为旅游者带来的不便。“流通票据”是今天旅行支票的前身。1878年，约翰·梅森·库克继任旅行社的经理。1898年，旅行社的经理由约翰的第三个儿子担任。他继续扩展旅行社的业务，在他83岁辞世的时候，库克企业的经营范围已经扩展到了旅游业务、银行业务和轮船运输等与旅游相关的三个方面。

二、旅行社行业的发展

托马斯·库克旅行社是英国旅行社业早期发展的代表，曾经一度居于垄断地位，在欧美地区被理解为“旅游”的代名词。19 世纪后期，随着旅游业的发展，旅游活动的其他组织者们也先后建立了自己的机构。美国的经济发展与英国相比较，在时间上相对滞后，但是发展的结果却是后来者居上。美国的第一家旅行社是美国运通公司的一个分支机构，其业务最早是发行旅行支票（1891 年）。随着公司业务在欧洲的扩展，企业渐渐将一部分注意力转移到旅游服务上来，从 1912 年起开始发售火车票和船票，组织观光旅游，以及提供旅游者需要的其他服务。

20 世纪初期，由于受到旅游者数量的限制，旅行社企业的数量不多，但是业务已经得到充分发展，英国的托马斯·库克父子旅行社、美国的运通公司和比利时的铁路卧车公司是当时世界旅行社业的三大巨头。到 20 世纪 20 年代末，旅行社的业务范围覆盖了 50 多个国家。

旅行社业真正意义上的大发展开始于 20 世纪 60 年代。二战结束后，世界经济快速发展，在经济较为发达的国家分化出了中产阶级人群，具有购买能力的潜在旅游者人数迅速增加，同时，20 世纪 50 年代航空运输技术取得了重大进步，喷气式飞机的发展使飞机成为大众交通工具，这大大缩短了人们在旅途中耗费的时间，因此促进了“大众旅游”的兴起，世界旅游市场人数迅速增加，旅行社业随之蓬勃发展起来。

欧美地区的旅行社多数是由航空公司、铁路和轮船公司的分销代理起家，在产业链条中处于零售环节。随着旅游业的发展，旅行社的上游供应商逐渐从交通部门扩展为包括旅游者在旅游活动过程中所涉及的食住行游等环节的众多部门。一些旅行社从零售环节独立出来，专门组合包价旅游线路，分化成为所谓的“旅游批发商”或者“旅游运营商”。

进入 20 世纪 90 年代以后，世界旅行社业在两个方面发生了重大变化。一方面，旅行社企业之间产生了大量的并购行为，欧美多数国家的旅行社企业出现了“巨型化”的趋势，即行业内为数不多的几个大旅行社集团占有全行业绝大部分的市场份额。另一方面，信息技术的迅速发展对旅行社行业的分工、运营和组织方式产生了重大的影响。以机票代理为主要业务的旅行代理商受到航空公司电子客票直接分销的影响，业务量迅速下滑。另外，基于互联网技术的虚拟旅行分销商正在逐渐取代传统旅行社，加强电子商务建设提到了旅行社的日程上来，即使不做纯粹的电子商务公司，也要在企业经营的过程中应用电子商务系统，否则将面临被市场淘汰的威胁。

三、我国第一家旅行社[①]

我国近代历史上，由中国人创办的第一家旅行社，也是当时唯一的一家大型旅行社，是20世纪20年代由爱国民族资本家和金融家陈光甫先生创办的中国旅行社。当时的中国处在两次世界大战之间，国内外局势相对稳定，中华民国建立后的十几年间，发展资本主义工商业成为当时的基本国策，中国开始迈入了早期近代化的进程，国内旅行市场的需求初具规模，要求有专门机构为人们外出旅行提供便利和服务。然而当时的中国工商界有着特殊的发展环境，在华洋商处处抢占先机，中国工商业的发展不断受到挤压和钳制。陈光甫先生创办旅行机构的最初目的并不是以营利为主，而是为了维护民族的尊严，以爱国之心服务大众、便利旅行，在自己的国土上与洋人竞争。

1923年4月，上海商业储蓄银行向交通部申请批准在银行内部设专门机构代售火车客票和办理旅行事宜，5月30日，交通部以200号批文正式批准。8月15日，筹备就绪，旅行部宣告成立。最初，旅行部仅有五六名职员，开展的业务是代售沪宁、沪杭甬两铁路火车客票。随着市场的拓宽，旅行部开业不久，就着手建立机构、扩大组织、招聘人员。1923年至1927年间，旅行部先后在主要交通干线和枢纽地建立了11个分部，业务内容也得到拓展，主要包括以下6个方面：

（1）代售铁路和各类航运客票；

（2）发行旅行支票；

（3）在车站码头接送、转运客人，代客人转运行李；

（4）代办国人出国手续并安排出国旅行事宜；

（5）筹划旅游路线，为散客、团队提供观光游览服务；

（6）创刊《旅行杂志》，发行旅行出版物。

1927年，上海商业银行董事会决定对旅行部进行改组，使其分立。6月1日，旅行部更名为中国旅行社，向交通部申请注册。经交通部核准，于1928年1月领取第元号旅行业执照。1927年至1937年是中国旅行社机构和业务走向成熟与完善的阶段，现代旅行社的业务范围均有所涉及：

（1）海陆空客票代理；

（2）团队游览观光；

（3）会议组织与接待服务；

（4）创办招待所、饭店，为游客提供住宿、餐饮等综合性服务；

---

① 本专题内容主要参考：张俐俐．近代中国旅游发展的经济透视[M]．天津：天津大学出版社，1998．第六章“近代中国旅行社的发展”。

（5）代办货运、铁路餐车、邮政、保险和旅行支票等业务，开辟新的服务领域。

1937 年，日本侵华战争全面爆发，中国旅行社的业务受到严重影响。1954 年，中国旅行社结束大陆业务，中国香港分社重新注册。

四、我国现代旅行社业的发展进程

我国现代旅行社业的产生与发展是改革开放的产物。30 多年来，旅行社业从无到有，随着市场需求的增长与变化，行业规模迅速壮大，行业的发展可以概括为四个阶段。

（一）初步形成阶段（1978 年至 1989 年）

在经历了长期的闭关锁国之后，我国于 1978 年开始实施对外开放政策，旅游业随之发展起来。开放当年，来华旅游入境人数就达 180 万人次，旅游外汇收入 2.6 亿美元。在以后的十年中，来华旅游入境人数和旅游外汇收入都保持了较高的增长速度，年平均增长率分别为 36%和 25%。①

为满足急剧增长的国际旅游需求，我国新兴的旅游业在 20 世纪 80 年代相继经历了三个发展高峰，即以 80 年代初期大量进口豪华旅游汽车为代表的旅游交通业的发展高峰，以 80 年代中期众多旅游饭店建设为代表的旅游饭店业的发展高峰和以 80 年代末期大量旅行社的成立为代表的旅行社业的发展高峰。这三个发展高峰，从不同方面缓解了我国旅游供给方面的短缺，大幅度提高了我国旅游业的综合接待能力，并为我国旅游业的进一步发展奠定了坚实的基础。

就旅行社业而言，1978 年我国对外开放以前，全国只有中国国际旅行社总社、中国旅行社总社以及它们在主要省会城市设立的分支机构。这些旅行社从成立之日起就一直从事以政治目的为主的对外接待工作，基本不具备企业的性质。我国实行对外开放政策以后，国旅和中旅的主要任务转变为接待自费来华的旅游者，但直到 1985 年《旅行社管理暂行条例》颁布以前，我国的旅行社仍然具有很强的事业单位性质。1980 年，中国青年旅行社总社在北京成立，从此开始了旅行社行业寡头垄断的局面。根据国家旅游局有关规定，全国只有国旅、中旅和青旅三家总社拥有旅游外联的权利，它们之间具有相对明确的业务分工。中国国际旅行社主要接待外国来华的旅游者，中国旅行社主要接待港澳同胞和来华旅游的海外华人，而中国青年旅行社则以来华旅游的青年旅游者作为主要接待对象。1980 年，这三家旅行社接待的来华旅游者占到全国有组织接待人数的 80%（见表 1-1），其余 20%由其他政府机构组织接待。

①《中国旅游统计年鉴》，1994 年。

表 1-1 1980～1988 年主要旅行社旅游接待情况

年份	主要旅行社接待人数占有组织接待人数的比例（%）			
	国旅	中旅	青旅	合计
1980	18.8	59.9	0.9	79.6
1981	17.2	56.1	1.8	75.1
1982	16.6	47.4	1.3	65.3
1983	16.0	45.3	1.4	62.7
1984	16.0	33.0	1.9	50.9
1985	15.6	25.7	1.7	43.0
1986	14.0	18.3	2.4	34.7
1987	13.3	22.4	3.3	39.0
1988	12.1	25.4	3.4	40.9

资料来源：《中国旅游统计资料汇编》1978～1985 年；《中国旅游统计年鉴》，1986 年、1987 年、1988 年。

为了适应我国旅游业发展的新形势，国家旅游局于 1984 年将旅游外联权下放，允许更多的企业经营国际旅游业务，并授予其业务经营所必需的签证通知权。这一举措对我国旅行社的发展起到了积极的促进作用，旅行社在全国范围内迅速发展起来。到 1988 年年底，我国的旅行社猛增至 1573 家，并由此彻底打破了我国旅行社寡头垄断的局面。1984 年以后，国旅、中旅和青旅接待人数占全国有组织接待人数的比例由 1980 年的 79.6%下降为 1988 年的 40.9%（见表 1-1）。

随着我国旅行社行业的迅速发展，为加强对旅行社行业的管理，国务院于 1985 年颁布了《旅行社管理暂行条例》，这是我国旅行社行业的第一部管理法规。《旅行社管理暂行条例》将我国旅行社的性质确定为“依法设立并具有法人资格，从事招徕、接待旅游者，组织旅游活动，实行独立核算的企业”。同时，《旅行社管理暂行条例》还按照业务范围将我国的旅行社划分为以下三类：

（1）经营对外招徕并接待外国人、华侨、港澳同胞、台湾同胞来中国、归国或回内地旅游业务的旅行社；

（2）不对外招徕，只经营接待第一类旅行社或其他涉外部门组织的外国人、华侨、港澳同胞、台湾同胞来中国、归国或回内地旅游业务的旅行社；

（3）经营中国公民国内旅游业务的旅行社。

根据这一划分标准，1989 年全国拥有一类旅行社 61 家，二类旅行社 834 家，其余 722 家为三类旅行社。三类旅行社的出现和发展是我国国内旅游迅速发展的结果。根据国家旅游局提供的资料，1988 年，我国的国内旅游已超过 3 亿人次，旅游支出达 187 亿元。我国的国内旅游市场已初具规模，并呈现出良好的发展势头。

综上所述，初期成长阶段中国旅行社业的发展特点可以概括为以下三个方面：

（1）入境旅游人数和消费总额在整个20世纪80年代的持续增长和旅游外联权的下放，分别从市场规模和制度环境两个方面推动着旅行社产业供给规模的扩大；

（2）政府开始将旅行社作为相对独立的经济行业实施有效的管理，旅行社作为旅游业重要组成部分的地位开始为人们所认识；

（3）旅行社的业务由发展初期单一的国际入境旅游业务发展成为国际入境旅游业务与国内旅游业务并举。

这一时期中国旅行社业的运行特征主要表现为：整个产业的需求基础基本是建立在入境旅游市场上；产品结构以自然和文化观光型为主；产品运作以“团进团出”的批量方式为主；产业规模的增长主要建立在二类旅行社，即没有外联权但可以接待入境旅游者的旅行社数量的增长上。

（二）快速增长阶段（1990年至1994年）

1989年我国旅游业受到较大冲击，当年国际旅游入境人数比1988年减少了23%，旅游外汇收入减少17%。[①]这是我国旅游业自1978年以来出现的第一次负增长。在此情况下，我国旅行社经营者第一次强烈意识到旅游产品的易受影响性和经营旅行社的风险，我国旅行社的数量因此由1989年的1617家减少为1991年的1561家。但恰在此时，来自中国台湾和苏联的旅游者急剧增加，这使得我国的旅游业在短短的两年内就恢复到1989年前的水平。1991年，国际旅游入境人数和旅游外汇收入均超过历史最高水平的1988年。国家旅游局和国家民航局联合举办的1992年中国观光年对我国旅游业的迅速恢复也起到了积极的作用。

在此期间，我国政府开始允许中国公民出国探亲和旅游，这是我国旅游业发展中的又一重大突破。中国成为仅次于中国香港、日本和中国台湾的亚洲第四大旅游客源产生地区。根据国家旅游局提供的资料，1994年中国公民出境人数达373.36万人次，其中因公出境209.13万人次，因私出境164.23万人次。尽管此间经旅行社组织的出境旅游人数所占比例只有30%左右，而且国家对出境旅游尚有许多的政策限制，但我国的出境旅游市场毕竟已经开始形成。对旅行社来说，这不仅仅意味着具有了更为广阔的客源市场，更主要的是它改变了我国旅行社在国际旅游合作中的地位。过去，我国的旅行社只能单方面要求旅

---

①《中国旅游统计年鉴》，1995年。

游客源产生地的旅行社输送客源，而现在我国的旅行社同样可以向它们的合作伙伴输送客源，这无疑极大地提高了我国旅行社在国际合作中的地位和影响力，有利于我国旅行社同旅游客源产生地旅行社合作关系的巩固和发展。

在出境旅游市场崛起的同时，国内旅游需求保持了持续发展的势头。根据国家旅游局提供的资料，1994 年我国国内旅游人数达 5.24 亿人次，比上年增长 27.8%，国内旅游收入达 1023.51 亿元，比上年增长 18.5%，城镇居民国内旅游出游人均花费为 414.67 元，这无疑为我国旅行社的进一步发展提供了更为广阔的天地。

国际入境旅游的恢复和发展，出境旅游的崛起和国内旅游的持续增长，有力地促进了我国旅行社行业的发展。中国旅行社的产业规模在此期间获得了快速增长。如表 1-2 所示，全国的旅行社总数从 1990 年的 1603 家增加到 1994 年的 4382 家，4 年间增长了 173.36%。值得注意的一个现象是，在一类旅行社和三类旅行社分别以 73.16%和 96.21%的年均增长速度扩张的同时，二类旅行社则以 4.12%的年均下降速度在萎缩，从 1990 年的 834 家下降到 1994 年的 716 家。究其原因，一是具有自主外联权的旅行社往往在市场上具有主导地位，并获取了市场的绝大部分利润，结果是各大旅行社，特别是中央各部委、省级政府部门和重点入境旅游目的地政府所办的旅行社纷纷升格；二是自 20 世纪 90 年代中期开始发育的国内旅游市场由于进入壁垒低，吸引了大量的投资主体涉足旅行社产业。相比之下，进入壁垒高、在产业链中处于受支配地位、利润和增长空间相对较小的二类旅行社成了“鸡肋”，逐渐失去了投资吸引力。国家旅游局在此期间对二类旅行社的限制性审批直至停止审批对此也产生了直接的影响。

表 1-2 中国旅行社产业规模变化表（1990～1994 年）

年份	一类社	二类社	三类社	总数
1990	68	834	701	1603
1991	73	738	750	1561
1992	136	701	1755	2592
1993	164	703	2371	3238
1994	267	716	3399	4382

资料来源：《中国旅游统计年鉴》，1991～1995 年。

这一时期中国旅行社业运营的主要特征有以下三个：第一，国内旅游市场逐渐发育成熟，成为旅行社产业除入境旅游市场以外的另一个市场支点。第二，市场集中度逐渐降低。实际上，从 20 世纪 80 年代开始，以三大社为代表的中国旅行社产业集中度就在不断下降，这标志着中国旅行社产业的市场结构已经先后完成了从寡头垄断到垄断竞争的过渡，开始向完全竞争的态势发展。第三，一批在市场竞争中成长起来，并熟悉市场机制的旅行社群体成为中国旅行社产业的新兴推动力量。招商、康辉、铁旅三大网络虽然进入市场较晚，但是它们凭借雄厚的资金和核心企业对地方企业全资控股的机制，迅速组成了以核心企业为中心的紧密型、半紧密型网络，因而获得了较快的发展。

（三）结构调整阶段（1995 年至 2001 年）

我国旅行社行业在蓬勃发展的同时，也出现了许多问题，突出表现为市场秩序的混乱。与此同时，以日本的《旅程保证制度》和欧共体的《关于包价旅行、包价度假、包价旅游的指令》为代表的保护旅游者消费权益的潮流在全球兴起。面对旅行社业发展中出现的问题和新兴的世界潮流，国家旅游局自 1995 年 1 月 1 日起，依照国际惯例实行旅行社质量保证金制度，先后颁布并实施了《旅行社质量保证金暂行规定》《旅行社质量保证金暂行规定实施细则》《旅行社质量保证金赔偿暂行办法》与《旅行社质量保证金赔偿试行标准》。根据《旅行社质量保证金暂行规定》，旅行社质量保证金是用于保障旅游者权益的专用款项，当出现以下四种情形而旅行社不承担或无力承担赔偿责任时，以此款对旅游者进行赔偿：

（1）旅行社因自身过错未达到合同约定的服务质量标准而造成旅游者的经济权益损失；

（2）旅行社的服务未达到国家或行业规定的标准而造成旅游者的经济权益损失；

（3）旅行社破产后造成旅游者预交旅行费损失；

（4）国家旅游局认定的其他情形。

旅行社质量保证金制度的实施，标志着国家旅游局对旅行社实行行业管理的两个巨大转变：一是适应国际旅游法制化管理的潮流，采取切实有效的措施保护旅游消费者的合法权益；二是引导旅行社行业的发展由单纯追求行业规模向追求企业素质转变，并希望通过这一转变改善旅行社行业混乱的市场秩序。

旅行社质量保证金制度实施后，许多效益较差的中小旅行社无力承担规定数额的质量保证金，因而被迫退出经营。旅行社质量保证金制度实施的当年，我国的旅行社就由 1994 年的 4382 家，减少为 3826 家，其中三类社减少了 598 家，二类社减少了 51 家，一类社增加了 93 家。这充分体现出上述第二个转变部分预期的效果。

在我国旅行社行业发生剧烈变化的背景下，国务院于 1996 年 10 月颁布了《旅行社管理条例》，对我国的旅行社又进行了重大的调整：

（1）对旅行社的分类进行调整，将我国的旅行社按照经营的业务范围划分为国际旅行社和国内旅行社两种类型；

（2）大幅度提高旅行社注册资本金额；

（3）年接待10万人次以上的旅行社可以设立不具有法人资格的分社；

（4）将旅行社质量保证金合法化；

（5）赋予旅游行政管理部门行政处罚权。

《旅行社管理条例》和稍后发布的《旅行社管理条例实施细则》对于中国旅行社行业的结构性调整起到了积极的促进作用。截至2001年年底，中国共有旅行社10716家，其中国际旅行社1319家，国内旅行社9397家（见表1-3）。与此同时，国家旅游局1997年发布的《旅行社经理资格认证管理规定》和国务院1999年发布的《导游人员管理条例》对于提高旅行社的素质、质量和信誉起到了积极的促进作用。《导游人员管理条例》适应了社会主义市场经济条件下导游人员管理的需要，对中国的导游管理制度做了一系列重要调整，标志着政府对旅行社人力资源的行政管理正式进入了法制化轨道。

表1-3 中国旅行社产业规模变化表（1997～2001年）

年份	国际旅行社	国内旅行社	总数
1997	991	3995	4986
1998	1312	4910	6222
1999	1256	6070	7326
2000	1268	7725	8993
2001	1319	9397	10716

资料来源：《中国旅游统计年鉴》，1998～2002年。

正是在法规和行政主导下，中国旅行社业进入了一个结构调整时期。这一时期的主要特征有：

第一，中国旅行社业的市场运行基础更加完善。1997年3月，经国务院批复，国家旅游局和公安部联合发布了《中国公民自费出国旅游管理暂行办法》（以下简称《暂行办法》），同年7月1日正式实施。《暂行办法》的出台标志着国家正式开办中国公民自费出国旅游，也标志着中国出境旅游市场的形成。入境旅游、国内旅游和出境旅游成为旅行社经营业务的三大组成部分。

第二，随着国内旅游市场的兴起和产业投资管制的宽松，一些非政府的投资机构开始进入这一领域。其主要经营领域是国内旅游业务，主要集中于国内社领域。在注册和管理上有的采取挂靠的形式，也有的采取直接经营的形式。结果是国内旅行社在20世纪90年代后期进入了一个更为快速的增长时期。

第三，一系列的专项治理使得一部分违规经营的旅行社退出了市场，从而净化了产业运行环境，市场秩序逐渐向好的方面转化。

此外，为了适应全球服务贸易自由化的趋势，此间中国在先期允许在国家旅游度假区内开办中外合资旅行社的基础上，国家旅游局和对外贸易经济合作部又于1999年1月联合发布了《中外合资旅行社试点暂行规定》，开始了中国旅行社市场开放的进程。

（四）全面开放与走向成熟阶段（2002年至今）

为了兑现我国加入世界贸易组织（WTO）的承诺条件，根据时间表，国务院多次修订《旅行社管理条例》中关于外资旅行社的相关规定。在2009年国务院颁布的《旅行社条例》中，专门针对“外商投资旅行社”设置了一章内容，在准入条件上，外资旅行社与内资旅行社没有区别，只是在审批手续和业务范围方面有所要求。

《旅行社条例》自2009年5月1日起施行。新条例是按照市场经济原则和我国旅行社业发展的客观需要，全面总结30年来我国旅行社业发展、经营服务、监督管理的经验，对我国旅行社体系结构、经营服务和监督管理等制度所进行的一次全面调整改革，在以下几个方面有明显变化：

（1）大大放宽了旅行社的设立条件，简化设立程序，下放许可权；

（2）对我国旅行社业体系分工、经营服务做出重大调整，主要表现在取消旅行社类别划分、扩大业务范围、增加分支机构、允许委托代理、健全经营规则等方面；

（3）全面规范旅行社的经营行为，对零负团费操作模式、部门挂靠承包、超范围经营和无许可经营等问题，都做出了明确的禁止和处罚规定；

（4）对我国旅行社的许可证、保证金、业务年检三大制度进行了改革完善。

表1-4是2002年至2014年间我国旅行社行业规模的发展情况。2002年至2008年，6年间旅行社的增幅达到74.0%，年均增幅为12.3%，发展速度非常快，其中国内旅行社的增幅达到77.80%，远远高于国际旅行社46%的增幅。2009年《旅行社条例》的出台，促使旅行社业在行业结构和企业经营两个方面发生重大变化，旅行社业门槛的降低刺激旅行社规模的进一步扩张，同时严格的监管措施有可能促使一些资质较差的旅行社退出行业。总的来看，当前的旅游消费市场逐渐走向成熟，旅行社业将在规范经营和科学发展方针的指导下逐渐走向成熟。

表 1-4 中国旅行社产业规模变化表（2002～2014 年）

年份	国际旅行社	国内旅行社	总数
2002	1349	10203	11552
2003	1364	11997	13361
2004	1460	13467	14927
2005	1556	14689	16245
2006	1654	16303	17957
2007	1797	17146	18943
2008	1970	18140	20110
2009	—	—	20399
2010	—	—	22784
2011	—	—	23690
2012	—	—	24944
2013	—	—	26054
2014	—	—	26650

资料来源：《中国旅游统计年鉴》，2003～2015 年。

第二节 旅行社的性质与职能

一、旅游分销渠道与旅游中间商

分销是指将产品送抵消费者处的过程。分销渠道是市场中执行分销职能的所有组织的集合，起点是供应商，终点为消费者。旅游分销渠道是一种运营结构、系统，或者说是将各种各样的组织结合在一起的纽带，通过旅游分销渠道，旅游产品的生产商向购买者介绍、销售或者确认旅行安排。①

旅游中间商又称旅游行业中间商（Travel Trade Intermediaries），是指将旅游服务提供商的服务组合起来批发或零售给顾客的组织。②图 1-1 是旅游系统的示意图，展示了旅游者的消费过程。

① 查尔斯·R. 格德纳，J. R. 布伦特·里奇. 旅游学[M]. 第 10 版. 李天元，徐虹，黄晶，译. 北京：中国人民大学出版社，2008：164.

② [美]阿拉斯塔·莫里森. 旅游服务营销[M]. 第 3 版. 朱虹，党宁，吴冬青，等译. 北京：电子工业出版社，2004：197.

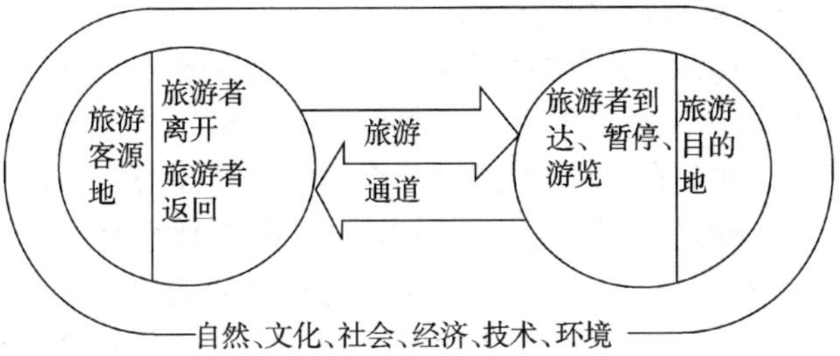

图 1-1　旅游系统[①]

从图 1-1 中可以看出，旅游消费活动具有两个显著特征，即异地性和综合性。所谓异地性是指旅游消费活动发生地的地理位置一定超出了旅游者日常居住地的地理范围。所谓综合性是指一次完整的旅游消费活动中包含了若干项单项服务消费活动。无论是异地消费还是综合消费都为消费者的购买决策过程增加了复杂程度。同时，异地消费所造成的旅游服务提供商与消费市场之间的空间距离也为目的地旅游服务供应商的营销活动带来了麻烦。而旅游中间商的存在能够同时为旅游服务提供商和消费者节省时间、费用和人力，降低交易风险，简化交易的复杂程度，使旅游服务的购销活动专业化、程序化、规范化。

旅行社在旅游产业链条中，处在旅游中间商的位置，承担着旅游目的地整体产品和单项旅游服务的分销职能。

二、旅游中间商的专业化分工

上述旅游中间商的概念从供应商的角度进行定义，简要指出了旅游中间商的基本职能，即组合、批发和零售旅游服务。执行“组合”职能的旅游中间商被称为“旅游经营商”（Tour Operator），执行“批发”职能的中间商被称为“旅游批发商”（Tour Wholesaler），执行“零售”职能的旅游中间商被称为“零售旅行代理商”（Retail Travel Agents）。随着社会分工的细化，为了满足市场上新兴的旅游与旅行需求，新的旅游中间商应运而生，例如“企业旅游部经理和企业旅行代理”（Corporate Travel Managers And Corporate Travel Agency）、“奖励旅游策划机构”（Incentive Travel Planners）和“会议旅游策划机构”（Convention/Meeting Planners）等。[②]在旅游分销渠道中，这类中间商被统称为专项渠道商（Specialty Channeler）。

① 引自保继刚，楚义芳．旅游地理学[M]．修订版．北京：高等教育出版社，1999：3．原文注释为“据 Leiper，转引自 Boniface B G& Cooper C P, 1987, p.4”。

② [美]阿拉斯塔·莫里森．旅游服务营销[M]．第 3 版．朱虹，党宁，吴冬青，等译．北京：电子工业出版社，2004：256．

（一）旅游经营商与旅游批发商

旅游经营商是旅游业中的“制造”元素，为包价度假产品进行计划、定价、组合，并进行销售。[1]旅游批发商是指将航空运输或其他交通运输服务与地面接待服务组合成一项旅游产品，并通过一系列的渠道向公众销售的商业实体。[2]旅游经营商与旅游批发商在理论上的区别主要在于是否直接向旅游者出售产品。[3]在实际中，旅游中间商随着企业规模和经营实力的变化不断变更销售渠道策略，一些组织包价旅游产品的旅游中间商既通过零售商进行销售，也通过自设的零售网点进行销售，因此旅游经营商和旅游批发商这两个术语经常被混同使用。

然而，在长途包价旅游产品的策划、销售与接待过程中，旅游经营商与旅游批发商之间是有着明确分工的，如图 1-2 所示，前者负责目的地产品的策划与接待，后者负责将产品组合成最终销售给旅游者的全包价产品，尤其长途（国际）包价旅游产品的分销更是如此。

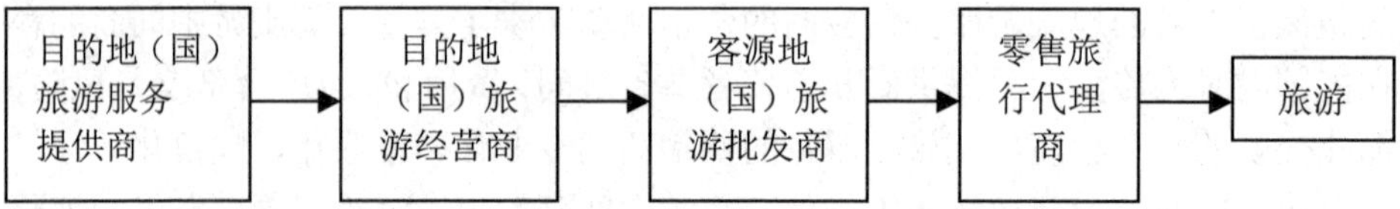

图 1-2　长途（国际）旅游包价产品旅游分销渠道

（二）零售旅行代理商

在欧美地区，旅行代理商最初是作为运输企业的票据分销机构出现的。在以火车和蒸汽轮船为主要交通工具的时代，旅行代理商的业务主要是车船票据的代理销售。当民用航空得以大规模发展以后，由于“航空港远离人口中心”，而且“当时出现了方便的旅行代理商网络，航空公司决定不再建立自己的直销连锁办事处，而赞成指定旅行代理商来处理销售工作”[4]。

民用航空的普及促进了“大众旅游”的出现和发展，组织大众包价旅游产品的旅游经营商同样出于节省分销成本的考虑，委托旅行代理商销售团体包价旅游产品。

旅行代理商在销售渠道中从事的是零售的业务，因此又可以将其称为旅游

① Patrick Lavery. Travel And Tourism [M]. 2nd ed. Elm Publications, 1989: 50.
② Robert Christie Mill, Alastair M. Morrison. The Tourism System: an introductory text [M]. 2nd ed. Morrison Prentice-Hall Inc., 1992: 472.
③ Robert Christie Mill. Tourism: The International Business[M]. Prentice-Hall International Editions, 1990: 306
④ Robert Christie Mill, Alastair M. Morrison. The Tourism System: an introductory text [M]. 2nd ed. Prentice-Hall Inc., 1992: 486.

零售商。在欧美旅游业，零售旅行代理商（Retail Travel Agents）是经常使用的一个术语。图 1-3 对零售旅行代理商与供应链中上下游环节的关系进行了说明。

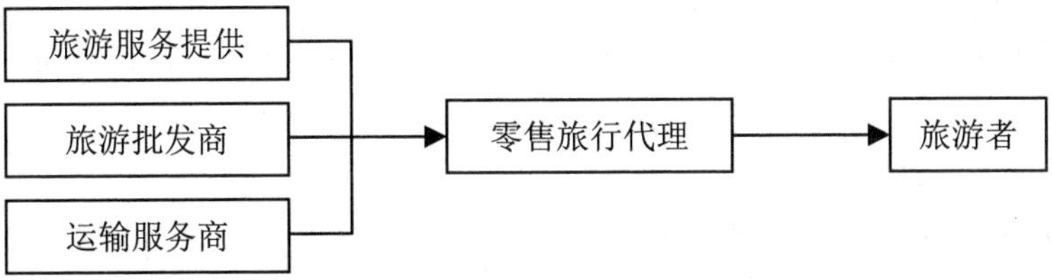

图 1-3　旅游分销渠道中零售旅行代理商与上下游环节

（三）专项渠道商

人们在讨论旅游产品、旅游服务提供商和旅游中间商等概念时，通常是以休闲旅游市场为背景的，然而，商务旅行、大型的会议和展览等活动同样需要住宿、餐饮和运输等方面的服务。饭店、航空公司等旅游服务提供商并不介意消费者是自费的休闲旅游者还是公费的商务旅行者，或者是享受奖励旅游的公费休闲旅游者；同样，只要商务旅行和大型会展的市场规模足够大，就会分化出专门的中间商介入旅游服务提供商和消费者之间，提供专业化的服务，这些专项渠道商能够为购买产品的组织节省人力和费用，因而在旅游市场上也逐渐占领了稳定的份额。

三、我国旅行社在分销渠道中的位置

我国《旅行社条例》第一章第二条规定："本条例适用于中华人民共和国境内旅行社的设立及经营活动。本条例所称旅行社，是指从事招徕、组织、接待旅游者等活动，为旅游者提供相关旅游服务，开展国内旅游业务、入境旅游业务或者出境旅游业务的企业法人。"

根据《旅行社条例实施细则》第一章第二条的规定，《旅行社条例》第二条所称招徕、组织、接待旅游者提供的相关旅游服务，主要包括：

（1）安排交通服务；

（2）安排住宿服务；

（3）安排餐饮服务；

（4）安排观光游览、休闲度假等服务；

（5）导游、领队服务；

（6）旅游咨询、旅游活动设计服务。

旅行社还可以接受委托，提供下列旅游服务：

（1）接受旅游者的委托，代订交通客票、代订住宿和代办出境、入境、签证手续等；

（2）接受机关、事业单位和社会团体的委托，为其差旅、考察、会议、展览等公务活动，代办交通、住宿、餐饮、会务等事务；

（3）接受企业委托，为其各类商务活动、奖励旅游等，代办交通、住宿、餐饮、会务、观光游览、休闲度假等事务；

（4）其他旅游服务。

根据上述规定，我国的旅行社在旅游产业的分销链条中同时扮演着两种角色。当“从事招徕、组织、接待旅游者等活动”时，旅行社充当的是旅游经营商的角色，在包价旅游产品领域，我国旅行社行业尚未完成批发与零售环节的分工，这是我国旅行社业与欧美国家旅行社业的最大区别。

另外，当旅行社“接受委托”提供相应代办服务时，旅行社充当的是代理商性质的销售中介。扮演这种中介角色的组织不仅仅局限于旅行社，如图 1-4 所示，机票、火车票等交通票据代理机构，饭店预订组织，以及发展势头正猛的依托互联网开展电子商务的新兴旅游中介组织，这些中介代理的业务范围都与旅行社的代理业务范围重叠。而且，当前的互联网电子商务企业已经渗透到了包价旅游产品的运营和销售代理范畴。在互联网领域，专职的旅游零售代理商已经初现端倪。

由图 1-4 可以看出，旅行社是旅游分销渠道的一个组成部分，但不构成旅游分销渠道的全部，旅行社内部并没有形成垂直分工体系，同时旅行社面临着来自互联网新生力量的强大挑战。

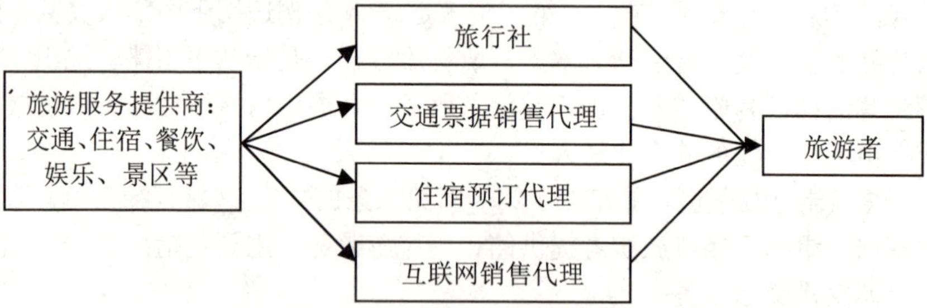

图 1-4 我国旅游分销渠道构成

四、旅行社的职能

旅行社是为旅游者出游提供服务的企业，对于相关部门和旅游者来讲，一般具有五种职能。

（一）单项旅游产品销售代理职能

饭店、餐馆、旅游景点、交通运输企业等部门都是服务企业，各部门提供的产品都具有不可移动性，并且不能储存，只有旅游者的到来才能使产品的生产和消费得以实现。如图 1-5 所示，未使用旅行社的航空公司等旅游服务企业要直接面对多位旅游者展开多次销售活动，而利用旅行社进行销售的企业只需要针对旅行社进行一次销售就可以满足多位旅游者的购买需要。另外，由于这些服务企业与旅游者的居住地之间有一定的距离，因此旅游服务企业选择旅行社作为一条销售渠道不但可以提高本企业的销售量，而且能够节约销售成本。

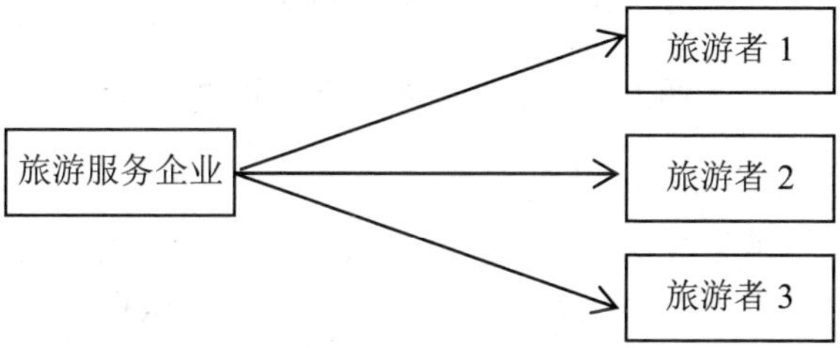

A. 旅游服务企业直接向旅游者销售产品

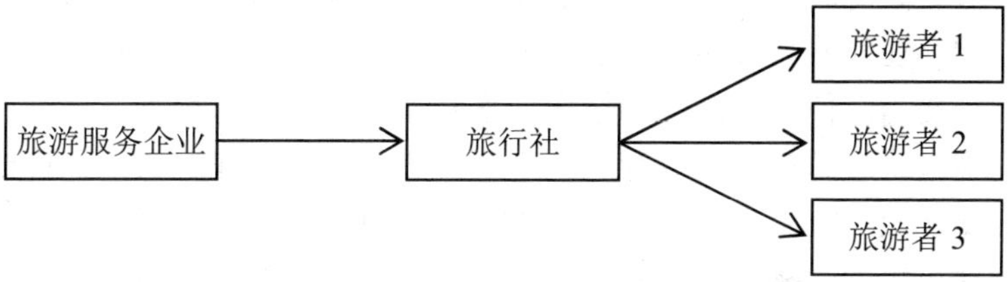

B. 旅游服务企业通过旅行社向旅游者销售产品

图 1-5　旅游服务企业与旅行社之间的关系

对于旅游者而言，如图 1-6 所示，当旅游者自行订购单项旅游服务时，旅游者要向多家企业进行信息咨询、询价，而当旅游者利用旅行社定购单项产品时，与一家旅行社打交道就可以获得多家上游企业的信息，节省了用于信息咨询的费用和时间。另外，旅游者利用旅行社定购服务还可以享受旅行社向上游企业批量购买带来的价格优势。

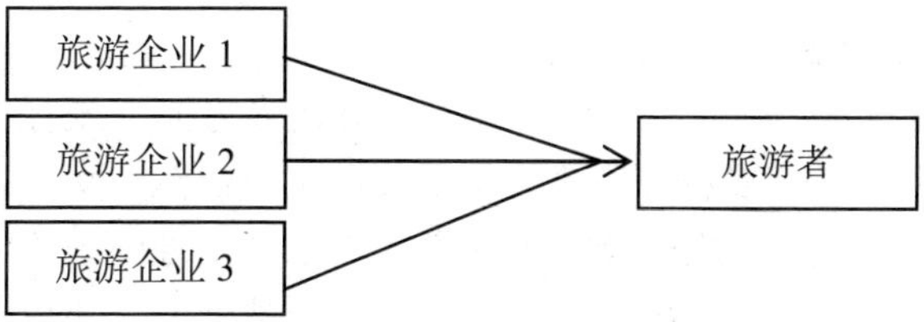

A. 旅游者直接定购单项旅游服务

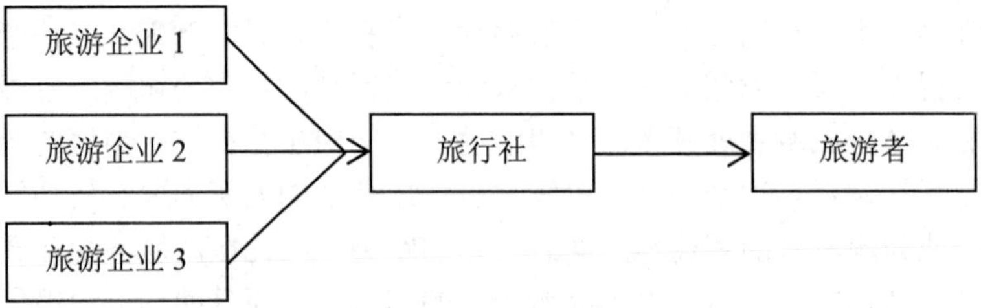

B. 旅游者通过旅行社定购单项旅游服务

图 1-6 旅游者与旅行社之间的关系

（二）包价旅游产品组织服务职能

包价旅游产品是旅行社的主要产品形式之一，组织包价旅游产品能够体现旅行社业在社会分工中的存在意义。如图 1-7 所示，旅行社向饭店、交通运输等部门批量购买旅游者需要的服务，然后将各项服务组合成不同的包价旅游产品销售给旅游者。包价产品的购买者可以是团队旅游者，也可以是旅游散客。旅行社的存在使旅游服务的供需双方都节约了寻找信息、比较信息和进行决策的时间与费用，使旅游产品的销售效率和购买效率同时得到了提高。

组织包价旅游产品是旅行社的主要业务。旅游者在购买了包价旅游产品之后通常要在旅行社的帮助下完成旅游活动。包价旅游产品的组织与服务中融入了旅行社员工的劳动，包价旅游产品的存在证明了旅行社不仅仅是销售中介机构，而且是独立的服务企业。

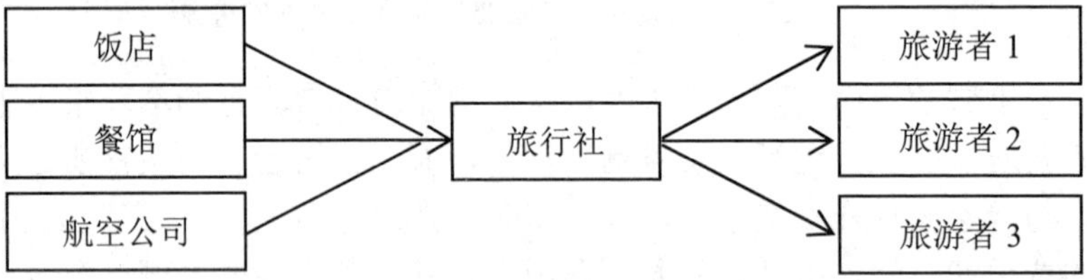

图 1-7 旅行社组织包价旅游产品

（三）协调旅游活动相关部门职能

旅游活动涉及食、住、行、游、娱、购等诸多方面，旅行社要保证旅游活动的顺利进行就要取得旅游业各部门和相关行业的合作与支持。旅行社在旅游业中处于枢纽地位，但是旅行社并没有指挥三军、发号施令的权力，旅行社业务的顺利开展建立在与相关部门互惠合作关系的基础上。要想确保旅游者能够满意而归，旅行社就必须在相关部门之间进行协调，在确保合作各方利益实现的前提下，协同各部门共同保障旅游活动各个环节的衔接与落实。旅行社在对自身的产品进行组织与实施的过程中起到了协调各相关部门的作用。

（四）旅游接待收入分配职能

旅游者的消费活动构成丰富，如图1-8所示，在通过旅行社购买旅游产品的时候，旅游者通常要为各种消费活动预付全部或部分费用，而旅行社要根据旅游者的要求，在不同的旅游服务项目之间合理地分配旅游者的支出，以最大限度地满足旅游者的消费需要，同时，在旅游活动结束后，旅行社要根据接待过程中各相关部门提供服务的数量和质量，在部门之间合理地分配旅游接待收入。

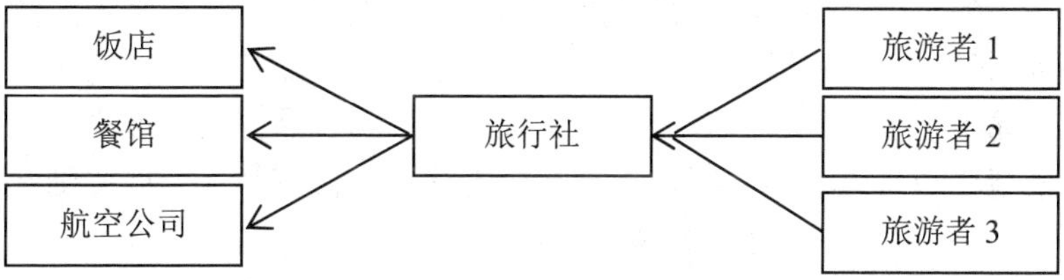

图1-8　**旅行社分配旅游接待收入**

（五）沟通旅游信息职能

旅行社在旅游业中处于枢纽地位，起着桥梁和纽带的作用。如图1-9所示，旅行社处于旅游市场的最前沿，与潜在的旅游者之间距离较短，能够将旅游目的地各相关部门的情况和旅游产品的最新发展动态等信息及时、准确、全面地传递到旅游市场上去；同时，旅行社直接向旅游者提供服务，了解旅游者的需求变化等市场动态，可以将市场信息提供给相关部门，以利于各部门经营状况的改善和服务质量的提高。

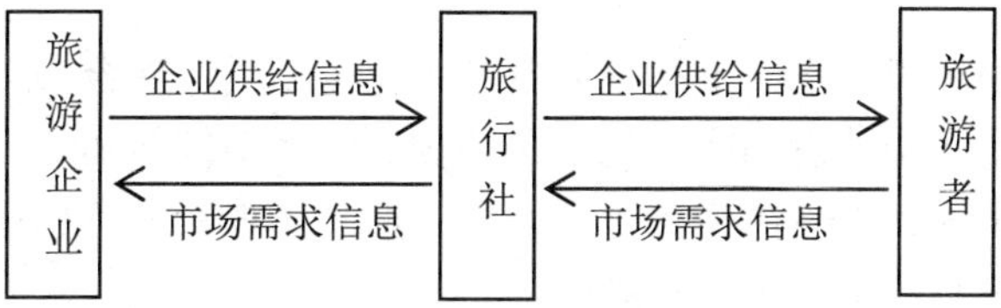

图1-9　**旅行社沟通旅游信息**

第三节 旅行社的产品与业务

一、旅行社的产品类型

旅行社是旅游产业分销渠道的主要成员，为旅游者出行提供便利，核心产品是向旅游者提供的服务。

根据服务对象，可以将旅行社的产品分为个人消费产品和组织消费产品。根据消费项目，可以将旅行社的产品分为单项预定产品和组合包价产品。在组合包价产品中，根据组合内容的形成过程，可以将产品分为标准产品和定制产品；根据组合的具体内容，可以将产品分为休闲度假产品、会展奖励产品和专项产品。其中，专项产品是指探险、汽车越野、山地穿越等新兴的小众旅游产品。表 1-5 对上述各种分类进行了汇总。

表 1-5 旅行社产品分类

		个人消费者		组织消费者	
		标准产品	定制产品	标准产品	定制产品
单项预定		√	—	—	√
组合包价产品	休闲度假	√	√	—	√
	会展奖励	—	—	—	√
	专项产品	√	—	—	√

注：“√”表示该项目存在，“—”表示该项目不存在。

从表 1-5 中可以看出，上述分类都是不完全分类，综合来看：

（1）针对个人消费者的产品包括单项预定、休闲度假和专项产品；

（2）针对个人消费者的产品主要为标准产品，消费者有选择具体产品的权利，但是没有参与产品策划的权利；

（3）针对个人消费者的休闲度假组合包价产品可以定制，属于高端散客产品，目前并不多见；

（4）针对组织消费者的产品均为定制产品，由于组织消费者一般为大型的公司、企业，这类产品通常又被称为“商务旅游产品”；

（5）针对组织消费者的单项预定产品，表现为企业、机关等组织的差旅管理外包，而专项产品目前以企业拓展训练项目比较常见。

另外，根据旅游者的流向和涉及的地理范围，可以将旅行社的产品分为国内旅游产品、入境旅游产品和出境旅游产品。我国的《旅行社条例实施细则》对这三类产品进行了具体的规定：

（1）国内旅游业务，是指旅行社招徕、组织和接待中国内地居民在境内旅游的业务。

（2）入境旅游业务，是指旅行社招徕、组织、接待外国旅游者来我国旅游，香港特别行政区、澳门特别行政区旅游者来内地旅游，中国台湾地区居民来大陆旅游，以及招徕、组织、接待在中国内地的外国人，在内地的香港特别行政区、澳门特别行政区居民和在大陆的中国台湾地区居民在境内旅游的业务。

（3）出境旅游业务，是指旅行社招徕、组织、接待中国居民出国旅游，赴香港特别行政区、澳门特别行政区和中国台湾地区旅游，以及招徕、组织、接待在中国的外国人、在内地的香港特别行政区、澳门特别行政区居民和在大陆的中国台湾地区居民出境旅游的业务。

二、旅游者的消费行为与旅行社的业务流程

旅行社产品的核心内容是向旅游者提供的服务。服务具有无形性的特点，表现为具体的行为和过程。旅行社的业务流程围绕旅游者的需要展开。图 1-10 展示了旅行社业务流程与旅游者消费行为的对应关系。

如图 1-10 所示，旅游者的消费过程分为购前、服务消费和购后三个阶段，具体包括消费者确认消费需要、收集信息、评价不同的服务供应商、提出服务要求、接受服务、评价服务质量以及明确未来消费意向等七个步骤。这里的消费者既包括个体消费者，也包括组织消费者。相应地，旅行社的业务流程分为市场调研、产品设计、服务采购、信息传播、销售、产品的组织与接待以及售后服务等步骤。

第一，在旅游者出游需要的确认阶段，旅行社应该通过市场调研及时了解旅游者的出游动机，有针对性地设计产品，并开展相关服务的采购，与饭店、航空公司等供应商谈判，并签订采购协议。

第二，当旅游者根据自己的需要收集相关信息时，旅行社应该适时通过各种手段进行信息传播，使旅游者能够方便地获得旅行社的产品信息。旅行社的传统信息传播手段是宣传手册和报纸广告，当前互联网的广泛使用和呼叫中心为旅行社提供了更为多样的手段和平台。

第三，当旅游者做出购买决策时，会与旅行社取得联系，签订旅游合同，并向其支付费用，购买旅游产品，这对于旅行社来说便意味着产品的销售。旅行社可以通过服务网点、同业代理进行销售，也可以通过互联网网站开展电子商务进行销售。

第四，旅游协议签订后，旅行社开始计调和团队的组织工作，安排行程，落实具体的服务项目，准备迎接旅游者的到来。

第五，旅游者旅游活动的开始，同时也就意味着旅行社接待服务的开始，而旅游者旅游活动结束后，旅行社还应提供售后服务，以解决旅游者可能遇到的问题，监测服务质量，并保持与旅游者的联系，争取形成回头客。

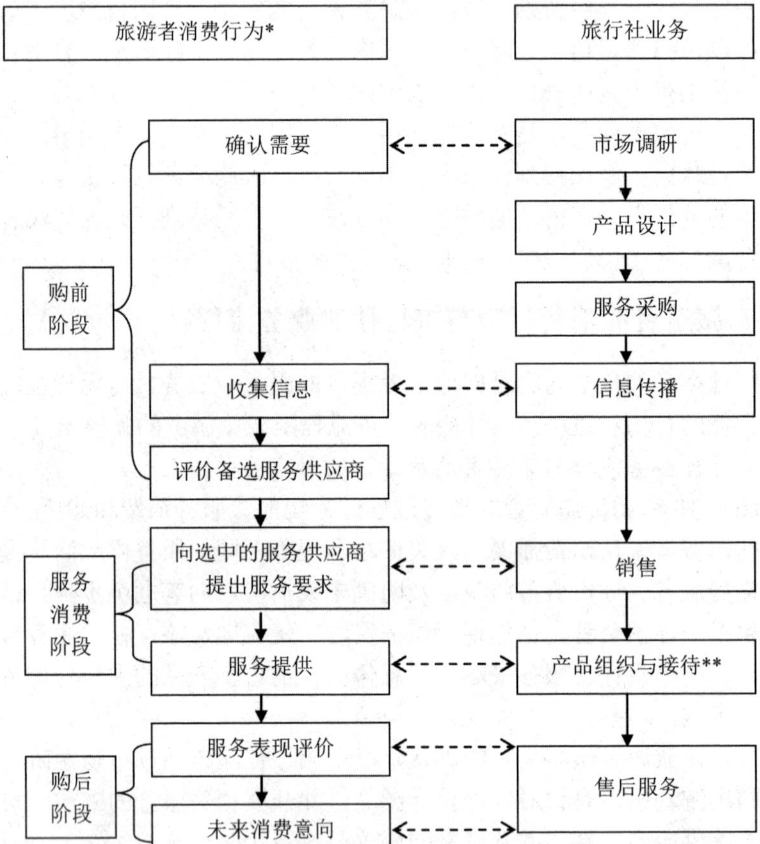

注：*这部分内容参考了“消费者购买与消费服务产品的过程”流程图，资料来源：Christopher Lovelock. Services Marketing[M]. 4th ed. Prentice Hall Inc.,2001［服务营销：人员、技术与策略（第四版），清华大学出版社，2001］。

**单项预定产品不包含这项业务。

图 1-10　旅游者的消费行为过程与旅行社的业务流程

三、旅行社的基本业务

（一）前台业务

所谓前台业务，是指旅行社的服务人员直接向旅游者提供的服务，包括信息咨询、单项预订、产品的销售与组织实施及售后服务等。旅游者将参与到服务的过程中来，对服务质量产生影响。

1. 旅游信息咨询

旅行社具有沟通旅游信息的职能。旅游者在产生旅游动机或旅游需要之后将通过各种渠道寻找相应的信息，旅行社是一条相对安全而高效的旅游信息获取渠道，而且旅游者向旅行社咨询旅游信息通常是产品预订的开始。

2. 单项旅游服务预订

旅行社具有代理销售单项旅游产品的职能。对于相关旅游企业而言，旅行社是一个有力的销售中介机构。旅游者可以通过旅行社预订飞机票、火车票、船票等交通票据和饭店的客房，也可以预订到景点和娱乐场所的门票等单项旅游服务。

另外，旅游活动是一种异地消费，接受导游服务可以提高旅游活动的质量，因而导游服务也是旅行社提供的单项服务之一。在旅游的过程中旅游者要办理一些例行的手续，如签证和保险等，旅行社也可以提供相应的代办业务，这也属于旅行社的单项服务项目。

3. 包价旅游产品的销售

包价旅游产品的销售与组织实施是我国旅行社的主要业务之一。旅游者一般通过参加团队的方式购买旅行社的包价旅游产品。在销售包价旅游产品的过程中存在着两种情况，一种是旅游者到旅行社进行购买，另一种是销售人员进行上门销售。虽然在外开展业务的销售人员离开了旅行社，但是由于他们作为旅行社的服务人员直接与顾客发生了接触，因此外出销售也被划入旅行社的前台业务范围。这里的上门销售指针对旅游者的销售。

4. 旅游接待业务

在一个旅游团队组织和开展活动的过程中，旅游者居住地的旅行社和旅游目的地的旅行社充当着不同的角色，前者被称为组团社，后者被称为接团社或地接社。因而旅行社的接待业务主要由两块构成，一块是组团社的跟团业务，一块是接团社的地接业务。对于旅游散客而言，也存在着对旅游接待的需要。

旅行社的接待业务由计调人员和导游人员共同开展。导游人员跟随旅游者进行旅游活动，在活动的过程中提供导游服务并在相关部门之间进行协调。由于导游人员在工作的过程中与旅游者直接发生了接触，而且导游服务是旅游接待服务的主要方面，因而旅游接待服务也属于旅行社的前台业务。

5. 售后服务

旅行社的售后服务通常并非应旅游者的需要而提供。在竞争激烈的经营环境下，售后服务已经成了提高旅游者满意度、获取市场需求信息以改进产品从而提高企业竞争实力的有效手段。提供售后服务也是以消费者需要为导向的市场营销观念的体现。

总的来看，旅行社的前台业务可以通过几种形式得以开展，既可以由旅游者到旅行社进行咨询、预订，也可以由旅行社的人员进行上门服务。在我国，旅行社最为普遍的业务操作方式是通过电话、传真等通讯手段与顾客进行联系。近来，电子商务的兴起又为旅行社开展前台咨询和预订业务提供了一种新的手段，国际互联网的应用将为旅行社业务的扩展提供便利条件。

（二）后台业务

所谓后台业务，是指在旅行社内部进行的、不需要旅游者参与的业务活动。后台业务的开展主要是为了维持旅行社的企业运营和辅助前台业务，主要包括产品的设计和市场营销、协作网络的建立和维持、服务质量控制和财务管理等方面。

1. 产品的设计和市场营销

产品是企业生存的根本所在。旅行社的产品具有无形性和生产与消费同步进行的特点，旅游者在旅游活动开始之前不能对产品进行检验，购买动机的形成和购买决策的制定主要取决于产品的设计方案和针对产品进行的市场营销活动。因此，旅行社产品的设计、定价、促销和销售是旅行社建立竞争优势、争取市场空间、获得利润的前提保障。

2. 协作网络的建立和维持

旅行社的产品涉及旅游活动的方方面面，具有很强的综合性，为了保证旅游活动的顺利开展，保证产品的质量，旅行社有必要与相关部门建立合作关系，形成比较稳定的协作网络。旅行社通常与食、住、行、游、娱、购等协作部门签订正式或非正式的合作协议来建立合作关系，通过信息沟通来维持合作关系，并采用一定的标准对合作部门进行评估。随着旅行社产品生命周期的变化，并且根据旅行社的评估结果，旅行社将对合作部门做出调整。

3. 服务质量控制

旅行社属于服务企业，服务质量的控制是旅行社经营管理工作的重要组成部分。我国旅行社业的发展历史比较短，行业秩序还没有完全建立起来，旅行社的服务质量一直是社会公众和行政主管部门关注的焦点问题。导游接待是旅行社对客服务的主要组成部分，导游人员远离旅行社开展服务使服务质量难以控制，因此导游接待服务质量的控制是旅行社服务质量控制的重点所在。

4. 财务管理

旅行社是有营利目的、从事旅游业务的企业。财务管理工作是任何企业存在与发展所要具备的必要条件。由于旅行社是服务企业，并且规模相对较小，因此旅行社的财务管理工作与大规模的生产企业相比要简单一些。

旅行社的后台业务是前台业务的基础与支持，二者共同构成了旅行社的基本业务。前台业务与后台业务的划分主要根据工作人员是否直接面对顾客提供服务，二者在运作方式上有所不同，前者要考虑到顾客的现场感受，时刻注意环境质量和服务质量，而后者则更注重工作的效果和效率。

第四节　旅行社的分工体系与分类制度

一、旅行社的分工体系

分工和专业化是经济活动中两个密切相关的概念，是生产分工和专业化生产的简要表述。分工和专业化是一个事物的两个方面。我国著名经济学家盛洪认为，“生产活动可以被分解为许多最基本的单位，这些单位被称为职能（斯蒂格勒）或被称为操作（赖宾斯坦），准确地说，是不同职能的操作。”“在非专业化的情况下，一个人或组织（部落或企业等）的生产活动在其生理及组织条件允许的范围内包括许多不同职能的操作。专业化就是一个人或组织减少其生产活动中的不同职能的操作的种类，或者说，将生产活动集中于较少的不同职能的操作上；分工就是两个或两个以上的个人或组织将原来一个人或组织生产活动中包含的不同职能的操作分开进行。专业化和分工越是发展，一个人或组织的生产活动越集中于更少的、不同职能的操作上。”[①]

由上可知，分工是专业化生产的基础。分工自身包括垂直分工和水平分工两种类型。垂直分工是指在时间上先后承接、具有互补关系的职能之间的分化，而水平分工则是在同一操作层次上、针对操作的不同特点进行的分工。

世界范围内旅行社的生产分工经历了一个长期演变的过程。在托马斯·库克后接近一个世纪的时间里，旅游批发经营逐步从零售代理中分化出来，旅行社初步实现了批发经营和零售代理之间的垂直分工；第二次世界大战以后兴起的以包价旅游为特色的大众旅游进一步促进了旅行社行业垂直分工的发展；与此同时，一些旅游批发经营商和旅游零售代理商又根据市场状况和企业实力在各自的领域中参与了水平分工，实现了专业化经营。分工的深入进行促进了旅行社的发展。在旅行社行业进入大发展阶段以后，业内分工的发展成为行业发展的一个主要方面（李宏，1999）。

---

① 盛洪．分工与交易——一个一般理论及其对中国非专业化问题的应用分析[M]．上海：上海三联出版社，上海人民出版社，1994：32～33.

但是，由于各国旅行社行业发展水平和经营环境的不同，世界各国旅行社行业分工的形成机制和具体分工状况存在较大的差异。以美国为代表的旅游发达国家旅行社行业的分工基本上是在旅行社的发展进程中自然形成的，在具体的生产分工方面采取的是以垂直分工为主的分工体系。而以中国为代表的后起的旅游发展中国家旅行社行业的分工则主要是在政府的干预下以法律的形式确定下来的，在具体的生产分工方面采取的是以水平分工为主的分工体系。日本旅行社业，作为一个例外，在其发展历史上曾经在1983年至1996年期间在政府的干预下以法律的形式确定了日本垂直分工和水平分工并重的混合分工体系，即由以经营国际旅游业务为主的一般旅行业、以经营国内旅游业务为主的国内旅行业和专门从事零售代理业务的旅行业代理店构成日本旅行社业完整的服务体系。①1996年4月1日日本开始实施的新的旅行业分类办法依然保留了浓厚的混合分工体系的痕迹，对此我们在后面还将做进一步的分析。

综上所述，世界范围内旅行社的生产分工既存在以批发经营和零售代理为代表的、在时间上先后承接、具有互补关系的垂直分工，也存在在批发经营和零售经营各自内部同一操作层次上、针对操作的不同特点进行的水平分工，并由此形成了全球范围内具有一般代表意义的旅行社行业的垂直分工体系和水平分工体系。"垂直分工体系由执行不同职能的旅行社组成，各类旅行社在经营中互相配合，如负责组织包价旅游产品的旅游批发商和负责产品销售的零售旅行代理商等；水平分工体系由执行同一职能的旅行社按照服务的市场和业务范围分化而成，如专门负责出境旅游的旅游批发经营商和专门负责入境接待的旅游批发经营商等。垂直分工体系和水平分工体系在实际中交叉存在。"②

二、旅行社的分类制度

不同国家和地区间旅行社分工体系方面的差异决定了旅行社分类制度方面的区别。

（一）西方旅行社的分类制度

由于以欧美为代表的西方发达国家的旅行社大都采用垂直分工体系，因此其旅行社按照业务范围可以划分为旅游经营商（Tour Operator）、旅游批发商（Tour Wholesaler）和旅游零售商（Tour Retailer）三类，同时也存在两类的划分方法。二分法将西方的旅行社分为批发旅游经营商（Wholesale Tour Operator）和旅游零售商（Tour Retailer）两类，忽略旅游经营商和旅游批发商之间的差别。

---

① 日本和我国台湾省所称旅行业即我们所说的旅行社。作者注。

② 李宏．旅行社分工与一体化的内在机制研究[D]．南开大学硕士研究生毕业（学位）论文．1999：9～10.

根据查尔斯·J. 麦特尔卡所著《旅游词典》，批发旅游经营商、旅游经营商和旅游批发商是同一个概念，它们之间可以互换使用。“几乎在所有情况下，旅游批发商经营的公司同时也经营自己设计或组装的旅游。批发商专门安排包价，即与饭店、地面交通公司、旅游景点和其他部门签订合同，并将这些内容组装成包价旅游……（批发商的）利润来自佣金和在各组成部分净成本基础上的加价。包价旅游通过旅行代理商和航空公司进行营销，批发商付给旅行代理商佣金”。而“旅游零售商即零售旅行代理商，他们是向公众销售产品和服务的代理商”。旅游零售商的主体是旅行代理商（Travel Agent），即“获得授权向公众销售旅游、游船舱位、交通服务、饭店住宿、餐食、接送服务、观光和其他所有与旅行有关要素的个人、商社或公司”。

三分法则强调旅游经营商和旅游批发商之间的差异：

（1）批发商一般不从事零售，而旅游经营商则经常通过其零售机构从事零售。

（2）批发商通常通过购买并组合现成的服务形成新的包价，而经营商通常设计新产品并提供自己的服务。

（3）批发商一般不从事实地接待业务，而经营商则相反。

由不同类型旅行社构成的西方旅行社的服务体系如图 1-11 所示。

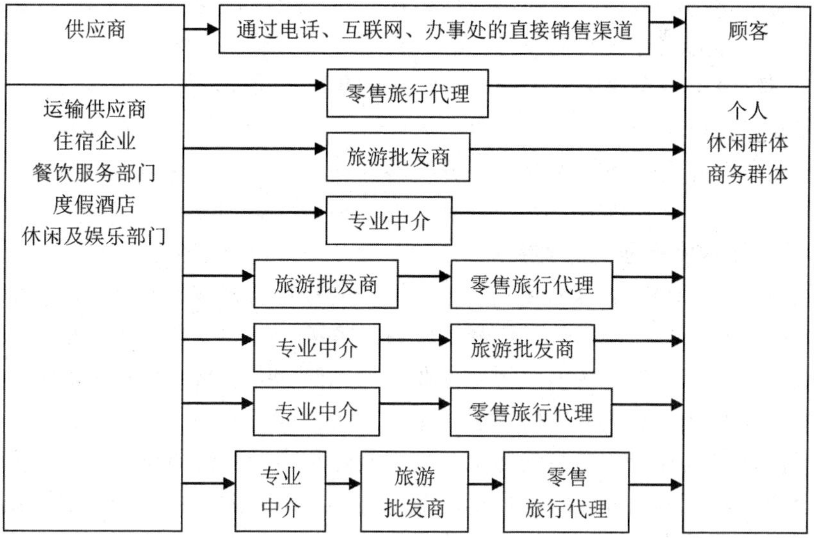

图 1-11　旅游分销渠道（美）

资料来源：查尔斯·R. 戈尔德耐，J. R. 布伦特·里奇，罗伯特·W. 麦金托什. 旅游业教程[M]. 第八版. 大连：大连理工大学出版社，2003：176.

由图 1-11 可以看出，在西方国家中，旅游经营商和旅游批发商一般不面向公众直接销售他们设计或组装的旅游产品，而是通过旅游零售商进行销售。直接面对旅游者并向旅游者销售旅游产品的是为数众多的旅游零售商，他们可以代其顾客直接向饭店和航空公司等旅游服务供应商预订零散服务项目，也可以代理旅游批发商或旅游经营商的包价旅游产品，但无论是哪种情况，旅游零售商的收入都是来自销售佣金。

西方旅游零售商销售佣金的标准不尽相同，但一般说来，销售轮船舱位的佣金为 7%～7.5%，航空服务和包价旅游为 10%，若零售商销售额可观，可另得 2.5%的奖励佣金和其他形式的奖励。事实上，产品畅销程度和销售佣金的高低已经成为旅游零售商选择合作伙伴的重要标准。

近年来，随着航空业自身竞争的不断加剧，以德尔塔（Delta Airlines）为代表的美国航空公司不堪传统销售佣金的重负，于 1995 年 1 月率先提出对旅行代理商的销售佣金实行最高限制，即将国内航线往返票价和单程票价分别在 500 美元以上和 250 美元以上的机票销售佣金限制在 50 美元和 25 美元。此举得到众多航空公司的响应，从而打破了航空代理 10%标准销售佣金的惯例。

在此需要引起我们注意的是，西方国家的旅游零售商，特别是旅行代理商分布极为广泛，他们直接面对广大旅游者，对旅游者的旅游决策特别是旅游者目的地选择影响巨大。据美国《旅行周刊》的一项调查表明，45%的旅游者旅行前没有明确的旅行目的地，36%的人只是大概了解自己想去的地方，但仍然需要指导，19%的人则完全依靠旅行代理商推荐目的地，甚至 40%的商务旅游者也需要旅行代理商的建议。调查结论认为，旅行代理商已成为世界强大的旅游销售大军，并将不断扩大对旅游者的影响，甚至左右世界旅游市场份额的划分。

（二）日本旅行业的分类制度

如前所述，1996 年 4 月 1 日以前，日本的旅行业采取的是一般旅行业、国内旅行业和旅行业代理店的混合分工体系。1996 年 4 月 1 日起实施的新的《旅行业法》以旅行业是否从事主催旅行业务为主要标准对日本旅行业的分类进行了调整，新的分类办法依然保留了其传统的混合分工体系。

根据日本《旅行业法》的界定，主催旅行相当于我们所说的包价旅游，它是指“旅行业者事先确定旅游目的地及日程、旅游者能够获得的运送及住宿服务内容、旅游者应对旅行业者支付的代价等有关事项的旅游计划，通过广告或其他方法募集旅游者而实施的旅行”。

日本新的《旅行业法》将日本的旅行业重新划分为第 I 种旅行业、第 II 种旅行业和第 III 种旅行业三种。第 I 种旅行业可以实施海外和国内主催旅行业务，第 II 种旅行业只能实施国内主催旅行，第 III 种旅行业则不实施主催旅行业务。

（三）我国台湾省旅行业的分类制度

我国台湾省《发展观光条例》将台湾省内的旅行业划分为综合旅行业、甲种旅行业和乙种旅行业三种。这种分类制度从总体上来看是旅行社水平分工体系的产物。

1. 综合旅行业

（1）接受委托代售岛内外海、陆、空运输事业之客票，或代旅客购买岛内外客票、托运行李。

（2）接受旅客委托，代办出入境及签证手续。

（3）接待岛内外观光旅客并安排旅游、食宿及导游。

（4）以包办旅游方式，自行组团，安排旅客岛内外观光旅游、食宿及提供有关服务。

（5）委托甲种旅行业代理招揽前款业务。

（6）委托乙种旅行业代为招揽第四款岛内团体旅游业务。

（7）代理外国旅行业办理联络、推广、报价等业务。

（8）其他经主管机关核定与岛内外旅游有关之事项。

2. 甲种旅行业

（1）接受委托代售岛内外海、陆、空运输事业之客票，或代旅客购买岛内外客票、托运行李。

（2）接受旅客委托，代办出入境及签证手续。

（3）接待岛内外观光旅客并安排旅游、食宿及导游。

（4）自行组团安排旅客出岛观光旅游、食宿及提供有关服务。

（5）代理综合旅行业招揽第五款之业务。

（6）其他经主管机关核定与岛内外旅游有关之事项。

3. 乙种旅行业

（1）接受委托代售岛内海、陆、空运输事业之客票，或代旅客购买岛内客票、托运行李。

（2）接待本岛观光旅客岛内旅游、食宿及提供有关服务。

（3）代理综合旅行业招揽第六款岛内团体旅游业务。

（4）其他经主管机关核定与岛内旅游有关事项。

思考题：

1. 比较我国第一家旅行社与世界上第一家旅行社的基本情况。
2. 我国旅行社业的发展阶段是如何划分的？
3. 简要说明旅行社的职能。
4. 试析旅行社分类制度的差别。

第二章　旅行社的设立

学习目的

通过本章的学习，熟悉设立程序、组建方式和组织设计等与旅行社的创立密切相关的内容，学会如何白手起家，创办自己的旅行社。

主要内容

- 影响旅行社设立的因素与设立旅行社的基本程序
  外部因素　内部因素　我国关于旅行社设立的法律规定与程序
- 旅行社的组建形式
  旅行社的产权及构成要素　我国旅行社的组建形式
- 旅行社的组织设计、组织管理与行业组织
  影响因素　组织设计　组织管理　行业组织
- 旅行社的职业要求
  旅行社工作的特点　旅行社经理人员的素质要求

第一节　影响旅行社设立的因素

一、影响旅行社设立的外部因素

外部因素是指旅行社自身无法控制而又必须受其约束的那些因素。影响旅行社设立的外部因素主要有两个。

（一）旅游业发展状况

某个时期世界旅游业的发展水平和发展趋势，以及与之密切相关的某个地区旅游业的发展水平和发展趋势，会对该地区旅行社的设立产生至关重要的影响。如果旅游业发展水平高，而且有稳定发展或不断增长的趋势，旅游客源就有保障，与此同时，为旅游者提供服务的各部门、各行业也会得到发展，这就为旅行社建立旅游服务协作网络提供了方便的条件。相反，如果旅游业发展水

平低，或者有不断衰退的趋势，那么设立旅行社的外部环境便极为不利，即使勉强设立，也会因客源、协作网络等因素限制而无利可图，从而丧失在其他行业投资的机会，增大经营旅行社的机会成本。

（二）国家有关政策和法律规定

任何一个企业都不能孤立于某个特定的社会环境之外，它要受到国家和地方有关法律规定的限制，任何超越国家和地方政策与法律规定的行为都将受到制裁。因此，任何人或任何单位在设立旅行社之前，都要仔细研究与旅行社的设立密切相关的政策和法律规定，在法律许可的范围内行事。

各国对旅行社的设立都有不同的规定，综合起来，主要包括申办者的从业经验、法定的注册资本、营业保证金和旅行社业务经营许可制度等方面。我国的《旅行社条例》和《旅行社条例实施细则》对旅行社的设立进行了详细的规定。

二、影响旅行社设立的内部因素

内部因素是指旅行社自身可以控制的因素。所谓可以控制，并非绝对的，有些内部因素必须具备相应的外部条件才能称其为内部因素，但它又不完全类同于外部因素。对于这种因素，我们姑且把它归入内部可控因素之列。影响旅行社设立的内部因素有以下几个方面。

（一）资金的筹措

资金的筹措是旅行社可以自身控制的最主要和关键的内部因素。在外部条件许可的前提下，要开设一家旅行社，面临的首要问题就是资金问题，没有足够的资金，开设旅行社便成为一纸空谈。《旅行社条例》对旅行社的注册资本数额提出了具体的要求，这是国家对旅行社注册资本的最低限额，在许多情况下，这一数额未必能满足旅行社业务发展的需要，这就要求各旅行社根据自己的实际情况确定自己的资金需要量，并通过多种渠道筹措资金。资金筹措的渠道主要有自有资金、合股资金和银行贷款三种。

（二）营业场所

这是旅行社可以自我控制的另一因素。营业场所作为可控因素，主要是指旅行社的创办者是否拥有合乎法律规定的营业场所，或者能否以理想的租金租到理想的营业场所。旅行社的营业场所必须符合旅行社业务经营的要求。

关于旅行社选址方面的研究成果目前仍寥寥无几。美国空中交通协会（ATC）就旅行社的选址做了如下规定：

（1）旅行社不能设于家中，必须设在公众出入方便的商业区，并保证正常营业时间；

（2）旅行社不能与其他业务部门合用办公室，而且必须有独立的出口；

（3）如果没有直接通街的通道，旅行社不能设于饭店内。

美国旅游学者帕梅拉·弗里蒙特（Pamela Fremont）根据自己的实践经验，就旅行社的选址问题提出如下的见解：

（1）旅行社应设在繁华的商业区，以便吸引过往行人；

（2）旅行社营业处应有足够的停车场地，便于公众停留；

（3）尽量避免选择旅行社林立的地区，以减少竞争压力；

（4）旅行社应选择中等收入家庭相对集中的地区，且附近有较大规模的企业，以便吸引人们参加旅游；

（5）旅行社营业场所以底楼为好，以方便顾客。

（三）协作网络

在旅游业发展水平较高的情况下，旅行社能否联络各有关部门、行业形成为旅游者提供相关服务的网络，主要取决于旅行社自身的努力。所以，我们也将协作网络归为内部条件的构成因素。至于协作网络的组织形式和规模，则取决于旅行社的性质、业务范围和组织能力。

（四）客源渠道

客源是旅行社的生命线，在外部条件具备之后，旅行社能否通过建立行之有效的销售网络，保证旅行社客源的稳定性，也是凭借旅行社的主观努力可以解决的。客源组织情况将最终决定旅行社的经营状况。

除上述条件外，旅行社职员的录用等也是旅行社在某种程度上可以控制的因素，并会对旅行社的正常发展产生重大影响。

第二节　旅行社设立的要求与程序

一、新设旅行社的要求与程序

根据《旅行社条例》（见附录 1）和《旅行社条例实施细则》（见附录 2），新设立的旅行社只能经营国内旅游业务和入境旅游业务。

（一）新设旅行社的要求

新设旅行社的必要条件包括：有固定的经营场所，有必要的营业设施，有不少于 30 万元的注册资本。

其中，经营场所应当符合下列要求：申请者拥有产权的营业用房，或者申请者租用的、租期不少于 1 年的营业用房；营业用房应当满足申请者业务经营的需要。营业设施应当至少包括：2部以上的直线固定电话，传真机和复印机，具备与旅游行政管理部门及其他旅游经营者联网条件的计算机。

2013年颁布的《中华人民共和国旅游法》第二十八条对旅行社的设立条件进行了规范，增加了两条内容，分别为“有必要的经营管理人员和导游”和“法律、行政法规规定的其他条件”，一方面为提高旅行社的服务质量提供了人员保证，另一方面完善了法条涵盖范围。

（二）新设旅行社的程序

1. 提交申请

申请设立旅行社，经营国内旅游业务和入境旅游业务的，应当向所在地省、自治区、直辖市旅游行政管理部门（简称省级旅游行政管理部门，下同）或者其委托的设区的市级旅游行政管理部门提出申请。这个阶段要求提交下列文件：

（1）设立申请书，内容包括申请设立的旅行社的中英文名称及英文缩写，设立地址，企业形式、出资人、出资额和出资方式，申请人、受理申请部门的全称、申请书名称和申请的时间；

（2）法定代表人履历表及身份证明；

（3）企业章程；

（4）依法设立的验资机构出具的验资证明；

（5）经营场所的证明；

（6）营业设施、设备的证明或者说明；

（7）工商行政管理部门出具的《企业名称预先核准通知书》。

2. 接受检查

受理申请的旅游行政管理部门可以对申请人的经营场所、营业设施、设备进行现场检查，或者委托下级旅游行政管理部门检查。是否进行检查，由受理的部门自行决定。

3. 获得经营许可

受理申请的旅游行政管理部门应当自受理申请之日起20个工作日内做出许可或者不予许可的决定。予以许可的，向申请人颁发旅行社业务经营许可证；不予许可的，书面通知申请人并说明理由。

省级旅游行政管理部门可以委托设区的市（含州、盟，下同）级旅游行政管理部门，受理当事人的申请并做出许可或者不予许可的决定。

4. 办理设立登记手续

获得经营许可后，申请人持旅行社业务经营许可证向工商行政管理部门办理设立登记。

5. 办理质量保证金

旅行社应当自取得旅行社业务经营许可证之日起 3 个工作日内，在国务院旅游行政主管部门指定的银行开设专门的质量保证金账户，存入质量保证金，或者向做出许可的旅游行政管理部门提交依法取得的担保额度不低于相应质量保证金数额的银行担保。

经营国内旅游业务和入境旅游业务的旅行社，应当存入质量保证金 20 万元。质量保证金的利息属于旅行社所有。

二、旅行社业务范围升级的要求与程序

（一）旅行社业务范围升级的要求

旅行社取得经营许可满两年，且未因侵害旅游者合法权益受到行政机关罚款以上处罚的，可以申请经营出境旅游业务。

（二）旅行社业务范围升级的程序

1. 提交申请

申请经营出境旅游业务的旅行社，应当向国务院旅游行政主管部门或者其委托的省、自治区、直辖市旅游行政管理部门提出申请。这个阶段要求提交原许可的旅游行政管理部门出具的，证明其经营旅行社业务满两年、且连续两年未因侵害旅游者合法权益受到行政机关罚款以上处罚的文件。

2. 更换经营许可

受理申请的旅游行政管理部门应当自受理申请之日起 20 个工作日内做出许可或者不予许可的决定。予以许可的，向申请人换发旅行社业务经营许可证；不予许可的，书面通知申请人并说明理由。

国务院旅游行政主管部门可以委托省级旅游行政管理部门受理旅行社经营出境旅游业务的申请，并做出许可或者不予许可的决定。

另外，旅行社申请经营边境旅游业务的，适用《边境旅游暂行管理办法》的规定。旅行社申请经营赴中国台湾地区旅游业务的，适用《大陆居民赴台湾地区旅游管理办法》的规定。

3. 办理变更登记手续

旅行社应当持换发的旅行社业务经营许可证到工商行政管理部门办理经营范围变更登记。

4. 办理质量保证金

经营出境旅游业务的旅行社，应当增存质量保证金 120 万元。

三、旅行社设立分社的要求与程序

旅行社分社不具有法人资格，以设立社的名义从事《旅行社条例》规定的

经营活动，其经营活动的责任和后果，由设立社承担。旅行社分社的设立不受地域限制，经营范围不得超出设立分社的旅行社的经营范围。

（一）设立分社的要求

分社的经营场所、营业设施和设备与设立社的要求相同。分社的名称中应当包含设立社名称、分社所在地地名和“分社”或者“分公司”字样。设立社应当与分社的员工订立劳动合同。

（二）设立分社的程序

1. 办理设立登记手续

旅行社设立分社的，应当持旅行社业务经营许可证副本向分社所在地的工商行政管理部门办理设立登记。

2. 办理质量保证金

旅行社每设立一个经营国内旅游业务和入境旅游业务的分社，应当向其质量保证金账户增存 5 万元；每设立一个经营出境旅游业务的分社，应当向其质量保证金账户增存 30 万元。

3. 办理备案手续

旅行社设立分社的，自设立登记之日起 3 个工作日内持下列文件向分社所在地与工商登记同级的旅游行政管理部门备案：

（1）设立社的旅行社业务经营许可证副本和企业法人营业执照副本；

（2）分社的《营业执照》；

（3）分社经理的履历表和身份证明；

（4）增存质量保证金的证明文件。

没有同级的旅游行政管理部门的，向上一级旅游行政管理部门备案。分社备案后，受理备案的旅游行政管理部门应当向旅行社颁发《旅行社分社备案登记证明》。

四、旅行社设立服务网点的要求与程序

服务网点是指旅行社设立的，为旅行社招徕旅游者，并以旅行社的名义与旅游者签订旅游合同的门市部等机构。

（一）设立服务网点的要求

旅行社设立服务网点的区域范围，应当在设立社所在地的设区的市的行政区划内。服务网点应当设在方便旅游者认识和出入的公众场所。服务网点的名称、标牌应当包括设立社名称、服务网点所在地地名等，不得含有使消费者误解为是旅行社或者分社的内容，也不得使用易使消费者误解的简称。设立社应当与服务网点的员工订立劳动合同。

（二）设立旅行社服务网点的程序

1. 办理设立登记手续

旅行社设立专门招徕旅游者、提供旅游咨询的服务网点应当依法向所在地工商行政管理部门办理设立登记手续。

2. 办理备案手续

设立社向服务网点所在地工商行政管理部门办理服务网点设立登记后，应当在 3 个工作日内，持下列文件向服务网点所在地与工商登记同级的旅游行政管理部门备案：

（1）设立社的旅行社业务经营许可证副本和企业法人营业执照副本；

（2）服务网点的《营业执照》；

（3）服务网点经理的履历表和身份证明。

没有同级旅游行政管理部门的，向上一级旅游行政管理部门备案。服务网点备案后，受理备案的旅游行政管理部门应当向旅行社颁发《旅行社服务网点备案登记证明》。

五、外商投资旅行社设立的要求与程序

外商投资旅行社，包括中外合资经营旅行社、中外合作经营旅行社和外资旅行社。外商投资旅行社不得经营中国内地居民出国旅游业务以及赴香港特别行政区、澳门特别行政区和中国台湾地区旅游的业务，但是国务院决定或者我国签署的自由贸易协定和内地与香港特别行政区、澳门特别行政区关于建立更紧密经贸关系的安排另有规定的除外。

外商投资旅行社的设立要求与前述新设旅行社的要求相同。设立外商投资旅行社，由投资者向国务院旅游行政主管部门提出申请，并提交营业场所、经营设备设施和注册资本的相关证明文件。国务院旅游行政主管部门应当自受理申请之日起 30 个工作日内审查完毕。同意设立的，出具外商投资旅行社业务许可审定意见书；不同意设立的，书面通知申请人并说明理由。

申请人持外商投资旅行社业务许可审定意见书、章程，合资、合作双方签订的合同向国务院商务主管部门提出设立外商投资企业的申请。国务院商务主管部门应当依照有关法律、法规的规定，做出批准或者不予批准的决定。予以批准的，颁发外商投资企业批准证书，并通知申请人向国务院旅游行政主管部门领取旅行社业务经营许可证，申请人持旅行社业务经营许可证和外商投资企业批准证书向工商行政管理部门办理设立登记；不予批准的，书面通知申请人并说明理由。

第三节 旅行社的组建形式

一、旅行社的产权及其构成要素

目前在世界范围内普遍存在的产权制度主要有三种，即共有产权制度、私有产权制度和集体产权制度。这三种产权制度的差异是显而易见的，但其基本的要素却是相同的，均包括所有权、使用权、收益权和转让权。

旅行社的产权是指旅行社资产的拥有者对旅行社的资产所拥有的排他的使用权、独享的收益权和自由的转让权。旅行社产权的基本构成要素包括旅行社资产的所有权、使用权、收益权和转让权。

二、我国旅行社的组建形式

目前，可供我国旅行社选择的组建形式是多种多样的，但旅行社无论采取何种组建形式，都应力求做到产权明晰，这既是我国旅行社产权制度改革的目标，也是旅行社产权管理的重要内容，因为产权是否明晰直接关系到旅行社经营的绩效。那么，旅行社的产权怎样才算明晰呢？“对于任何一种稀有资源，如果该资源的收益权和控制权都在法律形式上或在实际习惯中归属于同一个人，那么该资源的产权就是清晰的、完整的。反之，该资源的产权就是模糊的、残缺不全的。在收益权和控制权分属不同的个人的情况下，有收益权而无控制权的人在追求其收益时，就不会考虑资源消耗的代价；有控制权而无收益权的人就不会认真去改进控制方法而提高收益”。①

我国的旅行社行业经过 30 多年的不断改革，现已形成了由国有独资公司、有限责任公司、股份有限公司、股份合作企业等组建形式并存的格局。另外，旅行社可以选择一人有限责任公司的组建形式。中外合资公司和外资独资公司一般属于有限责任公司或股份有限公司。

（一）有限责任公司

有限责任公司，是指由 50 个以下股东共同投资设立、每个股东以其所认缴的出资额为限对公司承担责任、公司以其全部资产对其债务承担责任的企业法人。我国《公司法》第 3 条第 2 款及第 24 条对此有明确规定。依其规定，我国有限责任公司与其他公司类型相比，具有以下特征。

---

① 杨求宏，戴昌均．准兼并机制和合理的政府行为[J]．国际经贸研究，1998（3）：45.

1. 股东责任的有限性

有限责任公司各股东对公司所负责任，仅以其认缴的出资额为限，对公司债权人不负直接责任。如果公司的财产不足以清偿全部债务，股东也没有以自己出资以外的个人财产为公司清偿债务的义务。

2. 股东出资的非股份性

有限责任公司的资本一般不分为等额的股份，股东出资并不以股份为单位计算，而直接以出资额计算。股东权利义务的大小及范围也不以股份数额来计算，公司章程甚至可以规定一种其他的表决权行使方式。我国《公司法》第43条规定："股东会会议由股东按照出资比例行使表决权；但是，公司章程另有规定的除外。"这是有限责任公司与股份有限公司的区别之一。

3. 公司资本的封闭性

有限责任公司的资本只能由全体股东认缴，而不能向社会公开募集股份，不能发行股票。公司发给股东的书面出资证明被称为"出资证明书"，亦称股单。股单只是一种权利证书，不能在证券市场上自由转让。有限责任公司不向社会募集股份，其会计账簿亦无须公开。有限责任公司的资本封闭性特点，还表现为对股东转让出资的限制。依我国《公司法》第72条规定，除非公司章程对股权转让另有规定，有限责任公司的股东向股东以外的其他人转让股权，必须经其他股东过半数同意；其他股东半数以上不同意转让的，不同意的股东应该购买该转让的股权，不购买的，视为同意转让；经股东同意转让的股权，在同等条件下，其他股东有优先购买权。这也是有限责任公司与股份有限公司的重要区别之一。

4. 股东人数的限制性

我国《公司法》规定，有限责任公司股东人数为50人以下。对于有限责任公司股东人数超过最高限额时是否应变更公司形式，我国法律未明确规定。

5. 公司组织的简便性

有限责任公司的设立程序简便，只有发起设立，而无募集设立。有限责任公司的组织机构也比较简单灵活，可设董事会、监事会，也可以只设1名执行董事以及1至2名监事行使董事会、监事会职权。其中设立股东会的，股东会的召集方法及决议的形式也比较简便。

（二）一人有限责任公司

我国《公司法》所称一人有限责任公司，是指只有一个自然人股东或者一个法人股东的有限责任公司。为提高一人有限责任公司的信用能力，法律规定其注册资本最低限额为人民币10万元，并且股东应当一次足额缴纳公司章程规定的出资额。

为避免自然人滥用一人有限责任公司的法律人格,《公司法》规定一个自然人只能投资设立一个一人有限责任公司，并且该一人有限责任公司不能投资设立新的一人有限责任公司。鉴于作为一人有限责任公司唯一股东的自然人与法人在运作及承担连带责任情形下偿债能力不同,《公司法》规定一人有限责任公司应当在公司登记中注明自然人独资或者法人独资,并在公司营业执照中载明。

在公司治理结构方面，一人有限责任公司不设股东会。股东做出应由股东会决议事项的决定时，应当采用书面形式，并由股东签名后置备于公司。一人有限责任公司应当在每一会计年度终了时编制财务会计报告，并经会计师事务所审计。这是一人有限公司的强制审计制度。通过强制审计制度，一人有限责任公司承担了高于其他有限责任公司的信息披露义务。一人有限责任公司的股东不能证明公司财产独立于股东自己的财产的,应当对公司债务承担连带责任。

（三）国有独资公司

1. 国有独资公司的概念

国有独资公司，是指国家单独出资、由国务院或者地方人民政府授权本级人民政府国有资产监督管理机构履行出资人职责的有限责任公司。国有独资公司是《公司法》专门针对中国国情而规定的一种特殊类型的有限责任公司。

2. 国有独资公司的特征

依我国《公司法》之规定，国有独资公司作为特殊的类型具有以下特征。

（1）投资主体的单一性与特定性

所谓单一性，是指国有独资公司的投资主体只有一个；所谓特定性，是指国有独资公司的投资者只能是国有资产监督管理机构，并由其代表国家履行出资人职责。

（2）适用对象的特定性

我国 2005 年颁布的《公司法》删除了对国有独资公司适用对象的规定。国有独资公司发展至今，其范围应严格限定于必须由国家垄断经营的特殊行业和企业。其他领域应通过国有控股和参股的方式，实现国有资产经营体制的转换，而不能简单地将原国有企业“改制”为企业治理结构并无实质性区别的国有独资公司。

从旅行社行业的发展历程来看，在产权改革初期，国有独资企业是大多数旅行社进行体制改革首选的组建形式。但是国有独资企业毕竟具有过渡性质，目前我国的旅行社多数已经退出国有独资企业行列。

（3）运作规则的特殊性

国有独资公司的组织形式仅存在于有限责任公司当中，属有限责任公司的一种，它符合有限责任公司的一般特征。但国有独资公司又是一种特殊的有限责任公司，在组织机构、公司章程、财产管理等许多方面，都与普通的有限责任公司存在明显差异。

（四）股份有限公司

股份有限公司，是指全部资本分成等额股份，股东以其认购的股份为限对公司承担责任，公司以其全部资产对公司债务承担责任的企业法人。

采取这种产权形态的公司可以通过发起设立和募集设立的方式组建公司。所谓发起设立是指发起人认购公司应发行的全部股份而设立公司；募集设立是指由发起人认购公司应发行股票的一部分，然后通过向社会公开发行股票募集其余部分资金的方式设立公司。

股份有限公司的股东可以是自然人，也可以是法人，数量不限。代表等额股份财产的股票是一种有价债券，具有可自由认购、自由转让的特征。股东一旦认购了股票，就不能向公司退股，但可以通过股票市场出售股票。股东入股的资产以货币为主，但也有以实物或知识产权等作价入股的。股份有限公司对股东负有有限责任，但上市公司必须依法向公众公开财务状况。

股份有限公司创办和歇业的程序比较复杂，公司股权和法人财产权的分离程度较高，股东和法人代表之间的协调比较困难，公司的业务和财务状况难以保密。但是，股份有限公司可以大规模地向社会筹集资金，并能为社会公众提供投资的机会，而且由于公司的经营状况被置于社会公众的监督之下，公司法人代表要承受来自政治、经济、道德和行为方面的压力与约束力。

股份有限公司根据其上市情况可以划分为国内上市公司（A 股）、国外上市公司（B 股）、国内外上市公司（A 股和 B 股）和未上市公司四种。未上市公司的股票原则上可以在公司内部有规则地进行交易。股份有限公司的产权形态具有以下特征：

（1）公司的价值形态资产为股东所有（国家可以是一个大股东），实物形态的资产为产权运行的行为主体所有。

（2）资产的委托代理关系为股东→董事会→总经理。总经理由董事会聘任，职工为旅行社聘用的工作人员。

（3）股权和法人财产权分离后，法人的责权利等全部到位，经营管理上实现了独立自主。

（4）一般实行董事会领导下的总经理负责制，总经理通过董事会对全体股东负资本经营的有限责任，并对聘用的所有员工的劳动、管理和各类报酬负责。

（5）股份有限公司产权最重要的特点是股权在个人（自然人和法人）之间是可分的、不重合的，而公司的法人财产权是不可分的运作整体。这样可以降低社会成本，而且行为主体的自我干预较为有效。

我国旅行社行业中经改制和正在改制的股份有限公司已有数十家，其中较具代表性的是上海中国国际旅行社股份有限公司。

（五）股份合作制企业

采取股份合作制形式的旅行社大都是由原有的集体所有制旅行社转化而来的，其产权规模一般较小，从业人员也比较少。股份合作制旅行社的产权形态具有以下特征：

（1）旅行社全部资产归股份持有者所有，股权持有者一般既是股东又是员工，其收益包括工资和分红两部分。

（2）资产委托代理关系为股份持有者→总经理。

（3）公司有股权但无股票，一般也不开股权证明，财产关系由合同规定。总经理由股权持有者选聘或自任，职工由公司聘任。

（4）资产表现为价值形态和实物形态，产权的构成要素较为统一。

第四节 旅行社的组织设计与组织管理

一、影响旅行社组织设计的因素

企业是一种组织的类型。组织结构是指组织内部分工协作的基本框架，各个部门为了实现企业的目标，在各司其职的基础上相互协调。一旦该组织成立而且其目标得以确立，就要通过设计任务结构和权力关系来协调各方面人员的行动，以确保组织目标的实现，这就是组织设计。组织设计属于管理中的组织职能，一般来说，组织职能就是把总任务分解成具体任务，然后再把它们组合起来分配给各单位或部门，同时把权力分授给每个部门的管理人员。旅行社的组织设计也是基于这一思想来进行的。影响旅行社组织设计的因素主要包括以下几个方面。

（一）专业化的程度

专业化与分工是成对出现的概念。分工是指两个或两个以上的个人或组织将原来一个人或组织生产活动中包含的不同职能的操作分开进行。专业化就是一个人或组织减少其生产活动中不同职能的操作的种类，或者说，将生产活动集中于较少的不同职能的操作上。分工是专业化生产的基础。专业化和分工越是发展，一个人或组织的生产活动越集中于更少的、不同职能的操作上。

生产专业化的优点在于：

（1）使复杂的工作变得简单；

（2）使每一个具体操作环节易于掌握；

（3）有助于操作精度与速度的提高；

（4）便于对从事每一具体环节的人进行工作考核与指导。

同时，生产专业化也存在不足之处，主要表现在：

（1）工作变成了简单机械的重复，易于使人产生厌烦情绪；

（2）从事具体环节工作的人难以看到自己工作的完整意义，无法体验成就感。

旅行社通常以低于市场零售的价格，向住宿、交通和景点等旅游服务供应商批量购买旅游者在旅行过程中所需的服务，经过组合加工形成最终产品，销售给旅游者。旅行社不是其产品各主要“零部件”的生产者，而是采购者，是实现重新组合的“组装者”。这样，其工作负荷和工作重心与那些“零部件”生产者就有所不同。在许多情况下，由一个人扮演“采购者”“组装者”和“销售者”三种角色是可能的。更直接地说，在旅行社工作中，一个人或一个部门负责对外销售、采购和接待等旅行社产品的整个生产与销售过程是可能的。这就要求旅行社在进行生产专业化分工时必须充分考虑旅行社业务的特点，避免人为地将旅行社的专业化分工过度细化，造成旅行社部门间不必要的协调障碍，增加旅行社的经营成本。

此外，旅行社工作的繁杂性和联系的广泛性，使得旅行社始终处于与其他部门错综复杂的关系之中，为保证合作关系的稳定与巩固，旅行社采取专人协调的做法显然具有更大的优势。

（二）部门化的基础

部门化是指将工作细分为不同职务并将其分派给组织内部的具体单元加以执行，为任务的执行制定相应的标准。部门化的方法主要包括职能导向部门化、区域导向部门化、产品导向部门化和顾客导向部门化等。

职能导向部门化是根据员工的不同专业领域以及他们的工作所需的资源设计的部门化形式，以每个单位所进行的作业作为设计基础，是对某一大项工作中有关联的几大环节分解后的结果。这种部门化形式可以形成一个清晰的权威和决策等级，对于生产单一产品的小型组织来说，职能导向部门化效果最好，也是一种使用最为广泛的部门化形式。

区域导向部门化是指按照业务涉及的地点进行部门划分，这使得每一部门能对每一地区全面负责，便于活动的组织和区域市场的巩固与发展，有利于部门业务的总体策划，同时，也有利于部门发掘潜力，增强责任观念，便于上级部门对该部门实施业务考核与管理，减少内部恶性竞争和管理中协调的难度。

产品导向部门化是将企业生产的产品划分成几大类别而独立分部的做法，

是将职能归到一个具有相对独立的设计、生产、销售产品和服务能力的单元的部门化形式，优点是便于在工艺、组织和销售等方面发挥专业化优势。

顾客导向部门化是以服务的顾客类型为基础进行部门划分，这样做便于企业对生产、需求和相应的配套服务实行有针对性的管理。当管理者希望更多地关注顾客的需求时，就会采用这种形式。在以服务为导向的经济中，这种部门化形式愈来愈普及。顾客导向部门化常常用于体现产品差异化，并且为不同类型的顾客提供不同的产品和服务。

（三）管理的跨度

管理跨度和与之相关的权力分配也是影响旅行社组织设计的因素之一。管理跨度通常是指一个管理人员所拥有的直接下属的数量。跨度小意味着直接下属的人数少，也意味着管理工作负荷量较小；跨度大，则相反。在组织设计中，需要明确的关键是如何确定合适的管理跨度。这里所说的“合适”意指既能使管理工作易于进行，又利于专业化分工优势的发挥。要确定这样一个合适的标准，就要考虑不同组织的具体情况：

（1）管理人员的能力。管理人员的管理能力较强，其控制跨度便可以适当扩大；相反，则应适当缩小。

（2）任务性质。一般而言，任务本身需要的协调与统筹的工作量大小与控制跨度呈现反比关系。

（3）人员素质。当工作人员素质较低时，控制跨度不宜过大；而当工作人员素质较高、工作自律性强时，跨度就可放宽。

企业依照一定的管理跨度和特定的部门化基础对企业做出部门划分之后，权力分配或授权便成为不可避免的现象。企业授权时应遵循的原则包括：

（1）所授予的权力为下属完成任务所必需，避免授权过度和授权不充分；

（2）授权时要考虑接受授权的对象行使不同程度或类型权力的能力，避免盲目授权；

（3）授权本身的关键是“权、责、利”三位一体的统一，避免“有权无责”“有责无利”和“有责无权”等不合理现象的发生。

（四）社会适应性

社会适应性是指旅行社的组织设计应与当地政治、经济及社会制度保持同步，同时为便于业务联系，旅行社的组织设计应与其他相关旅行社具有一定的相似性。

二、旅行社的典型组织结构

旅行社的组织结构随着企业规模的扩张、业务范围的扩大，经历了一个由简单到复杂，由一维到多维的发展过程。

（一）单级组织结构

大多数规模较小的旅行社采用的是简单的单级组织结构。这类旅行社人员较少，部门设置简单，通常只包括经理级的管理人员和工作人员两个层次，人员的级别差距只有一级，工作人员按照职务进行分工。

（二）直线式组织结构

当旅行社的业务量和员工人数达到一定规模以后，简单的单级组织结构不再适用，企业内部的分工将导致“部门化”的发生。直线式组织结构是比较简单的组织结构类型，适合规模较小、业务简单的企业采用。图 2-1、图 2-2 和图 2-3 是旅行社直线式组织结构的示意图。

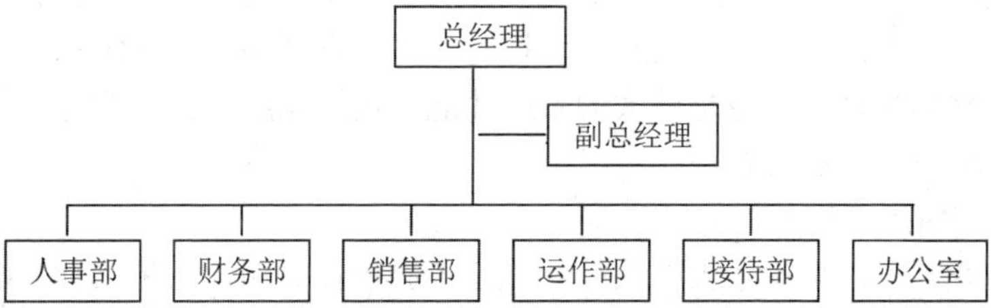

图 2-1　按照职能设置部门的旅行社组织结构示意图

图 2-1 是按照职能设置部门的旅行社组织结构示意图。这种组织结构，优点在于部门之间分工明确，容易实现“专业化”运作；缺点在于对部门之间沟通要求高，导致工作效率低，并容易产生服务质量问题。另外，这种部门设置导致了不同部门的员工之间计酬方法的不同，容易在一些部门中产生激励不到位的问题。

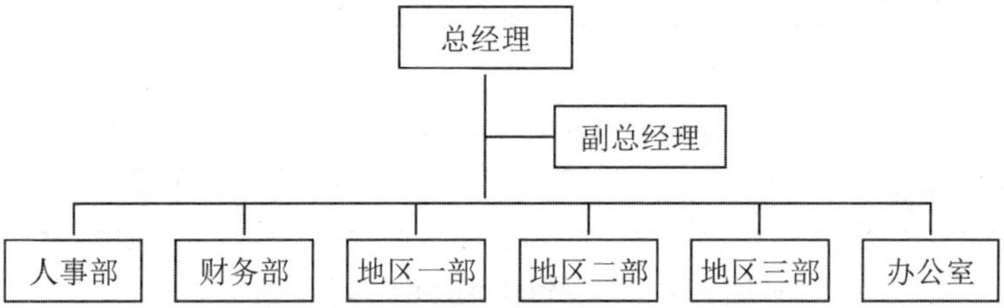

图 2-2　按照客源市场设置部门的旅行社组织结构示意图

图 2-2 是按照客源市场所在地设置部门的旅行社组织结构示意图。这种组织结构，优点在于部门员工了解客源市场情况，针对性强，各个业务部门之间不存在激励手段的差异，部门间冲突最小化；缺点在于不利于实现规模效益，

容易发生销售人员独占客户资源的情况。

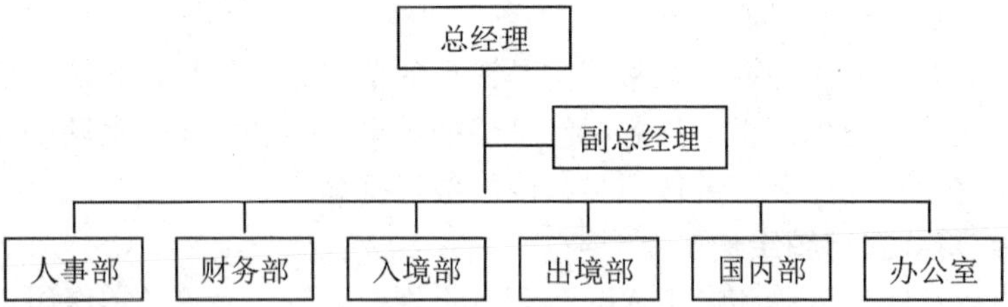

图 2-3　按照业务类别设置部门的旅行社组织结构示意图

图 2-3 是按照业务类别设置部门的旅行社组织结构示意图。这里只是针对一种类别划分进行举例说明，其他同类型的组织结构还可以设置会展部、散客部等。这种组织结构，优点在于可以针对业务类别开展专业化经营。需要注意的是，只有当每种业务量足够大的时候才能够设置相应部门，即这种组织结构适用于规模较大的旅行社。

（三）集团组织结构

目前我国一些规模较大的旅行社成立了旅行社集团，这种旅行社的理想的组织结构应该是由呈网络状分布的子公司构成旅行社集团的下一级单位，如图 2-4 所示，每个子公司，可以选择上述几种类型的直线式组织结构。

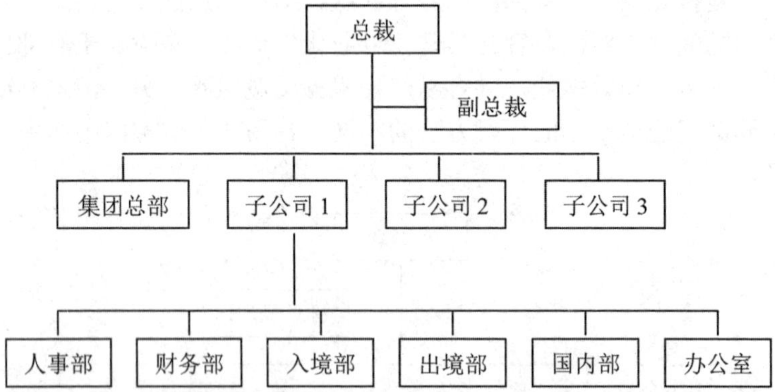

图 2-4　旅行社集团组织结构示意图

三、我国旅行社的组织管理

组织的部门化是将为实现组织目标而要求完成的各项工作任务进行划分并分配给组织各成员承担的过程，因为组织的各项工作任务不是一个人所能完成的，所以必然要求分配给组织各成员承担。但是，各成员分别承担的任务最后组合起来必须能够实现组织的目标。将组织因分化而形成的各项任务组合成一个整体的过程称为整合。旅行社组织管理的主要任务就是借助职权关系和纵向、横向的沟通，把各部门联系在一起，亦即整合各部门的工作，确保组织目标的实现。

目前我国旅行社行业较为流行的组织管理模式主要包括以下几种。

（一）岗位责任制

岗位责任制是针对我国旅行社传统的经验管理与低效率“大锅饭”提出的一种组织管理模式。该模式的基本内容可以概括为旅行社将上级主管部门下达的任务分解落实到每个业务经营部门与岗位，部门与员工的工作在一定程度上与工资和奖金直接联系起来。

岗位责任制的最大优点是可以根据科学的方法确定各个部门和每个员工的工作数量与质量，岗位责任制实施的效果也主要取决于任务量化的科学程度。尽管岗位责任制的实施在不同程度上增强了旅行社内部各个岗位的责任感，但我国旅行社推行岗位责任制的总体效果并不理想。这主要是因为旅游需求的脆弱性和旅游产品的不可储存性，使得业务量和工作负荷难以确定，与此同时旅游服务的个性化使得质量标准难以确定。此外，岗位责任制自身也存在明显的弊端：

（1）管理只是管理者的管理，人为地增加了少数管理者与多数被管理者之间的隔阂，使管理者陷入孤立和矛盾的漩涡。

（2）岗位责任制的中心是岗位责任，分配制度的相对脱节使其难以真正调动职工的积极性。

（二）目标责任制

目标责任制与岗位责任制相比具有明显的进步，这主要表现在部门成为利润中心而不再是单纯的责任中心，利润指标被分解落实到各个部门，而且与分配之间联系更为密切。企业部分经营管理权相应下放到部门，部门内部的失衡因此减少。

但是，目标责任制也造成许多新的问题：

（1）部门间关系紧张，特别是职能部门职工的积极性遭到打击。

（2）部门间条件的差异掩盖了部门间分配的不平等。

（3）对部门放权与控制成为企业突出的矛盾。

（三）承包责任制

承包责任制是在目标责任制基础上发展起来的旅行社组织管理模式，在承包责任制条件下，旅行社将业务经营特许权和牌子全部或部分租赁给一个或多个人员，承包者拥有极大的经营管理权，包括独立的财务管理权；同一旅行社中的不同承包者之间存在相互竞争关系；承包期限一般较短。承包责任制的上述特点致使承包责任制产生了许多的问题，具体表现为承包者短期行为严重，大都存在严重的财务问题，而且助长了行业不正之风。承包责任制因此遭到许多业内人士的指责和非议。

从以上的分析中我们可以看出，旅行社的组织管理是一个极为复杂的和正在探索中的问题，目前尚无令人满意的结论。而且这也是我国旅行社行业提高整体素质和竞争力的主要障碍之一，尚需我们在进一步的研究和实践中去探索和解决。

第五节　旅行社的职业要求

一、旅行社工作的特点

旅行社工作的特点集中表现在服务的直接性、业务的时效性、工作的繁杂性、知识的广博性和联系的广泛性五个方面。

（一）服务的直接性

旅行社产品是旅游者旅游活动过程中所需服务的总和。与一般的物质产品不同，旅行社产品集中表现为旅游服务，具有生产与消费同步进行的特点。因此，旅行社向旅游者提供服务的过程恰是旅游者的消费过程，亦即旅行社工作人员需要直接面对旅游者提供相关旅游服务。

（二）业务的时效性

旅行社业务的时效性主要由三个方面的因素决定。其一，旅行社产品大都具有很强的季节性，这就要求旅行社充分把握旅游旺季提供的市场机会，以弥补旅游淡季可能出现的业务萧条。其二，按照国际惯例要求旅行社在每年规定的时间内呈报第二年的价格，并且要在 24 小时以内答复询价。其三，旅游者旅游的过程在旅游业内部表现为各部门为旅游者提供流水线式服务的过程，任何环节的拖延都会影响到下一服务流程。

（三）工作的繁杂性

旅行社的服务涉及行、住、食、游、购、娱等各个方面，内容繁多复杂。同时，旅游者来自不同的国家和地区，他们在性别、年龄、种族、文化、职业、社会地位和受教育程度等方面相差很大，而且性格各异，这就决定了他们在旅游需求方面的差别。这两者共同作用，使得旅行社工作变得极为繁杂。

（四）知识的广博性

旅行社业务的知识含量很高。一方面，旅行社是旅游咨询机构，为旅游者提供旅游决策所需的各种旅游信息。另一方面，旅行社的导游人员是旅游目的地文化的传播者，他们必须具备渊博的知识，才能满足旅游者求知的愿望。

（五）联系的广泛性

旅行社工作内容的繁杂性，决定了旅行社联系的广泛性。因为旅行社要满足旅游者旅游过程中的各种需要，就不可避免地与旅游业各有关部门和其他相关行业发生业务联系，从而使旅行社与其他部门处于广泛的联系之中。

二、旅行社经理人员的素质要求

旅行社工作的特点对旅行社的从业人员特别是经理人员的素质提出了具体的要求。根据旅行社工作的特点，旅行社经理人员应在从业动机、知识结构、自身能力和身心条件等四个方面具备一定的基本素质。

（一）从业动机

动机是激励人们行动达到一定目的的内在动力。人们的一切行动总是由一定的动机引发，并指向一定的目的。动机的正确与否，往往影响着人们对成功、胜利与成就的态度。

人们出于不同的目的经营旅行社，但现实生活中，许多人经营旅行社的动机产生于某些错误的结论，其中最具代表性的有两个：其一，旅行社是一个高利润的行业；其二，旅行社工作极富魅力。

美国旅游学者劳伦斯·史蒂文斯（Laurence Stevens）基于自己多年的实践经验和广泛的调查研究认为，如果人们希望在短期内从旅行社的经营中获得巨额的利润，那是不切实际的。西方旅行社的主要收入来源是其销售佣金，而旅行社对销售佣金比例的确定影响甚微，在此情况下旅行社行业的平均利润率一般维持在 10%左右。事实上，自 1995 年以来，欧美的航空公司已经多次下调机票销售佣金的比例和单笔佣金的最高限额，目前佣金比例已低至 5%。这无疑使旅行社行业的利润率进一步下降，旅行社行业无论如何也不属于高利润的行业。

我国旅行社行业的平均利润率在 20 世纪 80 年代维持了较高的水平，但进入 90 年代以后，开始接近旅游发达国家的水平，并在近年逐步成为微利行业。换言之，如果说我国的旅行社行业在 80 年代曾经是高利润行业的话，现在也已经不再属于高利润行业。

如果为旅游的魅力所吸引而涉足旅行社业，那么人们很快就会发现实际远非想象的那样美好。现实生活中，旅行社经理人员的工作极为艰苦复杂，压力很大，需要耗费很多的时间和精力，而获得的回报并不乐观。作为企业家，如果仅仅为享受公费旅游而涉足旅行社业，那么需要三思而行。事实上，这种机会多属于旅行社的导游人员，作为经理人员很少有机会周游列国，他们需要为管理自己的旅行社而日夜操劳。

端正的从业动机应当是通过对旅行社的理性投资，凭借高质量的专业化服务和有效的经营管理，追求企业长期的最大利润。

（二）知识结构

任何一个组织的领导者都应具有合理的知识结构，但不同类型组织的领导者所需要的知识结构各不相同。作为旅行社的经理人员，知识结构的主体包括广博的经营管理知识和丰富的旅游知识。这里的旅游知识是一个广义的概念，包括国家有关旅游发展的政策和法规，旅游业的发展状况与发展趋势，旅行社行业的规模、结构与竞争态势，旅游客源市场的动向与旅游者需求状况，当地旅游资源与旅游服务设施供应状况，以及各种旅游常识。所有这些都同旅行社的生存息息相关，是旅行社经理人员知识结构中必不可少的组成部分。

（三）自身能力

合理的知识结构是能力的基础和源泉，但不等于能力。只有经过反复实践和不断总结，知识才会转化为现实的能力。旅行社经理人员需要具备的能力主要包括决策能力、业务开拓能力、应变能力和人际交往能力。毋庸置疑，这些能力对于任何一个企业家来说都是必要的。

作为企业的领导人，如果没有科学决策的能力，企业就不能正常运转，因为企业管理的过程，实际上就是不断决策的过程；如果没有业务上的开拓能力，企业就没有竞争力，因为只有不断开拓才能赢得市场；如果没有灵活的应变能力，企业就不会有发展，因为只有不断地妥善解决经营中的种种不测，企业才会有新的发展；如果没有很强的人际交往能力，管理就无从谈起，因为管理就是人际关系。旅行社经理需要企业家的基本能力结构，但是其中的应变能力和人际交往能力对旅行社的经理人员具有特别重要的意义。

旅行社提供的服务受到许多外部因素的影响和制约，变化随时可能发生，诸如旅游者取消预订，协作单位违约，人力不可抗事故的发生等，都可能使得旅行社的旅行计划无法顺利实施。如果旅行社的经理人员缺乏应变能力，不仅无法指导工作人员在变化中最大限度地满足旅游者的要求，而且会使旅行社陷入不能自拔的困境。因为具有服务缺陷的旅游产品无法像物质产品那样更换或维修，更何况现在的旅游者比以往任何时候都清楚如何运用法律保护自己。

人际交往能力对于旅行社经理人员更是至关重要，原因在于管理者的根本任务就是协调人际关系。旅行社的服务对象是千差万别的旅游者，而旅行社的服务具有直接性，旅行社又处于与其他部门错综复杂的关系之中。所有这些，都要求旅行社的经理人员能够理解人，并能愉快地、成功地与各种类型的人交往。

（四）身心条件

旅行社的经理人员应当具有良好的心理品质和健康的身体。心理品质包括工作热情、耐心与决心、乐观的态度和自我控制能力。旅行社经理人员对工作的热情会直接感染其周围的人们，从而使旅行社的工作人员热衷于自己所从事的事业。旅行社的经理人员有无耐心和决心，将直接导致成功和失败两种截然不同的结果。乐观的态度对于像旅行社这样充满变化、业务淡旺季反差巨大的行业来说是必不可少的。自控能力是旅行社经理人员成功地指挥和激励下属的前提。健康的身体则是旅行社业务特点的直接要求。

除此之外，旅行社经理人员同其他组织的领导者一样，需要具备必要的从业经历和经验，能够有效地影响下属，并且能够在不同的境况下妥善处理上级、下级和自我之间的关系，对此我们不再赘述。

第六节 旅行社的行业组织

一、旅行社行业组织的性质与功能

对于任何一个行业来说，行业组织都是一种不可忽视的力量，它会对特定行业内企业的发展产生极为重要的影响。因此，旅行社经营管理人员应该具备有关行业组织的基本知识，并在旅行社获准营业后就是否申请加入某个行业组织做出决定。

（一）旅行社行业组织的性质

旅行社的行业组织又称为行业协会，是指旅行社为实现本行业共同的利益和目标而在自愿基础上组成的民间组织。它具有以下几个方面的特征：

（1）旅行社行业协会是民间组织，而非官方机构或行政组织；

（2）旅行社行业协会是旅行社为实现单个企业无力达到的目标而组成的共同利益集团；

（3）旅行社是否加入行业协会完全出于自愿，而且可以随时自愿退出。

（二）旅行社行业组织的功能

旅行社行业协会具有服务和管理两种功能。服务功能表现在行业协会可以作为协会成员的代表人，与政府机构或其他行业组织商谈有关事宜；加强协会成员间的信息沟通，定期发布统计分析资料；调查研究协会成员感兴趣的问题，向协会成员提交研究报告；定期出版刊物，向协会成员提供有效信息；开展联合推销和联合培训等活动。

旅行社行业协会的管理职能是指拟定协会成员共同遵循的经营标准，制定行规会约，进行仲裁与调解。需要注意的是，行业协会的管理职能不同于政府旅游管理机构的职能，不带有任何行政指令性与法规性，有效性取决于协会本身的权威性和凝聚力。旅行社行业协会管理的范围取决于自愿加入该协会的旅行社数量，只要有一家旅行社不愿入会，行业协会便不可能实现全行业管理，而政府旅游管理机构始终具有全行业管理的功能。

二、旅行社行业组织的组织形式

旅行社行业组织一般采取直线式的组织结构形式，具体机构设置如图 2-5 所示。作为民间团体，旅行社行业协会的经费主要来自成员的会费，政府拨款或各种捐助不是协会经常性的经费来源。旅行社行业组织的章程应该符合国家有关的法律和政策，其解释权在协会理事会。

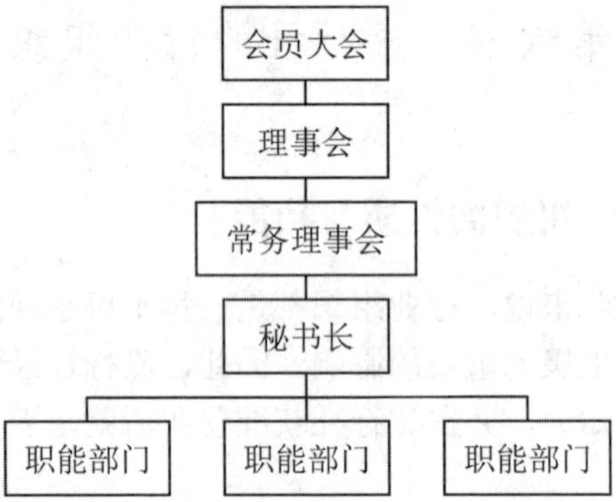

图 2-5 旅行社行业协会组织结构图

三、我国的旅行社行业组织[①]

中国旅行社协会（China Association of Travel Services，缩写 CATS）成立于 1997 年 10 月，是由中国境内的旅行社、各地区性旅行社协会等单位，按照平等自愿的原则结成的全国旅行社行业的专业性协会，是经国家民政部门登记注册的全国性社团组织，具有独立的社团法人资格。其宗旨是代表和维护旅行社行业的共同利益和会员的合法权益，努力为会员服务，为行业服务，在政府和会员之间发挥桥梁和纽带作用，为中国旅行社行业的健康发展做出积极贡献。

① 本部分内容来自中国旅行社协会网站，http://www.cats.org.cn。

协会实行团体会员制，所有在中国境内依法设立、守法经营、无不良信誉的旅行社与旅行社经营业务密切相关的单位和各地区性旅行社协会或其他同类协会，承认和拥护协会的章程、遵守协会章程、履行应尽义务均可申请加入协会。协会对会员实行年度注册公告制度。每年年初，会员单位必须进行注册登记。协会对符合会员条件的会员名单向社会公告。

协会的最高权力机构是会员代表大会，每 4 年举行一次。协会设立理事会和常务理事会，理事会对会员代表大会负责，是会员代表大会的执行机构，在会员代表大会闭会期间领导协会开展日常工作；常务理事会对理事会负责，在理事会闭会期间，行使其职权。

协会成立 12 年来，组织会员单位开展了调研、培训、学习、研讨、交流、考察等一系列活动，宣传贯彻国家旅游业的发展方针和旅行社行业的政策法规，总结交流旅行社的工作经验。截至目前会员单位有 981 家，其中会员单位 711 家，理事单位 144 家，常务理事单位 105 家，会长、副会长单位 21 家。

四、旅行社的国际性组织

（一）世界旅行社协会（WATA）

世界旅行社协会（World Association of Travel Agencies，WATA）经瑞士法律批准，于 1949 年正式成立，总部设在日内瓦，是一个由私人旅行社组织而成的世界性非营利组织，其宗旨是将各国可靠的旅行社建成一个世界性的协作网络。

全体会员大会是其最高权力机构，下设执行委员会、管理委员会和总裁委员会。执行委员会负责实施大会的决议；管理委员会主持处理日常工作；总裁委员会由各地选举出来的总裁组成，他们负责各地会员与日内瓦总部之间的联系，每年召开一次地区性会议，讨论地区问题，协调地区活动。世界旅行社协会在一个或两个同一语种国家内任命一名副总裁，负责协调各会员国的活动，包括组团、合作促销、各国文件的提供，等等。设在日内瓦的常设秘书处向会员提供各种帮助和一些服务性项目，如提供旅游信息、文件和统计资料等。协会自 1951 年开始每年出版一本综合性的世界旅游指南《万能钥匙》（Master Key）。

凡是财政机构健全、遵守本行业规定的旅行社均有资格成为其会员。超过 300 万人口的城市可有 1 名旅行社代表参加该组织，400 万人口以上的城市可增加 1 名。会员旅行社必须同时经营出境和入境旅游业务，如果同一城市内没有同时经营入、出境旅游业务的旅行社，协会可以指定一家专营出境旅游业务和另一家专营入境旅游业务的旅行社为其会员。申请入会者向日内瓦常设秘书处递交申请书。

协会帮助会员享有一定的优惠权。会员可凭预订交换证在世界任何地方为其顾客预订饭店和旅行社的服务项目。

（二）世界旅行社协会联合会（UFTAA）

世界旅行社协会联合会（Universal Federation of Travel Agents' Association，UFTAA）于 1966 年 11 月 22 日成立于意大利的罗马，它由 1919 年在巴黎成立的欧洲旅行社组织和 1964 年在纽约成立的美洲旅行社组织合并而成，总部设在比利时的布鲁塞尔。

世界旅行社协会联合会是一个专业性和技术性组织，其会员是世界各国的全国性旅行社协会，每个国家只能有一个全国性的旅行社协会代表该国参加。其宗旨包括以下几个方面：

（1）团结和加强各国全国性的旅行社协会和组织，并协助解决会员间在专业问题上可能发生的纠纷；

（2）在国际上代表旅行社会员同旅游业有关的各种组织与企业建立联系，进行合作；

（3）确保旅行社业务在经济、法律和社会领域内最大限度地得到协调，赢得信誉，受到保护并得到发展；

（4）向会员提供所有必要的物质、业务和技术的指导和帮助，使其能在世界旅游业中占有适当的地位。

联合会的组织机构包括全体大会、理事会、执行委员会和总秘书处。主要活动为每年一次的世界旅行代理商大会，并出版月刊《世界旅行社协会联合会信使报》(Courrier UFTAA)。该会与世界旅游组织（WTO）、国际航空运输协会（IATA）及国际饭店与餐馆协会（IHRA）等组织有密切的业务联系，现有 102 个国家级会员，下设拉美、北美与加勒比、欧洲、非洲、中东与北非、南亚、亚太等 9 个地区联盟。另有许多国家的旅游企业、与旅游业有关的企业（如航空公司、游船公司、旅馆等）加入作为会员。中国旅游协会于 1995 年 8 月正式加入该会，作为国家级会员，属亚太地区联盟。

思考题：

1. 影响旅行社设立的因素有哪些？
2. 我国对于旅行社的设立有哪些法律规定？在我国设立旅行社需要经过哪些程序？
3. 分析说明我国不同旅行社组建形式的特点。
4. 运用组织设计原理，分析当地一家旅行社的组织机构设置。
5. 旅行社工作具有哪些特点？这些特点对经理人员提出了怎样的要求？

第三章　旅行社的产品开发

学习目的

通过本章的学习，熟悉旅行社产品的内涵、形态、设计原则、开发过程及采购技巧，初步具备旅行社产品设计和产品分析的能力。

主要内容

- 旅行社产品的内涵与形态
  内涵　特征　形态
- 影响旅行社产品开发的因素
  外部因素　内部因素
- 旅行社产品设计的原则与开发过程
  基本原则　基本过程
- 旅行社旅游服务的采购
  内涵与任务　协作网络的建立　旅游服务采购的管理

第一节　旅行社产品的内涵与形态

一、旅行社产品的内涵与特征

旅行社作为以营利为目的的企业，其主要职能是为人们提供与旅行有关的服务，因此从有关服务的一般理论入手来研究旅行社产品的内涵无疑有助于我们加深对这一问题的理解。

（一）服务的概念与特征

1. 服务的概念

有关服务概念的研究是从经济学领域开始的，市场营销学界对服务概念的研究大致是从 20 世纪五六十年代开始的。与经济学界的研究不同，市场营销学者对于服务研究的基础是将服务视为一种产品（李海洋、牛海鹏，1996）。

1960 年，美国市场营销学会（AMA）最先将服务定义为“用于出售或者是同产品连在一起进行出售的活动、利益或满足感”。这一定义在此后的许多年里一直被学者们广泛采用。但是，这一定义的缺点是显而易见的，它并没有充分的理由把有形产品同无形的服务区分开来，因为有形产品也是用于出售并使购买者获得利益和满足。

与此同时，其他学者也从不同的角度提出了自己的定义。雷根（Regan）把服务定义为直接提供满足（交通、租房）或者与有形商品或其他服务（信用卡）一起提供满足的不可感知的活动；斯坦顿（Stanton）进一步认为，服务是可被独立识别的不可感知的活动，它为消费者或工业用户提供满足感，但并非一定要与某个产品或服务连在一起出售；莱特南（Lehtinen）则认为服务是与某个中介人或机器设备相互作用并为消费者提供满足的一种或者一系列的活动；格鲁诺斯（Gronroos）在莱特南、科特勒等人研究的基础上，把服务的定义概括为或多或少具有无形特征的一种或一系列的活动，通常（但并非一定）发生在顾客同服务的提供者及其有形的资源、商品或系统相互作用的过程中，以便解决消费者的有关问题。

然而，截至目前，市场营销学界普遍接受的关于服务的定义是美国市场营销学会在 1960 年定义的基础上经过进一步补充和完善后的定义，它基本上把握住了服务活动的本质。该定义认为，服务“主要为不可感知却可使欲望获得满足的活动，而这种活动并不需要与其他的产品或服务的出售联系在一起。生产服务时可能会或不会需要利用实物，而且即使需要借助某些实物协助生产服务，这些实物的所有权将不涉及转移的问题”。

2. 服务的特征

服务概念的明确为我们系统考察服务的基本特征奠定了基础。许多市场营销学者经过多年的研究发现，大多数服务都具有不可感知性、不可分离性、差异性、不可储存性和缺乏所有权等特征。

（1）不可感知性（Intangibility）

不可感知性又称无形性，是服务最主要的特征。我们可从两个方面来理解服务的这一特性。其一，与有形的消费品或工业品相比，服务的特质及组成服务的元素很多都是无形无质的，人们在消费前和消费过程中都无法触摸或感受到它的存在；其二，消费者接受服务后的利益也很难被察觉，或是要等一段时间后才能察觉到它的存在。

（2）不可分离性（Inseparability）

不可分离性又叫生产与消费的同一性。众所周知，有形的消费品或工业品在从生产、流通到最终消费的过程中，往往要经过一系列的中间环节，生产与消费的过程具有一定的时间间隔。但是，服务的生产过程与消费过程却是同时进行的，亦即服务人员提供服务于顾客时，也正是顾客消费服务的时刻，二者在时间上不可分离。因此有人认为产品是制造出来的，而服务是表现出来的，因而服务的质量并非来自其物质特征，而是来自其表现效果。

（3）差异性（Heterogeneity）

差异性又称异质性，是指服务的构成成分及其质量水平经常变化，很难统一界定。服务业是以人为中心的产业，由于人类个性的存在，使得对于服务质量的检验很难采用统一的标准。一方面，由于服务人员自身因素的影响，即使由同一服务人员所提供的服务也可能会有不同的水平；另一方面，由于顾客直接参与服务的生产和消费过程，顾客本身的因素也直接影响服务的质量和效果。

（4）不可储存性（Perishability）

服务的无形性和生产与消费的同一性使得服务不可能像有形的消费品或工业品一样储存起来以备未来销售。与此同时，消费者在大多数情况下亦不能将服务携带回家存放起来。这就使得生产出来的服务如不当时消费掉，就会造成机会的丧失和折旧的发生。

（5）缺乏所有权（Absence of Ownership）

缺乏所有权是指在服务的生产和消费过程中不涉及任何东西的所有权的转移。既然服务是无形的和不可储存的，服务在交易完成后便消失了，消费者并没有“实质性”地拥有服务。缺乏所有权会使消费者在购买服务时感受到较大的风险。

在上述特征中，不可感知性一般被认为是服务五大特征中最基本的特征，其他特征都是从这一特征派生出来的。事实上，正是因为服务的不可感知性，才使得服务不可分离，而差异性、不可储存性和缺乏所有权在很大程度上是由不可感知性和不可分离性两大特征所决定的。

（二）旅行社产品的内涵

在关于旅行社性质的分析中，我们曾就旅行社的性质得出两个基本的结论：其一，提供与旅行有关的服务是旅行社的主要职能；其二，以营利为目的决定了旅行社的企业性质。由此我们可以确信，旅行社提供的主要是服务形态的产品，而且按照蔡斯（Chase）对于服务的分类办法，旅行社提供的服务属于高接触性的服务，因为多数情况下旅游者都自始至终地参与旅行社旅游服务的全过程。所谓高接触性服务是相对于中接触性服务和低接触性服务而存在的一个概念，它是指顾客在服务推广的过程中参与其中全部或大部分的活动。旅行社也因其主要职能而无可争辩地成为服务行业的一个组成部分。

基于我们前面对于服务的性质和旅行社的性质进行的分析，我们或许可以将旅行社的产品作如下界定：从旅游经营者的角度来看，旅行社的产品是指旅行社为满足旅游者旅游过程中的需要，而凭借一定的旅游吸引物和旅游设施向旅游者提供的各种有偿服务。这种服务具有不可感知的特性，也不涉及所有权的转移，但可以满足旅游者的旅游需求。

如果从旅游者的角度出发来理解旅行社产品的内涵，我们或许会得出这样的结论：旅行社产品是指旅游者花费了一定的时间、费用和精力所换取的一种旅游经历。这种经历包括旅游者从离开常住地开始到旅游结束归来的全部过程中，对所接触的事物、事件和所接受的服务的综合感受。旅游者用货币换取的不是一件件具体的实物，而是一种体验。很显然，我们在此从旅游者的角度对旅行社产品的界定主要也是以整体或综合旅游产品为基础进行的，在旅游者的需求只限于特定单项服务的情况下，我们从旅游者角度出发理解的旅行社产品的概念会出现一定的差别。

在旅行社的实际运行过程中，旅行社提供的产品既包括整体或综合的旅游服务，也包括零散或单项的旅游服务，还包括介乎于两者之间任意组合的旅游服务。但是，更多的情况下，旅行社提供给旅游者的是整体的旅游服务和根据旅游者需求组合的不同程度的综合旅游服务。因此，旅行社产品的概念在相当大的程度上便与旅游产品的概念重合在一起了。

（三）旅行社产品的特征

归属于服务范畴的旅行社产品具有服务的共同属性，即不可感知性、不可分离性、差异性、不可储存性和缺乏所有权。但与此同时，旅行社的产品又存在其独有的个性，这主要集中体现在以下两个方面。

1. 综合性

综合性是旅行社产品的最基本的特性。旅行社产品的综合性首先表现在它是由多种旅游吸引物、交通设施、娱乐场地以及多项服务组成的混合性产品，是满足人们在旅游活动中对住、食、行、游、购、娱各方面需要的综合性产品。其次，旅游产品的综合性还表现在旅游产品所涉及的部门和行业很多，其中有直接向旅游者提供产品和服务的部门和行业，也有间接向旅游者提供产品和服务的部门和行业（林南枝、陶汉军，1994）。

2. 易受影响性

旅行社产品的易受影响性又叫脆弱性或易折性。其直接成因是旅行社产品的综合性，因为旅行社提供旅游的过程和旅游者旅游实现的过程中涉及众多的部门和因素，这些部门和因素中任意一个部门和因素发生变化，都会直接或间接地影响到旅行社产品生产和消费的顺利实现。此外，旅行社产品的易受影响性还表现在旅游活动涉及人与自然、人与社会和人与人之间的诸多关系，因此诸如战争、政治动乱、国际关系、政府政策、经济状况、汇率变化、贸易关系以及地缘文化等经济、社会、政治、文化等因素的变化都会引起旅游需求的变化，并由此影响旅行社产品的生产与消费。

二、旅行社产品的形态

（一）旅行社产品的分类

根据不同的标准可以对旅行社经营的产品进行不同的分类，如表 3-1 所示。

表 3-1　旅行社产品分类

分类标准	旅行社产品类别
旅游者的组织形式	团队旅游
	散客旅游
产品内容	全包价旅游
	部分包价旅游
	单项旅游服务
产品档次	豪华旅游
	标准等旅游
	经济等旅游
旅游目的	公务旅游
	休闲旅游（含观光和度假）
	探亲访友旅游
	专项旅游（奖励、会议、修学、文化、考察、生态、宗教、康复、新婚、购物、探险、体育、特殊兴趣等）

我们将主要选择以包价内容为基础的分类方法对旅行社的产品形态进行介绍和分析。

（二）旅行社产品的“团队包价—散客单项服务”连续体

旅行社产品类型多样，在团队产品向散客产品过渡的过程中，包价产品的内容也在逐渐减少，从对团队整个行程的全部包价，到最终为散客提供单项旅游预订服务，如图 3-1 所示。

1. 团队包价旅游

团队包价旅游（Group Inclusive Tour）包括两层含义，一是团队，即参加旅游的旅游者一般由 10 人或更多的人组成一个旅游团；二是包价，即参加旅游团的旅游者采取一次性预付旅费的方式将各种相关旅游服务全部委托一家旅行社办理。团队包价旅游的服务项目通常包括依照规定等级提供饭店客房、一日三餐和饮料、固定的市内游览用车、翻译导游服务、交通集散地接送服务、每人20公斤的行李服务以及游览场所门票和文娱活动入场券等。

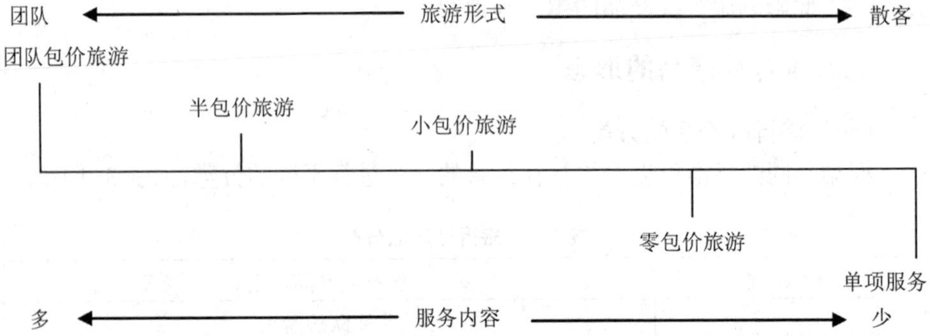

图3-1 旅行社产品的"团队包价—散客单项服务"连续体

就旅游者而言，参加包价旅游可以获得较优惠的价格，预知旅游费用，并可在旅游团内保持熟悉的氛围，而且旅行社提供全部旅游安排和全陪服务，使旅游者具有安全感，所有这些都是包价旅游的优势。但是，包价旅游同时意味着旅游者不得不放弃自己的个性而适应团体的共性，旅游团内的旅游者需要在同一时间、乘坐同一航班、入住同一饭店、共进相同的餐食、游览相同的景点、观看相同的节目，这些则是团体包价旅游的劣势。另外，旅游者如果不幸选择了一家服务低劣的旅行社，则整个旅程会变得让人无法忍受。

就旅行社而言，团队包价旅游预订周期较长，相对易于操作，而且批量操作可以提高工作效率，降低经营成本。但是，团队包价旅游在预订和实际旅游期间经常会发生各种变化，而且在旅游旺季容易遇到旅游服务采购方面的问题。

2. 半包价旅游

半包价旅游是与上述全包价旅游相比较而存在的一种产品形态。它是指在全包价旅游的基础上，扣除中、晚餐费用的一种包价形式，其目的在于降低产品的直观价格，提高产品的竞争能力，同时也是为了更好地满足旅游者在用餐方面的不同要求。一般适用于入境包价旅游产品。

3. 小包价旅游

小包价旅游（Mini-package Tour）又叫可选择性旅游（Optional Tour），它由非选择部分和可选择部分构成。非选择部分包括接送、住房和早餐，旅游费用由旅游者在旅游前预付；可选择部分包括导游、风味餐、节目欣赏和参观游览等，旅游者可根据时间、兴趣和经济情况自由选择，费用既可预付，也可现付。

小包价旅游对旅游者具有多方面的优势，主要表现在明码标价、经济实惠、手续简便和机动灵活四个方面。

小包价旅游最早由中国香港和海外的旅行商向我国的旅行社提出建议，由于其独特的优势而逐步普及全国。小包价旅游每批旅游者一般在 10 人以下。

4. 零包价旅游

零包价旅游（Zero Package Tour）是一种独特的产品形态，多见于旅游发达国家。参加这种旅游的旅游者必须随团前往和离开旅游目的地，但在旅游目的地的活动是完全自由的，形同散客。参加零包价旅游的旅游者可以获得团体机票价格的优惠，并可由旅行社统一代办旅游签证。

5. 单项服务

单项服务是旅行社根据旅游者的具体要求而提供的各种非综合性的有偿服务，旅游者需求的多样性决定了旅行社单项服务内容的广泛性，但其中常规性的服务项目主要包括导游服务、交通集散地接送服务、代办交通票据和文娱票据、代订饭店客房、代客联系参观游览项目、代办签证和代办旅游保险等。

旅行社单项服务的对象也十分广泛，但主要是零散的旅游者，包价旅游团中个别旅游者的特殊要求一般也视为单项服务。

单项服务在旅游实业界又称委托代办业务，旅游者可采取当地委托、联程委托和国际委托等不同的方式交旅行社办理。

近年来，委托代办业务日趋重要，许多旅行社都成立了散客部或综合业务部，专门办理单项服务。旅行社重视单项服务的根本原因是近年来全球性散客旅游的迅速发展。目前，全世界散客旅游所占比重与传统的团体旅游相比越来越高，已达 80%左右，在我国部分旅游城市，如北京，散客旅游者占旅游者总数的比例也已高达 60%。散客旅游的兴起，是旅游者心理需求个性化、国际旅游者旅游经验日趋丰富和信息与科技的推动等因素综合作用的结果。但在我国，由于目前交通状况、语言障碍和信息网络等方面的原因，可能会在一段时间内滞后于世界散客旅游的发展水平，但散客旅游作为一种发展趋势却是不容置疑的。

从以上旅行社五种基本产品形态的介绍中我们可以发现，从团体包价旅游到单项旅游服务，旅行社产品的构成要素逐步减少，服务要素的构成方式也各不相同。但这决不等于说旅行社的产品只有以上五种形态。事实上，在有利于满足旅游者需求和提高旅行社竞争力的前提下，任何产品形态都是允许的和可行的。

（三）旅行社产品发展的局限性

尽管旅行社的产品形态如此丰富，但长期以来，我国旅行社行业却形成了团体、标准等全包价、文化观光旅游一统天下的局面。究其原因，除外部旅游者对安全感和经济性的追求外，还有以下几方面的原因：

（1）我国文化观光资源丰富，开发比较容易，而度假旅游资源相对较少，同时也缺乏开发度假及其他特种旅游所需要的大量资金。

（2）团体包价旅游预订周期较长，计价、结算手续较简单，易于操作，因而组织管理相对简单，比较适应我国旅游业经营管理水平较低以及旅游设施不足的现状。

（3）受设备条件和服务水平的限制，经营豪华旅游困难较多。

近年来，经过国家旅游行政管理部门和旅游实业界人士的共同努力，这种局面有所缓解，但要从根本上解决这一问题，尚需各方更进一步的努力。

第二节　影响旅行社产品开发的因素

一、影响旅行社产品开发的外部因素

所谓外部因素是旅行社无法直接控制的因素，但这些因素共同作用的结果却会直接影响一个国家或地区旅游业的发展水平，并由此对旅行社产品的开发产生直接的或间接的影响。

（一）资源禀赋

资源禀赋是指一个国家或地区拥有旅游资源的状况。与旅行社产品开发相关的资源因素主要包括自然资源、人文资源、社会资源、人力资源和资本资源。

1. 自然资源

自然资源组成旅游空间，自然资源对旅行社产品开发的作用取决于它们的特点和可进入性。人类无法接近的自然资源是一种潜在资源，只有经过开发并可以进入的资源才能成为经济资源，因为自然资源只有经过开发才能满足旅游者有支付能力的需求。但是，对自然资源的开发不应破坏其自身价值，这是自然资源成为经济资源的条件。

2. 人文资源

人文资源的富裕程度决定一个国家旅游开发的潜力，拥有独一无二人文资源的国家或地区便处于垄断或近似垄断的地位，旅行社也可因此开发出竞争对手所没有的产品。

3. 社会资源

社会资源是指与人类社会生活有紧密联系的事物和活动，包括传统文化、民族风情、节庆、表演、保健等，是对旅游资源的深层开发。与此同时，当地居民对旅游者的态度也是社会资源的重要内容。当地居民对旅游者的态度（容

忍程度）主要取决于主客双方的文化差异、旅游地拥挤程度、旅游者的行为是否有损于当地居民的价值观以及旅游者与当地居民的接触程度。旅行社在开发产品时必须充分考虑旅游目的地居民的容忍程度，有针对性地开发产品。

4. 人力资源

人力资源是旅游业开发与经营的基本要素，它在一定程度上也决定着旅行社产品的开发。人力资源包括人口数量、人口特点和人员素质。

5. 资本资源

资源的开发、保护和利用无一不需要资本的投入，这就使得资本资源成为影响旅行社产品开发的一个极其关键的因素。

（二）设施配置

设施配置是指与旅游者旅游生活密切相关的服务设施和服务网络的配置状况，主要包括住宿、交通、餐饮和娱乐等，它们是旅游者实现其旅游目的的中间媒介，而且本身也会增添旅游乐趣，构成旅游者旅游生活的重要组成部分。一个国家或地区无论旅游资源多么丰富，但如果不具备起码的基础设施和旅游服务设施，则难形成吸引旅游者的产品。

（三）旅游需求

旅游需求是指具有一定支付能力和闲暇时间的消费者在一定时间内愿意以一定价格购买的旅游产品的数量。旅游需求不仅与人们的消费水平有直接关系，而且也反映出旅游者的旅游兴趣。因此，从某种意义上讲，旅游需求决定着旅行社产品开发的方向。

二、影响旅行社产品开发的内部因素

内部因素包括旅行社的发展战略、市场定位、人力资源状况、财力状况、市场拓展能力、协作网络的广度与稳定程度、接待能力和商誉等，亦即旅行社的综合竞争能力。我们将在以后有关章节中对其中有关问题进行深入系统的探讨。

第三节　旅行社产品设计的基本原则

一、市场原则

旅行社产品开发的目的在于通过产品销售，获得经济利益。如果旅行社的产品不能满足旅游者的需要，产品就没有销路，旅行社也就无利可图。市场原

则就是要求旅行社在开发新产品前，对市场进行充分的调查研究，预测市场需求的趋势和需求的数量，分析旅游者的旅游动机。只有这样，才能针对不同目标市场的旅游者的需求，设计出适销对路的产品，最大限度地满足旅游者的要求，提高产品的使用价值。旅行社产品开发的市场原则具体体现在以下三个方面。

（一）根据市场需求变化的状况开发产品

旅游者的需求是千差万别的，同时又是千变万化的，但其中也不乏相对稳定的因素。对于大众旅游者来说，以下需求具有代表性和稳定性：

（1）到未曾到过的地方，增广见闻，有多姿的旅程；

（2）从日常的紧张生活中求得短暂的解脱，提高情趣，舒畅身心；

（3）尽量有效地利用时间而又不太劳累；

（4）尽量有效地利用预算，物美价廉；

（5）购买廉价而又新奇的东西。

旅行社可以根据旅游者这些相对稳定并具有代表性的需求特点，同时结合不同时期的不同风尚和潮流，设计出适合市场需求的旅游产品。

（二）根据旅游者或中间商的要求开发产品

旅行社还可以直接根据旅游者和客源产生地中间商的要求，设计专门的旅游产品，开拓自己的市场。

（三）创造性地引导旅游消费

旅行社审时度势，创造性地引导旅游消费，也是市场原则的实际应用。

二、经济原则

所谓经济，是指以同等数量的消耗，获得相对较高的收益，或以相对低的消耗，获得同等的收益。旅行社产品同其他产品一样，也有各种成本支出，如交通费、住宿费和餐饮费等。这就要求旅行社在产品设计过程中，加强成本控制，降低各种消耗。例如，通过充分发挥协作网络的作用，降低采购价格，这样既可以降低旅行社产品的直观价格，便于产品销售，又能保证旅行社的最大利润。

旅行社产品开发的经济原则还表现在旅行社产品的总体结构应尽可能保证旅行社接待能力与实际接待量之间的均衡，减少因接待能力闲置造成的经济损失，如图 3-2 所示。图中接待能力曲线与市场需求曲线之间存在着明显的差距，有时需求大大超出接待能力，有时需求又大大低于接待能力，二者吻合的机会极少。当然，我们并无力达到绝对的平衡，事实上，绝对的平衡也不存在。但我们却可通过产品的优化组合和必要的辅助手段，如价格调节，使旅游需求尽可能与旅行社的接待能力趋于平衡。

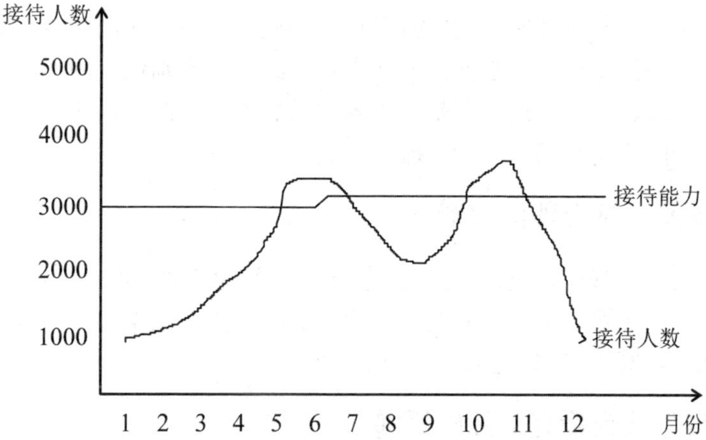

图 3-2　市场需求与接待能力差异分析图

三、旅游点结构合理的原则

旅行社在设计旅游线路时，应慎重选择构成旅游线路的各个旅游点，并对之进行科学的优化组合。具体地讲，在旅游线路设计过程中应注意以下几点。

（一）尽量避免重复经过同一旅游点

在条件许可的情况下，一条旅游线路应竭力避免重复经过同一旅游点，因为根据满足效应递减规律，重复会影响一般旅游者的满足程度。

（二）点间距离适中

同一旅游线路各旅游点间的距离不宜太远，以免造成大量时间和金钱耗费在旅途中。

（三）择点适量

目前，短期廉价是大众旅游者的追求目标，旅游者的旅游时间一般在一周至两周之间。在时间一定的情况下，过多地安排旅游点，容易使旅游者紧张疲劳，达不到休息和娱乐的目的，也不利于旅游者深入细致地了解旅游目的地。同时，择点过多，对旅行社产品的销售也会产生不利影响，致使旅游回头客减少。

（四）顺序科学

在交通安排合理的前提下，同一线路旅游点的游览顺序应由一般的旅游点逐步过渡到吸引力较大的旅游点，这样可以使旅游者感到高潮迭起，而非每况愈下。例如，对国际旅游者来说，广州、桂林、上海、西安、北京一线的组合便优于其逆向组合。

（五）特色各异

一般说来，不应将性质相同、景色相近的旅游点编排在同一线路中，否则会影响旅游线路的吸引力。当然，专业考察旅游则另当别论。例如，广州、桂林、上海、西安、北京一线，正是由于各旅游城市独有的特色和科学的组合而成为我国在国际旅游市场中畅销的旅游线路。

四、交通安排合理的原则

交通工具的选择应以迅速、舒适、安全、方便为基本标准。在具体安排上，长途一般应乘坐飞机，交通工具的选择应与旅程的主题相结合；同时要保证交通安排的衔接，减少候车（机、船）的时间。

五、服务设施确有保障的原则

旅游线路途经旅游点的各种服务设施必须得到保障，如交通、住宿、饮食等。这是旅行社向旅游者提供旅游服务的物质保证，缺少这种保证的旅游点一般不应考虑编入旅游线路。

六、内容丰富多彩的原则

旅游线路一般应突出某个主题，并且要针对不同性质的旅游团确定不同的主题，如“草原风光旅游”“中国名酒考察旅游”等，都有自己鲜明的主题。同时，旅行社还应围绕主题安排丰富多彩的旅游项目，让旅游者通过各种活动，从不同的侧面了解旅游目的地的文化和生活，领略美好的景色，满足旅游者休息、娱乐和求知的欲望。在同一线路的旅游活动中，力求形成一个高潮，加深旅游者的印象，达到宣传自己、吸引游客的目的。旅游活动内容切忌重复，尤其在殿堂庙宇的安排上，更应仔细、慎重。因为我国这类古建筑不胜枚举，而它们对一般旅游者来说，往往是大同小异。

第四节　旅行社产品开发的过程

一、旅行社产品开发步骤

一个地区在一定的时期内，旅游资源、旅游服务设施和其他客观条件是相对稳定的，关键就在于旅行社如何根据市场需求，经过科学、精密的分析和巧妙的构思，设计出各种吸引旅游者的产品。

以百慕大群岛为例，这里最早是专为纽约提供苗圃产品的供应基地，关税壁垒使苗圃市场贸易锐减，百慕大就精心地改变自己的特征，使之成为一个冬季旅游胜地。远程飞机特别是喷气式飞机的出现，使旅游者到达阳光明媚的加勒比海像到百慕大一样轻而易举，而且价格低廉，这就给作为冬季旅游胜地的百慕大一个沉重打击。因此，这个岛屿再次改变产品特征，使之又成为一个夏季旅游胜地。在所有这些成功改变产品特征的过程中，百慕大旅游业的基本条件并没有发生大的变化，发生变化的只是产品的设计、产品的宣传和目标市场的选择。

根据产品开发的一般过程，旅行社产品开发主要经过方案的拟定、方案的选择、试产与试销、投放市场和检查与评价等几个步骤，如图 3-3 所示。

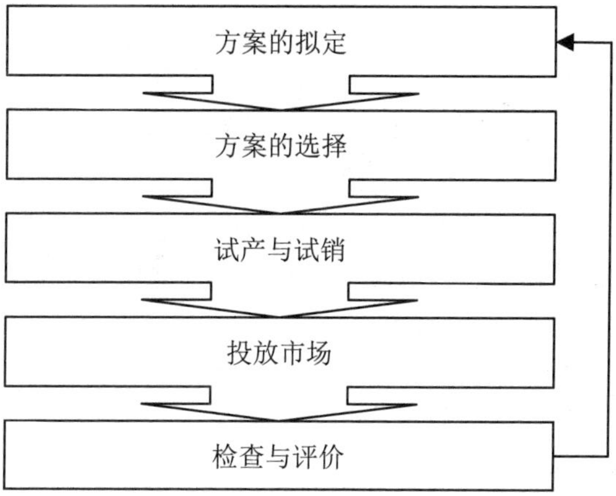

图 3-3　旅行社产品开发步骤

二、方案的拟定

（一）产品构思

方案是产品的雏形，方案的形成源于众多具有创造性的产品构思。旅行社只有具备创造性的构思，才能拟定出具有竞争力的产品设计方案。产品构思越多，旅行社选择的余地就越大。产生构思的诱发因素主要来自旅游者需求调研、竞争对手产品的启发和其他相关信息的启示三个方面。

（二）构思评价

构思并不等于方案，构思只有经过专业技术人员的筛选和可行性论证，才能最终确定其价值。筛选就是旅行社专业技术人员根据直观的经验判断，剔除那些与旅行社的发展目标、业务专长和接待能力等明显不符或不具备可行性的构思，缩小有效构思的范围。

更进一步地筛选则应更具科学性，通常可以对初步筛选出的构思进行等级评定，并根据等级系数的高低确定可行性论证的顺序，如表 3-2 所示。

表 3-2 旅行社产品构思评价表

影响因素	重要性系数	评价等级					得分
		5	4	3	2	1	
销售前景	0.25		√				1.00
营利能力	0.25			√			0.75
竞争能力	0.20			√			0.60
开发能力	0.20		√				0.80
资源保障	0.10		√				0.40
总计	1.00						3.55

$$等级系数=\frac{等分总和}{评价等级数量}=\frac{3.55}{5}=0.71$$

（三）可行性论证

可行性论证简单地讲就是搜集信息、评价信息和做出判断的过程。从构思到方案拟定的论证过程中，旅行社需要把握的信息主要包括以下几个方面。

1. 发展前途方面

发展前途包括产品市场的大小、打入市场的可能性、需求的持久性、仿制的困难性和此类产品的发展趋势。

2. 销售市场方面

销售市场包括产品需求量和需求时间，该产品的销售范围和目标市场，此类产品的销售数量和市场占有率，潜在旅游者数量及旅游者实际购买能力，旅游者对新产品的要求和希望，季节变动对销售的影响，与旅行社现有产品的关系，产品的销售渠道等。

3. 竞争态势方面

竞争态势包括生产和销售类似产品的竞争者数量，各竞争对手的销售数量，产品系列、产品的特点及差异程度，各竞争对手采用的竞争策略、手段及其变化情况，竞争对手的市场占有率和价格差，潜在的竞争对手及他们进入该种新产品市场的可能性。

4. 价格方面

价格包括竞争产品价格变动情况，旅游者对这类产品价格方面的意见和要求，产品的价格弹性。

5. 内部条件

内部条件包括旅行社设计新产品所需人、财、物的保证程度，旅行社的信誉与管理水平，所需各种服务设施的供应能力和服务质量，等等。

（四）信息搜集注意事项

必须指出的是，旅行社在信息搜集的过程中，必须注意以下几点：

（1）国家旅游发展的方针、政策和有关法律是旅行社新产品设计中必须首先考虑的因素；

（2）各类旅行社在业务范围和专长方面都存在差异，旅行社应根据自身的条件和特点开发新产品，有针对性地搜集资料；

（3）各种信息必须全面、系统，避免挂一漏万，支离破碎。

旅行社通过广泛搜集与新产品开发有关的信息，对构思进行可行性分析和研究，便可得出不同的设计方案。

三、方案的选择

方案选择是个极为复杂的问题，因为每个方案都有其合理的方面，这就要求旅行社在方案的选择过程中，采用定性和定量相结合的分析方法，对各个方案进行综合评价和比较分析，在注重宏观效益的基础上，强调各方案的经济效益。

（一）方案选择的定性标准

从定性分析的角度来看，旅行社在方案选择过程中应考虑以下标准：

（1）有利于（至少无害于）当地社会、经济的发展；

（2）有利于占有市场，增加销售；

（3）有利于提高旅行社的竞争能力；

（4）有利于刺激中间商或代理人的销售热情；

（5）有利于保证原有产品的正常发展。

（二）方案选择的定量方法

从定量分析的角度来看，方案选择的核心是准确计算各种方案所需成本和将要达到的利润目标。对此，许多现代化分析手段的应用，将有助于方案的科学选择。这些方法包括等概率法、最大的最小值法、最大的最大值法、乐观系数法、最小的最大后悔值法、贝叶斯法、决策树法、马尔柯夫决策法和模拟决策法等。其中几种常见方法的实际应用如下例所示。

例如，某旅行社拟开发某旅游线路，但由于资料原因，该社对该线路的需求量只能大致估计为高、中、低和很低 4 种情况，而每种情况出现的概率也无法预测。为开发此线路，该旅行社设计出 4 种方案，计划经营 3 年。根据计算，各方案的损益额如表 3-3 所示。

表 3-3 产品方案损益额 单位：千元

损益额＼方案	1	2	3	4
高	600	800	350	400
中	400	350	220	250
低	0	-100	50	90
很低	-150	-300	0	50

1. 直观判断法

从表 3-3 中可以看出，在 4 种市场需求量的情况下，方案 3 的收益值都小于方案 4，故首先舍弃。

2. 等概率法

等概率法即假定每种市场需求状况发生的概率是相同的。由此可得：

方案 1 预期收益＝1/4×（600＋400＋0－150）＝212.5（千元）

方案 2 预期收益＝1/4×（800＋350－100－300）＝187.5（千元）

方案 4 预期收益＝1/4×（400＋250＋90＋50）＝197.5（千元）

通过比较得出，方案 1 为最优方案。

3. 最大的最小值法

根据最大的最小值法，首先确定各个方案在不同市场需求状况下的最小收益值，然后在最小收益值中选择收益值最大的方案作为最优方案。由此可得：

方案 1 最小收益＝－150（千元）

方案 2 最小收益＝－300（千元）

方案 4 最小收益＝50（千元）

通过比较得出，方案 4 为最优方案。

4. 最大的最大值法

根据最大的最大值法，首先确定各个方案在不同市场需求状况下的最大收益值，然后在最大收益值中选择收益值最大的方案作为最优方案。由此可得：

方案 1 最大收益＝600（千元）

方案 2 最大收益＝800（千元）

方案 4 最大收益＝400（千元）

通过比较得出，方案 2 为最优方案。

5. 乐观系数法

在使用最大的最小值法和最大的最大值法过程中，决策者根据自己对未来的判断进行决策，但缺少程度表示。设乐观系数为 α（0≤α≤1），则 1－α 为悲观系数。当 $\alpha=0$ 时，决策者完全悲观；当 $\alpha=1$ 时，决策者完全乐观。

设 $\alpha=0.2$，则 $1-\alpha=0.8$ 由此可得：

方案 1 预期收益＝0.2×600＋0.8×（－150）＝0（千元）

方案 2 预期收益＝0.2×800＋0.8×（－300）＝ －80（千元）

方案 4 预期收益＝0.2×400＋0.8×50=120（千元）

通过比较得出，方案 4 为最优方案。

其他方法因运算比较复杂，在此不再一一介绍。由以上举例可以看出，每种方法都有其特定的适应性，旅行社专业技术人员应有选择地或综合地运用各种方法，力求分析结论的准确性和决策的科学性。

四、试产与试销

产品设计方案确定后，旅行社即可与有关部门或企业达成暂时性协议，将产品设计方案付诸实施，进行试验性销售。产品试产与试销的目的主要有三个：

（1）了解产品销路；

（2）检验市场经营组合策略的优劣；

（3）发现问题，解决问题。

在试产与试销阶段，旅行社应特别注意：

（1）产量规模适中；

（2）保证产品质量；

（3）充分估计各种可能，有备无患；

（4）经试销证明确无销路的产品，切忌勉强投入市场。

五、投放市场

旅行社在将产品正式投放市场时应充分考虑目标市场选择、销售渠道策略、促销策略和价格策略等因素，对此我们将在后面设专题讨论。

六、检查与评价

产品投入市场并非产品设计过程的终结，旅行社还应对产品进行定期的检查与评价，对产品进行必要的修正和改进，并广泛搜集各种反馈信息，为进一步开发产品提供依据。

（一）收益分析

产品的检查除在发展趋势、销售市场、竞争态势、价格和内部条件几个方面进行外，还应着重就产品收益情况进行分析，包括损益平衡分析和价格分析。

1. 损益平衡分析

损益平衡分析是通过产品销售量、销售收入和成本几个变量的比较分析，明确旅行社的盈亏状况，如图 3-4 所示。当销售量达到 A 点时，企业的收入额超过了成本额，企业有盈利，而当销售量不能达到 A 点时，企业的收入额小于成本额，企业入不敷出。

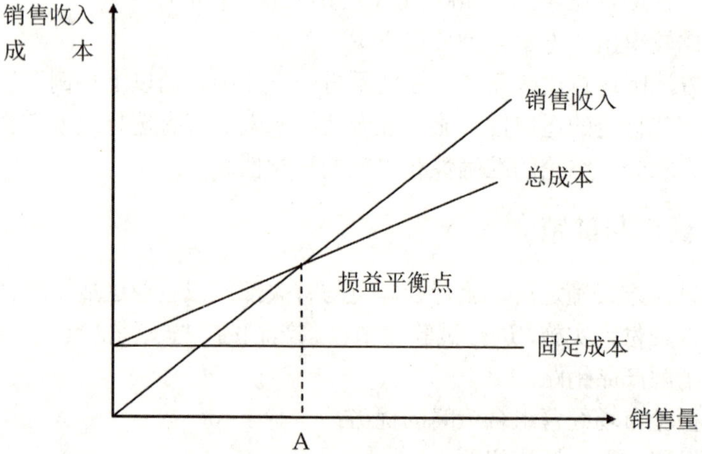

图 3-4　旅行社产品的损益平衡分析

2. 价格分析

价格分析则主要是根据产品质量和产品需求的价格弹性等因素对产品的价格水平进行衡量。如果销售价格偏高，则往往会失去大量客源，使产品滞销；如果价格偏低，则会影响旅行社的盈利水平。

（二）综合分析

综合分析的项目包括产品的竞争能力、销售增长率、市场占有率、获利能力和经营实力等方面，旅行社可将产品的主要检查结果填入表 3-4，并找出存在的问题和解决措施。

表 3-4　旅行社产品评价表

分析项目		分析结果			问题	措施
		现状	预测	评分		
1. 竞争能力	竞争性强弱					
	价格					
	成本					
	质量					
	服务					
	信誉					

续表

分析项目	分析结果			问题	措施
	现状	预测	评分		
2. 销售增长率					
3. 市场占有率					
4. 获利能力					
5. 经营实力					
6. 综合评价					

其中，竞争性强弱是指该产品有多少与之存在竞争关系的产品，竞争产品种类越多，质量越好，对本产品威胁就越大，本产品的竞争性就越弱。获利能力反映旅行社的经济效益水平，它用利润率表示。经营实力是指旅行社的销售能力和接待能力，旅行社经营实力主要由资金、工作人员数量及素质、设备和营业场所等情况决定。

（三）波士顿集团方格分析

由波士顿咨询集团（Boston Consulting Group）设计的“市场导向型产品检测模型”可以用来帮助旅行社经理人员对本旅行社的所有产品进行总体比较分析，并根据产品比较状况决定企业经营策略，其原理如图 3-5 所示。

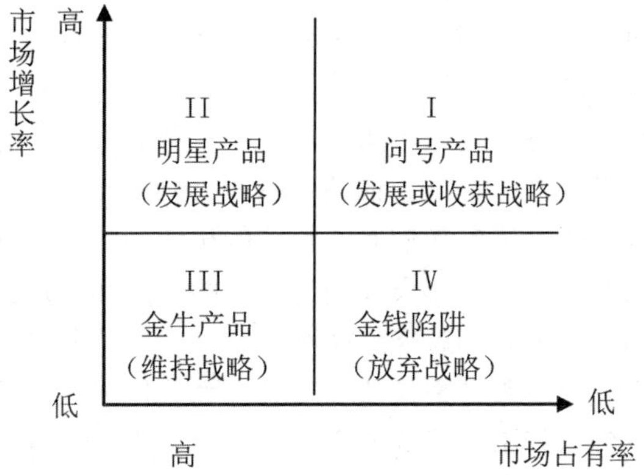

图 3-5　市场导向型产品检测模型

以产品的市场占有率和市场增长率为坐标，绘制产品在四个象限内的分布图。位于象限 II 中的产品，市场占有率和市场增长率都处于较高的水平，被称为“明星产品”，这类产品应该重点发展。位于象限 III 中的产品，具有较高的市场占有率，但是市场增长率比较低，说明这类产品是比较成熟的产品，具有一定的市场地位，但是不会有更大的市场拓展空间，被称为“金牛产品”，是企业主要的收入和利润来源，应该采取维持战略。位于象限 I 的产品，市场占有率低，但是市场增长率高，即现实的收益较少，但是有可能在未来有好的发展，被称为“问号产品”，可以采取发展战略。位于象限 IV 的产品，市场占有率和市场增长率都比较低，可以判断为是发展现状不良，而且没有发展前途的产品，应该放弃。

第五节　旅行社旅游服务的采购

一、旅行社旅游服务采购的内涵与任务

（一）旅行社旅游服务采购的内涵

旅行社的产品就是旅行社为满足旅游者旅游过程中的需要向旅游者提供的各种有偿服务。在我国，目前旅行社向旅游者提供的产品除各种单项服务外，更多表现为包括行、游、住、食、购、娱等各要素在内的综合包价旅游，这就使旅行社的产品不可避免地将住宿、交通运输和餐饮等许多旅行社自己并不直接经营的服务项目也包括其中，由此而产生了旅行社旅游服务的采购行为。

旅游服务的采购是指旅行社为组合旅游产品以一定的价格向其他旅游企业及与旅游业相关的其他行业和部门购买相关服务项目的行为。旅行社购买的服务项目构成旅行社产品必要的组成部分。

对于旅行社旅游服务采购这一概念，我们应从旅行社与有关部门交易的实质去理解，旅行社采购的并不是具体的商品或实物，而是某种设施或服务在特定时间内的使用权。如果依照我们对于采购的传统理解是无法接受旅行社旅游服务采购这一概念的。但是，如果我们将有形的产品和无形的服务均视为具有一定效用的出售物，那么我们就能够从商品交易实质的角度理解旅行社的采购行为，并接受旅行社旅游服务采购这一概念。而我们之所以要用采购这一概念取代传统旅行社业务运行中计调的概念，主要是因为计调这一概念没有准确地刻画出旅行社采购业务的实质，同时也容易引起不必要的误解。

（二）旅行社旅游服务采购的任务

1. 保证供应

既然旅行社产品的“原材料”大部分是由其他旅游服务企业供应的，旅行社能否满足顾客的需求，在很大程度上取决于能否采购到所需要的服务。

旅行社在销售产品时，需要明确产品的内容和范围，并规定其数量和质量。在旅游者到达目的地旅游时，如果由于采购工作的失误，不能完全兑现已销售

的"诺言"，例如，使旅游者乘不上规定航班的飞机，住不上规定的饭店客房，看不到应看的节目，吃不到应吃的餐食等，都可能引起旅游者的不满甚至投诉，进而影响旅行社的声誉。此外，旺季是旅行社业务最多的季节，但各种旅游服务在旺季常常处于供不应求的紧张状态，如果旅行社的采购工作不够得力，预订不到足够的机票、客房等服务，就会失去很多业务，如果因此而使已经成交的旅游团退团，将造成更为严重的经济损失和信誉损失。

旅行社采购工作的任务就是保证提供旅游者所需的各种旅游服务，这是旅行社业务经营中一个非常重要的方面。特别是由于我国旅游业的发展历史较短，基础薄弱，在客流量大幅度变化的情况下，常常会出现某些旅游服务供应紧张的现象，要确保按质按量地提供各种服务，确实不是一件易事。

2. 降低成本

在旅行社的产品成本中，直接成本占大部分，因此旅行社降低成本的主要目标应放在决定直接成本高低的关健性因素——采购价格方面。

目前，我国旅行社行业的价格战很激烈，旅行社的利润率呈不断下降趋势。在此情况下，如果旅行社的采购工作得力，采购价格比别的旅行社低，就可以争取到更多的客源，反之就会失去许多客源。也就是说，降低采购价格对增加旅行社的营业额和利润具有越来越重要的意义。

此外，我国正处于价格改革和经济高速发展的过程中，旅行社常常会因为相关产品价格的变化或通货膨胀等原因造成自身产品价格的变化。而旅行社出售的产品，从报价到成交总有一个时间差，如果在旅行社报价与成交之间某些旅游服务价格上涨幅度过大，将给旅行社造成很多困难：如果随之涨价，将会导致消费者的不满而丢掉客源；如果自行消化，就会降低利润甚至亏本。因此，如何尽可能保持产品成本的稳定也是采购工作的一项任务。

二、旅行社协作网络的建立

旅行社产品的高度综合性和旅行社业务强烈的季节性决定了建立旅行社协作网络的必要性。不仅如此，旅行社协作网络的质量，还将直接决定旅游服务采购的质量，并由此对旅行社的产品质量产生直接影响。

协作网络的建立是旅游服务采购的基础工作，是指旅行社通过与其他旅游企业及与旅游业相关的各个行业、部门洽谈合作内容与合作方式，签订经济合同或协议书，明确双方权利、义务及违约责任，从而保证旅行社所需旅游服务的供给。

（一）与交通部门的合作

城市间交通服务和城市内旅游交通服务是旅游者在旅游活动过程中实现空

间转移的必然媒介。因此迅速、舒适、安全、方便的交通服务是旅行社产品不可或缺的组成部分，并对旅游日程的实施、旅行社的信誉产生至关重要的影响。所以，旅行社必须与包括航空公司、铁路、水上客运公司和旅游汽车公司等在内的交通部门建立密切的合作关系，并争取与有关的交通部门建立代理关系，经营联网代售业务，这在我国目前的交通运输状况下显得尤其重要。

事实上，在经济发达的国家和地区，交通运输行业的竞争已经相当激烈，它们非常热衷于同旅行社进行业务合作，以寻求稳定的客源渠道。

对服务业的许多部门来说，它们面临的主要问题是供给与需求的平衡，而对固定成本很高的交通部门更是如此。以航空公司为例，它具有以下特点：

（1）固定成本很高，从购入到报废时间较长；

（2）折旧的唯一依据是实际载客运行时间，过多的停留机场只增加管理费用；

（3）市场调节能力弱；

（4）航空服务不可储存。

因此，如出现剩余机座，则其在特定航行中的价值便丧失。与此同时，为确保公司声誉，如果因各种原因出现过剩乘客，航空公司不能置之不理，而必须设法将过剩乘客转到其他航空公司，或为他们提供单独的交通工具。

航空公司的上述特点决定了航空公司同样期待与旅行社的合作，以平衡其客流。假设某航空公司一架100座位的飞机从伦敦到雅典作一次单向飞行，其固定成本为 8000 英镑（含固定成本和燃料、工资等），变动成本为每乘客 10 英镑（包括空中报刊、饮料和点心等）。已知航空公司通常销售60张机票，每张机票售价144英镑，则其盈利状况如下：

固定成本	8000英镑
变动成本：60人×10英镑／人	600英镑
总成本	8600英镑
收入：60人×144英镑/人	8640英镑
利润	40英镑

如果只售59张机票，则收入为8496英镑，比原先减少144英镑，而变动成本只减少10英镑，则航空公司利润为：

（8640－144）－（8600－10）＝－94英镑

这种经营状况对航空公司来说是很危险的。在此情况下，航空公司决定与旅行社进行合作，委托旅行社代售25张机票，以确保航空公司摆脱危险的经营状况。现在问题在于航空公司委托旅行社销售的机票的价格应是多少。

对于航空公司而言，只要每张机票的价格高于变动成本便有利可图，而旅行社也希望得到尽可能低的价格。但是，航空公司对最大利润的追求决定了它不可能将票价压得过低，而乘客也不愿意支付 144 英镑的价格给旅行社，否则他们可以直接从航空公司出票。

假定双方商定旅行社代售的机票价格为每张 60 英镑，则航空公司盈利状况如下：

固定成本		8000 英镑
变动成本：	85 人×10 英镑	850 英镑
总成本		8850 英镑
收入：	144 英镑×60 张	8640 英镑
	60 英镑×25 张	1500 英镑
利润		1290 英镑
佣金：	1500 英镑×5%	－75 英镑
		1215 英镑

如此一来，双方的利益均得到实现。航空公司为保证其既有业务不被旅行社以低价吸引，曾对机票的转卖附加许多的限制条件，其中最重要的是旅行社必须把航空旅行作为包价旅游的一个组成部分，有的还对预定期限和乘客类型等加以限制。但随着双方依赖性的加强，约束日趋松弛。

旅行社与航空公司的上述合作关系具有一定的代表性。实际上，旅行社与其他部门合作的实质与此并无两样。

（二）与住宿部门的合作

饭店是旅游业的三大支柱之一，饭店服务是旅行社产品的重要组成部分，并在一定程度上已经成为评价一个国家旅游业接待能力的重要标志。旅行社如果不能依照客人要求安排饭店，或者安排的饭店服务不符合客人要求，将直接影响接待工作的质量。因此旅行社必须与饭店业建立长久、稳定的合作关系，这是旅游服务采购工作的重要组成部分。

（三）与餐饮部门的合作

餐饮服务是旅游供给必不可少的一部分，是旅游接待工作中极为敏感的一个因素。对现代旅游者来说，用餐既是需要又是旅游中的莫大享受。餐馆的环境、卫生，饭菜的色、香、味、形，服务人员的举止与装束，餐饮的品种以及符合客人口味的程度等，都会影响旅游者对旅行社产品的最终评价。旅行社必须与餐饮业建立合作关系，这是旅游服务采购中选择余地较大，而且又关系重大的一项工作。

（四）与参观游览部门的合作

旅游资源是旅游活动的客体，是一个国家或地区发展旅游业的物质基础。参观游览是旅游者旅游活动的最基本和最重要的内容。因此，旅行社与游览单位的合作关系也就显得特别重要。

（五）与购物商店的合作

旅游购物属于旅游者的非基本需求，但现代旅游过程中，没有购物的旅游是极少的，所购物品不仅可以成为旅游者旅游的美好纪念，而且还可以成为商品贸易的样品。为使购物活动成为旅游活动中丰富多彩、不可缺少的一部分，为方便旅游（团）者，节省时间，免遭坑骗，旅行社须与有关商店建立相对稳定的合作关系。

（六）与娱乐部门的合作

娱乐也属于旅游者的非基本需求，然而，在现代旅游中增长知识、了解旅游目的地的文化艺术已成为旅游者日益普遍的需求。娱乐是旅游活动的六要素之一，特别是组织好旅游（团）者的晚间文化娱乐活动，不仅可以消除旅游者白天参观游览的疲劳，具有寓休息于娱乐中的效果，而且可以丰富、充实旅游活动，起到一种文化交流的作用，使整个旅程锦上添花。这就要求旅行社与娱乐行业建立必要的合作关系。

（七）与保险公司的合作

旅游保险是旅游活动得到可靠社会保障不可忽视的重要因素，是指对旅游（团）者在旅游过程中因发生各种意外事故造成经济损失或人身伤害之时给予经济补偿的一种制度。根据国家旅游局有关规定，旅行社组织团队旅游，必须为旅游者办理旅游意外保险。旅游保险有利于保护旅游者和旅行社的合法权益，还有利于旅行社减少因灾害、事故造成的损失，它对旅行社的发展具有重要意义，由此为旅行社和保险公司提供了合作的前提和基础。

（八）与相关旅行社的合作

组团旅行社为安排旅游团（者）在各地的旅程，需要各地接团旅行社提供接待服务，而这对组团社来说，也属于旅游服务采购的范围。组团社应根据旅游团（者）的特点，发挥各接团社的特长，有针对性地选择接团社。接团社接待服务中自身不能供给的部分，则同样通过采购来解决。

总之，旅行社产品的特点决定了旅行社业务合作的广泛性，而在我国社会主义市场经济条件下，旅行社与旅游业其他部门和行业之间关系的核心是互利基础上的经济合同关系。只有这种在法律制约下的合作关系，才是旅行社协作网络稳定、健康发展的基础。

三、旅行社旅游服务采购的管理

（一）建立广泛的采购协作网络

为了达到保证供应的目的，旅行社应该和有关的旅游服务供应企业，如饭店、餐馆、车船公司等建立起广泛和相对稳定的协作关系，特别在出现旅游服务供不应求时，协作网越广泛，旅行社取得这些紧缺服务的能力就越强。在出现供过于求的情况时，采购工作的重点转向取得优惠价格方面，而为了得到最便宜的价格，也同样需要有一个广泛的协作网。旅行社要建立和维持广泛的协作网络，一要善于运用经济规律，与协作企业建立起互利的协作关系；二要善于开展公关工作，促使企业领导之间及有关购销人员之间建立起良好的人际关系。

（二）正确处理保证供应和降低成本的关系

保证供应和降低成本是旅行社采购工作中同等重要的两大任务，但在实际工作中，这两者常常是矛盾的，旅行社要视不同情况在这两者之间选择不同的重点，或者说采取不同的策略。

当某种旅游服务供不应求时，谁能获得它，谁就能在市场上具有更强的竞争力。例如，当航空运力十分紧张时，许多旅行社都无法采购到足够的机票，如果哪家旅行社能够得到比别人更多的机票，它就可以接待更多的旅游者从而获得更多的利润。由此我们可以得知，在供应紧张时，旅行社采购工作应该以保证供应作为主要的采购策略。反之，当某种服务出现供过于求时，保证供应已经不成问题，旅行社就应致力于获得最便宜的价格，通过降低成本来增加自己的竞争力和获得更多的利润。也就是说，在供应充足时，应该以降低成本作为主要的采购策略。

（三）正确处理集中采购与分散采购的关系

旅行社是旅游中间商而不是旅游消费者，它把旅游者的需求集中起来向旅游服务供应企业采购，这种采购是批量采购而不是零购。按照商业惯例，特别是在买方市场的条件下，批发价格应该低于零售价格，而且批发量越大，价格也就越低。因此，旅行社应该集中自己的购买力以增强在采购方面的还价能力。

所谓集中购买力有两个方面的含义，一是把本旅行社各部门和全体销售人员接到的全部订单集中起来，通过一个渠道对外采购；二是把集中起来的订单尽可能集中地投向供应商进行采购，用最大的购买量获得最优惠的价格，这是采购工作的一般规律。

但是，在供不应求的紧张情况下，分散采购可能更易于获得旅游者所需的服务。在供过于求十分严重的情况下，分散采购往往能够得到便宜的价格。这是因为集中采购数量虽大，但其中远期预订较多，而远期预订具有较大的不确定性。例如，当旅行社和供应单位谈判第二年的采购合同时，旅行社可以提出一个很大的采购计划，但到来年，可能会由于种种原因使实际采购量比计划采购量减少很多。也就是说，计划量大，"水分"（即取消率）含量可能也高，卖方会因此对买方计划的可靠性缺乏信心，也就不一定愿意把价格定得很低。反之，分散采购多是近期预订，预订时旅行社一般已有确定的客源，卖方迫于供过于求的压力，常常愿意以低价出售。对于这个问题，旅行社可以采取两种策略：一是，和卖方商定适当的数量折扣，采用这种办法后，不论今后的实际采购量如何，买卖双方都有利可图；二是，如果旅行社判定来年将出现严重的供过于求，则也可以用分散采购的策略，用近期预订的办法获得优惠价格。但是，不论对卖方采取集中还是分散的采购策略，旅行社都应该把内部的购买力集中起来统一对外。

（四）正确处理预订和退订的关系

旅游属于预约性交易，旅行社一般在年底根据其计划采购量和旅游服务供应企业洽谈来年的业务合作事宜。计划采购量一般是由旅行社参照前几年的实际客流量，并根据对来年的市场预测来确定的。计划数字和实际采购量之间总有差距，如果实际采购量不足，旅行社就要临时退订，而卖方对退订是有时间限制的。例如，旅游团预定到达日期以前两周是退订截止期限，如在限期之后退订，卖方要向旅行社收取罚款，退订越晚，罚款额占售价的比例越高，最高可达 100%。反之，如果实际到客数超过预订数，旅行社就要临时增订，卖方对增订一般也有数额限制，有时也要多收费用。当然，旅行社希望退订的限期越晚越好，增订的限额越高越好，罚款越少越好，而卖方的要求正好相反，这就要求双方通过协商，达成一致意见。买卖双方协商的结果不可避免地会受到市场供求状况的影响。一般说来，供过于求的市场状况有利于旅行社获得优惠的交易条件；另一方面，双方协商的结果还取决于旅行社的采购信誉，如果在过去几年中旅行社的采购量一直处于稳定增长状态，其计划采购量与实际采购量之间的差距比较小，卖方就愿意提供较为优惠的条件。

（五）加强对采购合同的管理

1. 合同的概念

合同是指当事人之间为了实现一定的经济目的而明确相互权利义务关系的协议。签订合同是当事人为避免和正确处理可能发生的纠纷而采取的行为，目的在于确保各自经济利益的实现。旅游采购不是一手交货一手交钱的简单交易，而是一种预约性的批发交易，是一次谈判多次成交的业务，谈判和成交之间既有时间间隔又有数量差距。

旅游采购的这种特点，使得旅行社与协作部门之间的经济合同显得更为必要。但是，由于目前旅游业竞争激烈，加之我国的法制不够健全，旅行社一般没有相对固定的采购协作网络，因此也就很少使用采购合同，这也是目前买卖双方经济纠纷很多的一个原因。随着我国旅游业的发展，旅行社与其他旅游企业都应积极推行合同制，以利于我国旅游业走上更加健康发展的道路。

2. 采购合同的基本内容

采购合同的基本内容包括以下五个方面。

（1）合同标的

合同标的是指合同双方当事人权利义务指向的事物，即合同的客体。旅游采购合同的标的就是旅行社购买的和旅游服务供应企业出售的旅游服务，如客房、餐饮、汽车运输等服务。

（2）数量和质量

由于旅游采购合同是预购契约，不可能规定确切的购买数量，而只能由买卖双方商定一个计划采购量，或者是规定一个采购和供应幅度。关于质量则由双方商定一个最低的质量要求。

（3）价格和付款办法

合同中应规定拟采购服务的价格。由于价格常常随采购量的大小而变动，而合同中又没有确定的采购量，因此，可商定一个随采购量变动的定价办法，还要规定在合同期内价格可否变动及其条件。在国际旅游业中还要规定交易所用的货币以及在汇率变动时价格的变动办法。此外，还要规定优惠折扣条件、结算方式及付款时间等。

（4）合同期限

合同期限是指签订合同后开始和终止买卖行为的时间，一般是一年签一个合同，也有的每年按淡旺季签两个合同。

（5）违约责任

违约责任是指当事人不履行或不完全履行合同所列条款时应负的法律责任。按照我国《经济合同法》规定，违约方要承担支付违约金和赔偿金的义务。

思考题：

1. 简要说明旅行社产品的内涵、特征与形态。

2. 影响旅行社产品开发的因素主要有哪些？它们是如何影响旅行社产品开发的？

3. 在市场需求严重不足或严重过剩的情况下，旅行社应采取怎样的采购策略？

4. 选择当地旅行社的一条旅游线路，并运用旅游产品设计的原理予以分析。

第四章　旅行社的销售管理

学习目的

通过本章的学习，掌握旅行社的销售策略，熟悉旅行社产品价格管理与渠道管理的基本理论和基本方法。

主要内容

- 旅行社目标市场的选择
  入选条件与测度指标　选择程序
- 旅行社产品销售价格的管理
  影响因素　定价依据　策略与方法
- 旅行社销售渠道的管理
  销售渠道　渠道策略　中间商的选择与管理
- 旅行社产品销售过程的管理
  销售方式　销售过程　过程管理
- 旅行社的售后服务
  内涵与作用　方式

第一节　旅行社目标市场的选择

一、旅行社目标市场入选条件与测度指标

（一）具有一定的市场规模

作为旅行社目标市场的客源产生地应具有一定的规模，市场规模的具体测度指标为人口数量和出游率的乘积。出游率是指外出旅游人数占人口总数的比例。有些国家和地区，如比利时，虽然国民出游率高达90%，但由于国家人口数量有限，出游者绝对数量小，因此也不足以构成旅行社主要的客源市场。

（二）居民可自由支配收入水平高

可自由支配收入是维持和扩大旅游者绝对数量的决定性因素之一，通常可通过客源产生地人均国民生产总值这一指标来衡量。在我国，则可参照居民存款余额这一指标来进行测定。

需要指出的是，较高的收入增长率可能会为较高的通货膨胀率所抵消，因此，要确保居民具有较多的可自由支配收入，就要求客源国或客源地没有发生严重的经济危机，对此，我们可以运用一定时期内人均国民生产总值平均增长率和平均通货膨胀率这两个指标来测定，以确定某客源国或客源地居民可自由支配收入的真实水平。

（三）外贸收支平衡或顺差

这是选择国际旅游目标市场的重要条件，其具体测度指标为一国的外汇储备额。

众所周知，出国旅游不仅需要较高的可自由支配收入，而且还需要出国旅游所必需的外汇，而后者取决于一国的国际收支状况。外贸收支是国际收支中的决定性项目，一般占一国国际收支的80%左右。如果一国外贸收支大幅度顺差，不但会使本国货币升值，使出国旅游价格相对降低，而且政府还会放松有关限制，甚至公开鼓励国民购买外国商品和出国旅游，以减少可能的贸易摩擦。如日本运输省于1987年6月2日发表的五年海外旅行倍增计划便属于这类情况。与此相反，外贸收支大幅度逆差，不但会造成本国货币贬值，使出国旅游价格相对上涨，而且政府还会采取鼓励国内旅游、限制国际旅游的紧缩政策。

（四）节假日特别是带薪假期长

可自由支配时间是旅游者必备的另一重要条件，这对于长途旅游者，特别是国际旅游者来说尤为重要。这一标准的衡量指标是旅游客源地居民带薪假期的天数。

（五）距旅游目的地较近

距离远近直接影响旅游的两个基本条件，即费用和时间。这一标准的衡量指标是旅游客源地与旅游目的地间的空间距离。在国际旅游中，远程国际旅游的交通费通常占国际旅游者总开支的20%～30%，这就使得本区域内的旅游者成为目的地主要的国际旅游客源，由此产生了一个重要的竞争原理：国际旅游市场的客源竞争，主要是同区域接待国对进入本区域的国际旅游者的竞争。这一原理在某种程度上也适用于国内旅游。

（六）对旅游目的地的了解程度和感兴趣程度高

据观察，世界旅游客源产生国的旅游者选择目的地的一般规律是：首先，选择本区域内比较了解和感兴趣的国家和地区，如英国选择西班牙、法国和希腊，法国选择西班牙和英国；其次，选择区域外比较了解和感兴趣的国家和地区，如英国选择英联邦国家印度和新西兰等，法国选择突尼斯、塞内加尔、象牙海岸等法语国家；最后，选择区域外目的地国或地区途经的国家和地区，如澳大利亚选择去欧洲途中经过的国家印度和阿富汗等。旅游者对旅游目的地的了解程度和感兴趣程度目前尚无切实可行的测度指标进行衡量。

必须说明的是，以上入选条件和测度指标对国际旅游和国内旅游具有不同的适用性，而且有的测度指标也只能是近似指标。

二、旅行社目标市场的选择

旅行社应综合以上六个条件和相关指标进行目标市场的选择，其具体步骤包括区分内外、区内排列、区外排列和实证分析等。

（一）区分内外

区分内外即将目标市场区分为区域内客源市场和区域外客源市场，一般说来区域内市场更为重要。

（二）区内排列

综合运用入选条件及测度指标对区域内目标市场进行顺序排位。

（三）区外排列

综合运用入选条件和测度指标对区域外目标市场进行评价和排位。

（四）实证分析

在排列出目标市场的先后次序后，运用本旅行社历年来接待目标市场旅游者人次、平均停留天数、人天消费额等指标进行验证。

（五）差异分析

通过比较分析依照入选条件和测度指标确定的目标市场排序与实证分析确定的目标市场排序，可以帮助旅行社发现差异，分析原因，确定发展对策。

第二节　旅行社产品销售价格的管理

一、旅行社产品价格的特点

旅行社在制定价格时，既要考虑到一般产品的定价原则，又要顾及旅行社产品价格的特殊性。与其他产品相比，旅行社产品的价格有以下特点。

（一）相关性强

旅行社的许多产品是由不同的旅游服务供应商提供给旅行社，再由旅行社加工组合而成，具有综合性的特点。因此，对旅行社产品制定合理的价格并实现最终销售，不仅仅是实现旅行社自身价值的方法，同时也成为其他相关企业实现经营目标的途径。在现代社会中，各行业的业内分工日益细化，同时各个行业之间的相互依赖程度也在日益加深。在这种情况下，社会生产链条中任何一个环节的变动，都会对整个链条产生影响。由于旅行社产品涉及交通、食宿、景点、商品等众多行业，因此其价格的相关性相对较强。

（二）不易控制

由于旅行社产品具有综合性强的特点，因而旅行社产品的价格也就具有了一定程度的不易控制性。旅游业中其他部门和其他相关行业产品价格的调整都会直接或间接作用于旅行社产品的价格。因而，旅行社企业的价格决策是一种在一定范围内的决策，受到较多约束。例如，航空公司的机票价格较高或突然涨价，旅行社就无法干涉，只能通过选择其他交通工具来降低成本，或者跟随涨价。此时，旅行社的地位是比较被动的。

当然，对于大多数行业来讲，上游企业（即原材料供应商）的价格变动都会对下游企业产生影响。这里强调的是，旅行社产品的综合性更强，因而其价格不易控制的程度较之其他产品更强。

（三）季节性波动大

旅行社产品具有不可贮存性的特点，如果不能在特定时间销售出去，就无法实现价值，而旅行社产品的需求具有较强的季节性，旺季时往往呈现出供不应求的局面，淡季时则表现为门可罗雀的景象。旅行社应对需求的季节性变更的常用手段之一是利用价格调节淡旺季的供求，因此旅行社产品的价格特点表现为季节性波动较大。每年“十一”和“春节”黄金周期间旅行社产品的价格要远远超出平时的价格水平，相对应，黄金周结束之后，旅行社产品的价格往往会降到一般水平以下。这是旅行社产品价格波动性大的典型例证。

二、旅行社产品价格的构成

对旅行社产品价格构成的了解是旅行社产品科学定价的前提。旅行社产品的价格主要包括以下三方面的内容。

（一）旅行社产品的直接成本

产品成本是企业定价的底线。与其他产品一样，旅行社产品的成本也包括固定成本和变动成本两大类。固定成本是指在一定生产规模内，不随产品的种类和数量发生变化的成本；变动成本是指随着产品的产量变化而变化的成本费用。在旅行社产品中，主要的固定成本是旅行社的房屋租金或折旧、其他固定资产折旧等；主要的变动成本为旅游景点的门票费、旅游者的餐费、饮料费用等。所谓旅行社产品的直接成本，强调的是因旅游者参与某种旅游活动而使旅行社增加的那部分成本，实际上偏重于旅行社产品的变动成本。

旅行社产品的价格应该保证在收回变动成本和固定成本之后还有剩余，但在实际操作中，由于竞争比较激烈或出于占领市场等考虑，旅行社有时也会在变动成本的基础上增加一定的百分比来制定价格，只要销售量足够大，最终依然可以收回全部成本。事实上，旅行社产品价格的最底线通常是旅行社产品的直接成本。

（二）旅行社的运营费用

旅行社的运营费用包括房租、工作人员的工资、其他管理费用、财务支出和各种税金等。规模不同、运营方式不同的旅行社运营费用也不相同。运营费用要分摊到产品的价格中。如果产品品种多、销售量大，那么每种产品所分摊的运营费用就少一些；反之，则每种产品所需摊销的费用就多。旅行社可以通过降低运营费用来降低价格，从而增加价格的竞争力。

（三）旅行社的预期利润

旅行社企业经营的根本目的就在于获取利润，旅行社产品价格中的这一部分可以保证旅行社企业获得再生产所需要的资金。近年来，我国旅行社企业的行业平均利润率已降到了较低的水平，改革开放初期出现的旅行社“暴利时代”已经不复存在。行业利润率代表的是行业的平均获利水平，不同地区、不同规模的旅行社企业之间具体利润状况都不尽相同。旅行社在制定产品价格时，要预留出期望实现的利润，此时可以参考行业平均利润率，但更要结合本企业的实际。

三、影响旅行社产品价格的因素

（一）供求关系

旅行社在制定产品售价时，必须考虑售价与市场供需之间的内在联系，亦即供给量、需求量与价格之间的相互关系。

（1）在一定时期内，假如供给是一定的，那么如果需求增加，价格就会上升；如果需求减少，价格就会下降，此为需求规律。

（2）在一定时期内，假如需求是一定的，那么如果供给增加，价格就会下降；如果供给减少，价格就会上升，此为供给规律。

（3）如果市场供求平衡，就存在一种均衡价格。此价格既满足需求者的需要，又适应供给者的需要，如图 4-1 所示。

图 4-1 中横轴表示旅游供给量与旅游需求量，纵轴表示价格，D 为旅游需求曲线，S 为旅游供给曲线。两者相交处 E 点表示旅游需求与旅游供给量 Q_E

在价格为P_E时达到均衡状态。由于市场供求的相互作用，供需一旦达到平衡，产品价格就会趋于稳定，但这种均衡和稳定只是暂时的，很快又会产生新的不均衡和不稳定。

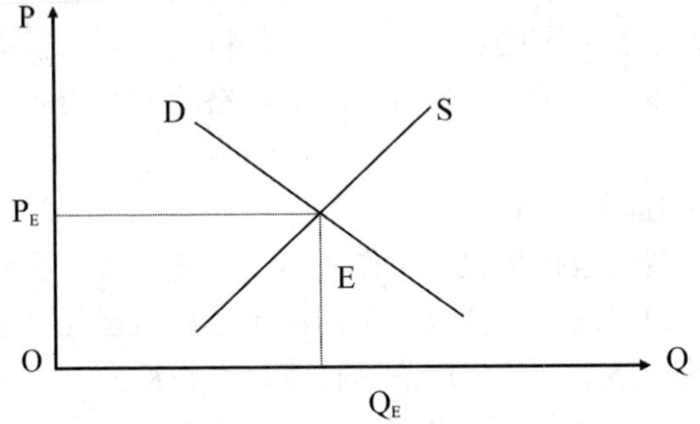

图 4-1 供给、需求与价格关系示意图

（二）需求弹性

需求弹性即需求的价格弹性，它表明需求对价格变动的反应程度，可用下式表示：

$$E_p=\frac{\Delta Q}{Q}\div\frac{\Delta P}{P}=\frac{\Delta Q}{\Delta P}\times\frac{P}{Q}$$

式中，E_p代表需求的价格弹性，Q 为需求量，ΔQ 为需求量变化程度（即价格变动后需求量Q_2与价格变动前需求量Q_1之间的差，亦即Q_2-Q_1），P 为价格，ΔP 为价格变化程度（即变动后的价格P_2与变动前的价格P_1之间的差，亦即P_2-P_1）。

由于价格与需求量一般情况下呈反比例变化，所以得值为负数，分析时采用其绝对值。如果需求的价格弹性系数 $E_p=1$，说明价格变动幅度与需求变动幅度相同，我们称之为需求的单元弹性，销售收入不会因价格的变化而发生变化。当$E_p>1$时，称之为需求有弹性，即需求量的变动幅度大于价格的变动幅度。如果$E_p<1$时，称之为需求无弹性，即需求量的变动幅度小于价格的变动幅度。

一般说来，旅行社产品的需求弹性较大，因为旅游是一种高级消费方式，不同于生活必需品。这就要求旅行社在利用价格调节需求时，必须充分考虑到需求弹性的大小，尽量避免价格决策的失误。

此外，旅行社产品价格的高低，对旅游者目的地的选择、停留时间和支出水平影响很大，因而价格弹性系数也是旅行社制定合理的旅游地区差价、季节差价、质量差价和数量差价的重要依据。

（三）成本变动

受通货膨胀、供给状况、协作部门价格调整等因素的影响，旅行社产品的成本会发生相应的变化，这就必然会影响到旅行社产品的售价。旅行社产品的销售是一种预约性交易，从报价到成交付款和旅游开始的时间都可能会受到成本价格变动的不利影响。按照国际惯例，旅行社产品的价格一经报出，则在本年度内原则上不能涨价。如果涨价是由目的地政府决定和公布的，则应给相关产品经营者一定的推迟执行期限。这就要求旅行社在每年对外报价时应充分考虑可能的成本变动因素，以免使自己陷入被动。

（四）汇率变化

汇率是两种不同货币之间的比价，也是一国货币单位用另一国货币单位所表示的价格。旅行社在国际旅游市场的产品售价，一方面取决于产品本身的价值，另一方面取决于本国货币与外国货币的比率。在旅行社产品价值不变的情况下，产品售价应与汇率变化呈反比例变化，即为避免由于汇率变化带来的损失，在人民币贬值时，旅行社应适当提高产品的售价；在人民币升值时，为避免因价格的实际上涨而失去客源，旅行社应适当降低产品的售价。但在实际经营中，旅行社应根据具体情况采取相应措施：

（1）当人民币升值时，若需求的汇率弹性（即需求对汇率变化的反应程度）小于1，旅行社应以人民币或其他坚挺货币报价；若需求的汇率弹性大于1，旅行社则应降低价格或以疲软货币报价，亦可考虑开发新的客源市场。

（2）当人民币贬值时，若需求的汇率弹性小于 1，旅行社应以坚挺货币报价，或者考虑开发新的客源市场；若需求的汇率弹性大于 1，旅行社则应以人民币或其他疲软货币报价。

但是，如前所述，旅行社的产品销售是一种预约性交易，价格往往需提前半年或更长的时间报出，而且根据国际惯例，产品价格一经报出，在执行年度要保持相对稳定。因此，如何减少由于汇率变动给旅行社带来的影响，便成为旅行社一个极为重要的课题。

国际上通用的外汇保值措施主要有四种，即选用硬货币保值、价外加汇差、提前汇款和固定汇率。我国旅行社大都选用了固定汇率法，这一措施的核心是在对外报价时增加固定汇率的保值条款，即事先确定汇率，并以此作为对外结算的依据，不受政策性外汇调整的影响。

（五）产品特性

旅行社产品主要是一种无形的服务，无形性决定了它具有不可储存的特性，这就要求旅行社的产品价格应对供求变化及时做出敏锐和灵活的反应，特别是在供过于求的情况下，应该在可能的情况下为争取客源迅速降价销售，以减少不必要的损失。与此同时，旅行社产品的综合性使得旅行社的销售承诺涉及众多的服务预订，如果旅游者大量退订（这可能导致旅游团因人数不足而无法出团），而旅行社又不能及时将已经预订的服务及时销售出去，那么就会给旅行社造成声誉和经济方面的损失，这就使得旅行社产品的售价在最后时刻可能变得很低。

（六）政策因素

目前，我国尚处于社会主义市场经济发展初期，价格往往不是完全自发形成的，而是或多或少由国家控制的，有时甚至是价格背离价值，以兼顾国家、集体、个人三方面利益，旅游价格也不例外。但是，近年来国家对旅游价格的控制趋于放松，取消了一系列国家干预价格的政策，如最低结算标准、地区差价等，国家旅游行政管理部门更多地致力于旅游市场秩序的建立，因此，国家价格政策对旅行社产品价格的影响在减小。

（七）替代产品的价格

消费者的收入是一定的，购买了一些商品就意味着放弃另外一些商品。对于旅游活动来讲，短途旅游有可能会被欣赏一场文艺演出而取代，而长途旅游的替代品就可能是购买某些家用电器。随着人们生活水平的提高，我们很高兴地看到，在越来越多的人心目当中，旅游已经成为一种不可为其他方式所取代的消费活动。

但是对于一项具体旅游产品来说，情况就有所不同了。虽然黄山和泰山的特色迥异，但可以理解一个原本打算去黄山的旅游者在得知泰山旅游有价格优惠时选择了泰山，毕竟二者都是名山。通过这个简单的例子可以看出，替代产品的价格会对旅行社产品的价格产生影响。替代产品价格高，旅行社产品的价格压力就相对小一些；替代产品价格低而本旅行社的产品价格高，就会使旅游者转而购买其他产品。替代产品的价格对旅行社产品价格的影响也是通过作用于供求关系而实现的。

四、旅行社产品的定价依据

根据市场营销的基本原理可以得知，旅行社产品的价格水平一般由三个因素确定：产品成本决定的最低价格、竞争对手同类产品的价格以及由旅游者购买能力和对产品价值的认识决定的旅游产品的最高价格，合理的旅游产品价格在这几个因素之间浮动，其关系如图 4-2 所示。

在上述三个因素中，产品成本是旅行社制定销售价格的直接根据，因为任何企业的经营都是以保本为前提的。以产品成本为依据确定的产品销售价格可以简单地表述为产品成本、利润与税金之和。在旅行社行业利润率和国家确定的税率相对稳定的情况下，产品成本的高低直接决定旅行社产品售价的涨落。而旅行社产品的成本，在许多情况下，并非旅行社单方面能控制的，它会受到许多因素的影响，如协作单位根据自身经营情况进行的价格调整和国内零售物价总指数的变动等。

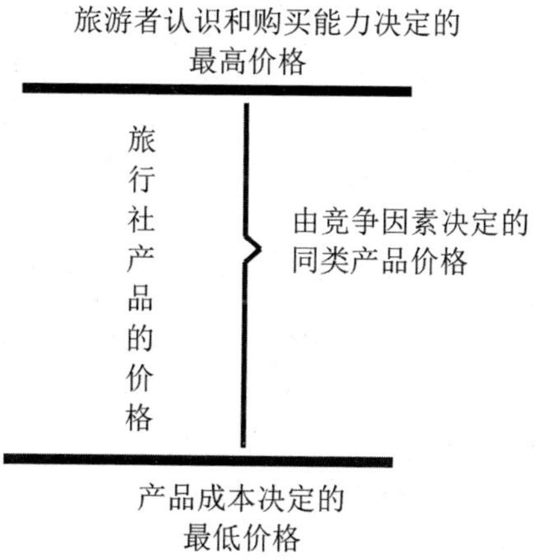

图 4-2　旅行社产品价格水平的决定因素

由于旅行社产品的销售是一种预约性交易，即旅行社与旅游者达成交易在先，旅行社实际提供服务和旅游者实际消费产品在后，价格往往需提前半年或更长时间报出。根据国际惯例，旅游价格一经报出，在执行年度要保持相对稳定，不宜频繁修改，这是维护旅行社声誉的必要条件。因此，旅行社在制定产品售价以前，应注重研究价格的变化趋势及影响因素，尽量避免由于当地价格变化给旅行社带来的损失。

五、旅行社产品定价的原则

（一）价格必须反映产品质量

旅行社产品的价值不易确定，旅游者很大程度上是通过旅行社所提供的产品质量来感知其价值的。旅行社产品的质量中有些因素易于衡量，有些则由于是主观因素而难以衡量。旅游者通过与其他旅行社产品的比较，结合自己的旅游经验，在旅游之后感到满意了，也就说明旅行社提供的服务质量达到了要求。当然，旅游者希望的往往是以尽可能少的花费获得尽可能多的服务，而旅行社则要将成本与旅游者的要求进行平衡，确定合理价格。高档次的产品要有较高价格与之相适应，以满足旅游者精神方面的需要；经济档的旅游产品也同样要重视质量，绝不能因为价格略低而减少必要的服务或降低服务档次。有一些旅行社为了追求有竞争力的市场价格，从各方面降低成本，导致服务质量下降，引起旅游者不满，这种做法可以暂时吸引客人，但却使旅行社声誉受损，从长远看是自毁长城的行为。

（二）价格要有连续性和稳定性

旅行社在定价时，必须注意不要使旅游产品的价格变动过于频繁，或一次变动幅度过大。旅游产品价格无规律的大起大落，会使旅游者持观望态度，不利于其做出购买决策。如果旅游者觉得一家旅行社的价格总是在变化，或突然之间价格暴涨，都会难于接受，并最终对这家旅行社产生不信任的感觉。

（三）价格要有灵活性

旅行社产品的定价必须对市场上的一切因素迅速做出反应，否则一旦错过销售时机，损失就难以挽回。定价的灵活性，一方面表现在对不同的目标市场要采取灵活的态度，另一方面表现为对不同的季节、不同的地区要采取灵活的态度，同时，对不同类型的产品也要灵活对待。

（四）注意与竞争对手之间的价格比较

旅游者在购买旅游产品时要货比三家，他们总是在掌握了大量相关价格信息后才做出决策。如果旅行社不掌握这些信息，就会处于一种极为被动的地位。竞争对手的价格会直接影响旅行社的客源。

（五）合理安排旅游产品各项服务之间的比价关系

多数旅行社产品是综合性的旅游产品，其中包含食、住、行、游、购、娱等各要素，旅游者的各方面需求都要得到满足。缺少了某些项目或各项活动比例安排不合理，都会影响旅游者对产品整体质量的感知。长期以来，我国国际旅游产品存在着交通费用比例过大的问题。这固然是由于我国距离主要客源国较远造成的，但同时也是由于我们的一些旅行社没有想方设法增加旅游者娱乐、购物等的消费额，主要旅游项目就是奔波于各地“看庙”，既费钱又疲劳，旅游者怨声载道。如果进行产品的深度开发，既使我国的旅行社企业增加了收入，又提高了国外游客的满意度，何乐而不为呢？

六、旅行社产品定价的过程

旅行社产品定价是一项很复杂的工作，要按照一定的程序进行，才能够避免盲目性。图 4-3 是旅行社产品定价过程的示意图。

（一）目标市场购买力分析

目标市场的购买力是旅行社产品定价的价格上限。旅行社有必要事先明确旅游者对一种产品愿意支付及能够支付的费用是多少，做到定价时心中有数。旅行社可以通过市场调查来了解旅游者可自由支配收入的多少、旅游者习惯的消费方式、消费额、各项旅游消费之间的比例关系等。

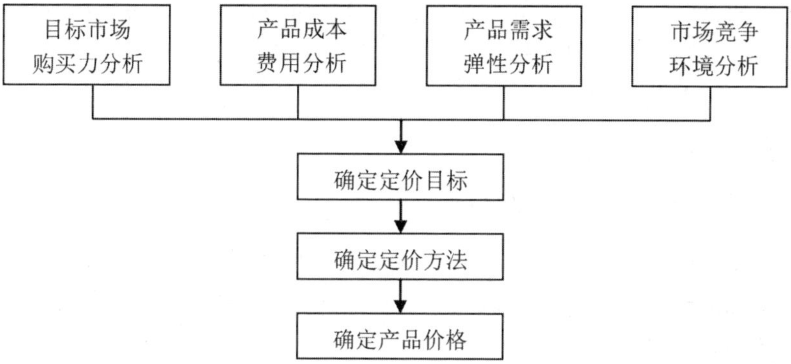

图 4-3　旅行社产品定价过程示意图

（二）产品成本费用分析

产品的成本费用分析是保证旅行社盈利的基础。成本是旅行社定价时的下限，旅行社在定价之前，必须对产品的各种成本费用情况有一个清楚的了解，并对成本费用的构成情况进行具体分析。需要注意的是，单位产品的成本随着销售量的变化而变化，在一定销售量的范围内，销售量的增加会导致规模经济效益的产生，单位产品的成本呈减少趋势。因此，对销售量的合理预测是旅行社企业正确分析成本费用的基础。

（三）产品需求弹性分析

如前所述，不同产品的需求价格弹性是不同的，旅行社要针对产品的弹性特征来制定价格。旅行社要分析不同产品目标市场的价格敏感度，并以此作为企业制定和改变价格的依据。

（四）市场竞争环境分析

为了全面掌握市场竞争环境，旅行社不仅要分析一定区域市场中竞争旅行社的数量多寡、实力强弱，还要分析同类产品的价格、质量和市场号召力，以及可替换产品的价格和质量等。

（五）确定定价目标

在全面掌握以上信息的基础上，旅行社要根据自己的客观情况来确定定价目标。即使各个旅行社的客观条件相似，由于定价目标不同，各个企业所做出的定价选择也各不相同。

（六）确定定价方法

在确定了定价目标之后，旅行社就可以在众多的定价方法中有针对性地选择适合自身产品要求的定价方法。

（七）确定产品价格

从短期来看，确定了产品价格，就完成了旅行社定价决策的整个过程；就长期而言，这却只是暂时的结束，一旦市场、产品、成本等条件发生变化，旅行社必须按照上面的程序重新进行定价决策。在旅行社的经营活动中，这一过程将不断循环往复。

七、旅行社产品定价的目标

企业在不同的发展阶段和不同的市场环境下有不同的定价目标。旅行社产品的定价目标可以分为利润目标和竞争目标两大类。

（一）利润目标

1. 当前利润最大化

当前利润最大化是旅行社企业常见的定价目标之一。如果企业经营良好，这一短期的利润最大化目标能够实现并维持下去，长期目标也就实现了。需要注意的是，利润最大化并不等同于价格最大化，而是要科学预测销售量受价格变动影响的幅度，同时考虑成本因素，以实现旅行社整体利益的最优。

2. 投资回报最大化

为了保护投资者的利益，有些旅行社把投资回报最大化作为定价目标。这一目标在一定的时间内规定一定的投资回收额。基于这样的目标，旅行社就要确保实现一定的销售收入，然后再根据这一要求和销售量的变化倒推出产品价格。

3. 满意利润率

采用这一目标的旅行社追求的不是当前利润最大化，而是根据行业和自身状况确定一个满意的利润率。这一利润水平不仅要为社会、股东、管理者所接受，而且要满足维持企业再生产的资金要求，同时符合市场与企业实际，是经过努力能够实现的利润指标。

（二）竞争目标

1. 最大销售量

提高销售量从长期来看对企业增加利润作用巨大。销售量的增加，经常可以带来市场份额的相应变化，也有助于提高产品知名度。但旅行社企业往往只能通过降低价格来增加销售量，而价格降低最易模仿，如果竞争者也如法炮制，那么销售额的增加也就是有限的了。此外，对于价格弹性低的产品，仅依靠定价手段来实现这一目标就更困难了。

2. 市场份额最大化

市场份额指的是在一定市场层面上，一个产品的销售量在同类产品总销售量当中所占的比重。较大的市场份额不仅可以为产品今后的销售奠定良好基础，也可以对竞争对手形成较大压力。

3. 维持企业生存

旅行社行业是一个相对脆弱的行业，如果遇到宏观经济持续不景气或旅游市场极度疲软的情况，一些企业的生存就成为首要问题。同时，由于旅行社市场竞争相当激烈，某些经营管理状况欠佳的企业，或出现暂时财务困难的企业，就不得不把生存作为自己的目标。这是企业经营中较被动的一种状态。但企业如果能够在求得自保之后进一步扩大销售，也有可能得到新生。

4. 应对和避免竞争

旅行社企业数量众多，身处其中没有任何一家旅行社不无时无刻感受到竞争的压力。在激烈的竞争中，如果对方产品的销售量增加了，那么往往意味着自己产品的市场份额在减少；如果竞争者的经营状况表现为前所未有的火爆局面，那么就可能意味着自己的旅行社正面临着从未有过的危机。因而，对于竞争者的各种措施，旅行社都要严密关注，如果感觉到可能对自身产生影响，就需要立即采取措施。大旅行社抗冲击能力强，应对竞争相对主动些，中小规模的旅行社则经常通过价格策略来求得避免竞争。

八、旅行社产品的定价方法与价格策略

如前所述，旅行社产品主要是一种无形的服务。对于一般的服务产品来说，其成本的确定较有形产品更为困难。“虽然大多数顾客在选购产品时很自然地检查产品，并根据其质量和自身的经验判断价格是否合理，但是，在购买服务产品时，顾客却不能客观地、准确地检查无形无质的服务，第一次购买某种服务的顾客甚至不知道产品里面到底包含什么内容，再加上很多服务产品是按各类顾客的不同要求，对服务内容作适当的添减，使得顾客只能猜测服务产品的大概特色，然后同价格进行比较，但对结论却缺乏信心，这就解释了为什么服务产品价格的上限与下限之间的定价区域一般要比有形产品的定价区域要宽，最低价格与最高价格的差距大。这种例子在管理咨询、医疗和美容服务等行业比比皆是。因此，顾客在判断价格合理与否时，他们更多是受服务产品中实体要素的影响，从而在心目中形成一个价值概念，并将这个价值概念同价格进行比较，判断是否物有所值”。“所以，企业定价时所考虑的主要是顾客对产品的价值认识，而不是产品的成本”。①

但是，旅行社产品作为服务产品的一个组成部分，却有着与一般服务产品

① 李海洋，牛海鹏．服务营销[M]．北京：企业管理出版社，1996：187～196.

不同的特性。如前所述，旅行社的产品具有较强的综合性，其中多数服务项目和服务内容都是从相关部门采购而来，所以，旅行社产品的直接成本远远高于前述管理咨询和美容等服务产品，这就使得旅行社在进行产品定价时首先选择的是成本导向的定价策略，而不是顾客导向的产品策略。当然，旅行社在采取以成本为中心的定价策略确定了旅行社产品的基本价格之后，应采取顾客导向的价格策略对已经确定的基本价格进行必要的修订，以便更好地适应市场的需要。

（一）用成本加成定价法制定产品的基本价格

成本加成是以成本为中心的常用定价方法，它是在产品单位成本的基础上增加一定比例来确定产品售价的方法。从理论上讲，旅行社产品的价格应包括直接成本、各种费用、税金、利润和固定资产折旧等，但在旅行社的实际业务运行中，人们一般将产品的售价简单地表示为直接成本加利润。这里的利润是包含旅行社各种费用、税金和折旧在内的利润，它通常根据直接成本的一定比例来确定，这个比例可以是旅行社预期的利润率，也可以是旅行社经营管理人员的经验数据，但无论如何，这一比例的大小都受本地区旅行社行业平均利润率的影响。事实上，在目前我国的旅行社中，除去一些由于各种原因而在经营或产品方面具有垄断性的旅行社以外，绝大多数旅行社采取的都是行业平均的利润率。因此，成本加成的公式便可以表示为：

旅行社单位产品基本价格＝单位产品直接成本×（1＋平均利润率）

（二）对不同的产品采取灵活的价格策略

旅行社在这方面的价格策略并不多，在实践中经常使用的主要有以下两种。

1. 取脂（撇油）定价策略

取脂定价策略主张对产品采取高价投放市场的政策，这样可以使旅行社在短期内获取高额利润，它适用于经营具有垄断性和需求缺乏弹性的产品。这一策略的缺点在于在产品尚未在消费者中建立起声誉之前，实行高价投放，不利开拓市场；与此同时，如果高价投放销路仍然很好，则会迅速招致竞争者，致使竞争白热化，旅行社的高额利润自然也就会随着竞争的加剧而趋低。因此，取脂策略一般只适用于某种新特产品投放市场的初期阶段，旅行社若想长期采取这一策略就必须不断进行产品创新。

2. 渗透定价策略

与取脂定价策略相反，渗透定价策略主张采取低价投放市场的政策，以便增加销量，广泛地占有市场，并籍此排斥竞争者的加入，从而达到长期占有市场的目的。这一策略适用于具有大批量接待能力、经营缺乏垄断性和需求富有弹性的产品，但这一策略必然导致旅行社经营利润率偏低。

（三）恰到好处地使用心理定价策略

旅行社可以使用的心理定价策略主要包括尾数定价法、声望定价法和吉祥定价法三种。所谓尾数定价是相对于整数定价而言的，它是指旅行社在确定产品价格时采用低于但又非常接近下一个整数的数字作为产品的销售价格，如使用 999 元而非 1000 元，虽然两者之间只相差 1 元，但旅游者的心理感觉却大不相同。声望定价法是指有声望的企业采取的高价策略，一般名牌企业经常使用这一定价策略。吉祥定价法是采取诸如 888、999、666 等具有吉祥意义的数字作为产品售价的策略。

（四）有的放矢地运用优惠价和差价

旅行社产品的优惠价主要包括现金折扣和数量折扣等。旅行社产品的差价主要包括等级差价、季节差价、地区差价和年龄差价等。

在此需要强调指出的是，旅行社无论采用怎样的定价方法和定价策略，其产品的最终销售价格必须达到价格理论对价格的基本要求，即价格必须反映产品质量，价格要有连续性和稳定性，对不同的市场价格要有灵活性，要特别注意和竞争对手产品价格的比较，合理安排各项服务之间的比价关系，产品价格要服从国家政策的要求。

第三节　旅行社销售渠道的管理

一、旅行社产品的销售渠道

（一）销售渠道的概念

销售渠道是指产品从生产者手中转移到消费者手中所经过的各个销售环节连结起来所形成的通道。旅行社产品的销售渠道即旅行社产品从旅行社转移到最终消费者的途径。

（二）销售渠道的分类

旅行社产品的销售渠道分为两大类：直接销售渠道和间接销售渠道。直接销售渠道是指旅行社直接将产品销售给最终消费者，没有任何中间环节的介入，间接销售渠道是指旅行社产品借助中间环节到达最终消费者手中。

间接销售渠道可以有一个中间环节介入，如旅行社产品通过旅游零售商到达消费者手中；也可有多个中间环节介入，如旅行社通过旅游批发商和旅游零售商将产品转移到消费者手中。

（三）国际入境旅游产品常用的销售渠道方式

目前，我国的旅行社在国际入境旅游业务中采用的主要是间接销售渠道，因为任何一家都不可能也没有必要在所有市场设立销售机构，更何况并非所有国家和地区都允许外国旅行社进入。与此同时，由于我国的旅游业起步较晚，现有的国际旅行社大都对主要客源地情况缺乏全面、深入的了解，在此情况下，采用直接销售渠道不仅成本高，而且效果差。此外，由于发展历史方面的原因，我国主要客源产生国或地区的旅游中间商一般都拥有自己相对稳定的目标群体，对于当地旅游者的消费心理和需求特点比较了解，并可以有针对性地组合产品，这就为我国的国际旅行社利用海外中间商销售其产品提供了良好的条件。正因为如此，尽管采用间接销售渠道存在一些不利之处，如加价或佣金导致我国旅行社产品直观价格偏高等，我国绝大多数的国际旅行社还是选择了间接销售渠道，直接销售渠道只是在小范围内被我国的国际旅行社所采用。具体说来，我国的国际旅行社在国际入境旅游业务中主要采取两种形式的间接销售渠道。

1. 通过零售商向国外旅游者销售产品

一般情况下，通过这种渠道销售的产品均为包价旅游，这类产品既适合零散旅游者，也适合团体旅游者。

2. 通过批发商或经营商和零售商向国外旅游者销售产品

在此情况下，虽然介入了另一环节，但价格不一定比前一种方式高，原因在于经营商或批发商实力较强，通常可以获得较理想的批量价格。另外，批发旅游经营商还可以根据自己的经验和研究结果，在我国旅行社提供的产品基础上进行加工和重新组装，或加上第三国或地区的产品，经这样加工后的产品往往更适合当地旅游者的需要。

我国国际旅行社在国际入境旅游业务中的销售渠道可概括为图 4-4。

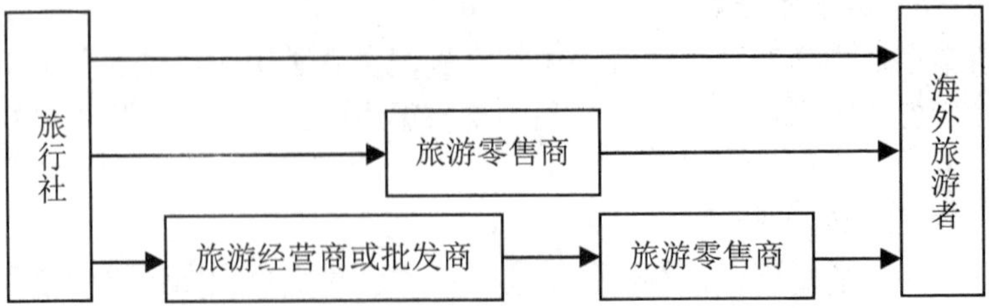

图 4-4 我国旅行社在国际入境旅游业务中的销售渠道

除直接向海外客源地联系招徕客源外，许多旅行社还注重不断加强与其他组团社的关系，通过横向联系，招徕、接待旅游者，这在我国旅行社实业界被称为地联业务。为使外地组团社对自己有充分的了解，开展地联业务的旅行社应及时向相关组团社提供信息，这些信息主要包括本旅行社的接待能力、旅游活动安排情况、收费标准、各类附加费标准、当地饭店房价、当地旅游资源情况和当地交通状况等。

（四）出境旅游产品和国内旅游产品常用的销售渠道方式

在出境旅游产品的销售方面，国际旅行社主要采取直接销售渠道策略，同时也采用通过其他旅行社代理销售的间接销售渠道策略。

在国内旅游方面，我国经济发达地区的国内旅行社目前大都采取直接销售渠道策略，就地招揽客源，而旅游资源相对丰富的地区则多通过横向联系获得旅游接待的机会。

二、旅行社的销售渠道策略

销售渠道策略是指根据渠道选择原则和有关影响因素进行销售渠道决策的考虑。旅行社产品销售渠道的选择策略有很多种。这里只就其中常见的策略性考虑作一个简要的归纳。

（一）销售渠道长度策略

销售渠道的长度通常是指旅游产品从生产者（或供应者）向最终消费者转移过程中所经过中间层次的多少。假设某一旅游产品的销售是经由“国外旅游者→境外旅游零售商→境外旅游批发商→我国旅行社”的层层预订实现的，这样多环节的销售过程就是一个较长的渠道。

所经中间层次愈多，则销售渠道愈长。最短销售渠道就是旅游企业不经过任何销售环节直接向消费者出售其产品。因此，销售渠道长度策略就是要对选取何种长度的销售渠道进行决策，是选用直接销售渠道还是选用间接销售渠道；如果是选用间接销售渠道，那么选用几个中间层次的间接渠道为宜，等等。

一般地讲，在条件允许的情况下，短渠道优于长渠道。这主要是基于以下原因：首先，就消费者心理而言，直接销售意味着旅游企业以“出厂价”销售其产品，因而价格比较便宜。这就是消费者希望直接预订或购买的主要原因。其次，从旅游产品流通的实际情况来看，在通过间接渠道的销售中，旅行代理商要向被代理的旅游企业收取佣金，旅游批发商则要在批发价格的基础上，加价出售。前者无疑会减少有关旅游企业的收入；后者若加价过高，则会影响有关旅游企业产品的市场占有率。此外，中间层次的增加，不仅会影响旅游产品生产者与旅游消费者彼此之间信息沟通的速度，甚至有可能因中间层次的原因而发生信息误导。

当然，对于绝大多数旅游企业来说，究竟选用何种长度的销售渠道需根据前述影响因素进行调研和分析。不过在某些因素的制约下所选定出来的销售渠道不一定是“最佳”渠道，而只是诸多选择中比较适合的渠道而已。

（二）销售渠道宽度策略

销售渠道的宽度可以从双重意义上去理解。它一般是指销售某企业旅游产品的零售网点的数目和分布广度，其中既包括自设网点，也包括代销网点。另外也常指直接经销和直接代销某企业旅游产品的中间商的数量。直接经销和代销其旅游产品的中间商越多，该旅游企业的产品销售渠道也就越宽，反之则越窄。销售渠道宽度策略主要是指零售网点数目及其地域分布，特别是就选用中间商数目等销售渠道问题进行决策时的方法。一个旅游企业在选定产品销售渠道模式的基础上，还需要对所选渠道的宽度进行考虑。就旅游业中常见的情况而言，有关渠道宽度的选择策略有三种：广泛性销售渠道策略、选择性销售渠道策略和专营性销售渠道策略。

1. 广泛性销售渠道策略

对经营国际旅游业务的旅行社来讲，广泛性销售渠道策略是指通过旅游批发商把产品广泛散布到各个零售商以便及时满足旅游者需求的一种渠道策略。对经营国内旅游业务的旅行社来说，广泛性销售渠道策略是指广泛委托各地旅行社销售产品、招揽客源的一种渠道策略。

旅行社产品的销售和其他日用消费品的销售一样，人们希望迅速、方便地满足自己的需求，特别是在旅游发达的国家，人们外出旅游频繁，有众多的零售商会方便旅游者购买。广泛性销售渠道策略的优点是采用间接销售方式，选择较多的批发商和零售商销售产品，方便旅游者购买。由于销售渠道广泛，便于旅行社联系广大旅游者和潜在旅游者，在旅行社开始向某一市场推销产品时，采取这种渠道策略有利于旅行社发现理想的中间商。这种渠道策略的不利之处在于成本较高，而且由于产品销售过于分散，会给旅行社的销售管理增加一定的困难。

2. 选择性销售渠道策略

选择性销售渠道策略是指旅行社只在一定市场中选择少数几个中间商的渠道策略。在旅游市场中采用广泛性销售渠道策略的旅行社，在经过一段时间后，往往可以根据中间商在市场营销中的作用、组团能力以及销售量变化情况，选择其中有利于产品推销的几家中间商。这种策略的优点是有目的地集中少数有销售能力的中间商进行产品推销，这样可以降低成本。缺点是如果中间商选择不当，则有可能影响相关市场的产品销售。

3. 专营性销售渠道策略

专营性销售渠道策略是指在一定时期、一定地区内只选择一家中间商的渠道策略，通常情况下，作为旅行社总代理的中间商不能同时代销其他竞争对手的产品。专营性销售渠道策略的优点在于可以提高中间商的积极性和推销效率，更好地为旅游者服务。此外，旅行社与中间商联系单一，可以降低销售成本，而且产销双方由于利害关系紧密，能更好地相互支持和合作。这一销售渠道策略的缺点在于如果专营中间商经营失误，就可能在该地区失去一部分市场；若中间商选择不当，则可能完全失去该市场。

三、旅游中间商的选择与管理

如前所述，目前我国的旅行社广泛采用间接销售渠道策略，这就必然涉及旅游中间商的选择与管理问题。事实上，对于中间商的选择与管理直接决定旅行社间接销售渠道策略的成败。

（一）旅游中间商的选择

在选择旅游中间商之前，旅行社应首先进行综合分析，明确自己的目标市场，建立销售网的目标，产品的种类、数量和质量，旅游市场需求状况和销售渠道策略，在此基础上才能有针对性地选择适合自己需要的旅游中间商。旅行社可以通过有关专业出版物、参加国际旅游博览会、派遣出访团、向潜在的中间商寄发信件资料或通过接团等方式发现中间商，并主动与旅游中间商进行接触和联系。但旅行社无论采用哪种方式选择中间商，都必须首先对旅游中间商情况进行详细的调查与分析，待时机成熟时，再向旅游中间商明确表示合作愿望。旅行社对旅游中间商的考察应从以下几个方面进行。

1. 中间商可能带来的经济效益

毫无疑问，旅行社选择中间商的目的在于扩大销售、增加收益。因此，旅行社应选择成本相对较低、利润相对较高的销售网和中间商。对经济效益的追求要求注重风险与利润的对称。一般说来，在利润相同的情况下，风险最小的销售渠道便是最理想的销售渠道。但是，风险小，往往利润也小；风险大，往往利润也大。所以，旅行社应根据自己的经营实力，在利润大小和风险高低之间进行平衡与选择。

2. 中间商目标群体与旅行社目标市场的一致性

中间商的目标群体必须与旅行社的目标市场相吻合，而且在地理位置上应接近旅行社客源较为集中的地区，这样便于旅行社充分利用中间商的优势进行产品推销。

例如，美国是我国国际旅行社的主要目标市场之一，而美国只是一个大的地理概念，美国出国旅游市场并非均匀分布，而是相对集中地分布在有限的区域。据美国旅行与旅游局的统计，美国出国旅游者的50%集中在加州、纽约、新泽西、佛罗里达、德克萨斯和伊利诺斯六个州。日本的出国旅游者相对集中在东京都、京阪神和东海三大城市圈，比例高达68%。在德国，北威州的杜塞尔多夫、多特蒙德等城市，巴伐利亚州的省府幕尼黑和斯图加特，以及北部的汉诺威、布来梅等都是出国旅游较集中的地带。英国出国旅游者的13%来自伦敦，27%来自英格兰东南部，12%来自英格兰西北部，亦即英格兰占总量的52%。因此，旅行社选择的旅游中间商在地理位置上应接近这些客源相对集中的地区，并在此基础上考虑旅游中间商的目标群体与旅行社的目标市场是否一致。

3. 中间商的商誉与能力

旅游中间商应当有良好的信誉和较高的声誉，并具有较强的推销能力和偿付能力。讲究信誉是旅行社利益不受侵害的保证；中间商的声誉将决定旅游者对它的信任程度，从而直接影响中间商的推销能力；而中间商的偿付能力是双方合作的经济保障。

4. 中间商对旅行社的业务依赖性

中间商的业务范围各不相同，对旅行社的依赖程度也存在差异。有的国外中间商专营中国旅游业务，对我国旅行社具有相当的依赖性，如英促进旅行社、日中旅行社、日中和平观光公司等，全部经营中国旅游业务。而有的中间商则同时经营许多国家、许多旅行社的产品，对某个具体旅行社依赖性较小，甚至不存在任何依赖性。在可能的情况下，旅行社应对此加以考虑，因为这直接关系到中间商的努力程度。

5. 中间商的规模与数量

旅行社在同一地区应选择适当数量、适当规模的中间商，因为中间商过多，会造成促销方面不必要的重复与浪费，而且中间商本身也会因粥少僧多而影响推销积极性；中间商过少则有可能形成垄断性销售或销售不力的局面。中间商规模大，实力雄厚，组团能力强，但也往往机构庞大，层次较多，而且也会形成垄断性销售的局面，使旅行社受制于人；中间商规模太小，往往组团能力差，不利于旅行社的产品推销。中间商的规模与数量取决于旅行社的经营实力和销售渠道策略。

6. 中间商的合作意向

旅行社应通过不同的渠道，了解中间商是否有意与旅行社合作，因为在旅行社选择中间商的同时，中间商也在选择旅行社，这是一个相互选择的过程。旅行社在选定中间商后，便可以签订合同，并开展业务合作。

（二）旅游中间商的管理

科学地选择旅游中间商只是工作的一个方面，而有效的管理同样是不可缺少的组成部分。旅行社对旅游中间商的管理主要通过以下四条途径进行。

1. 建立中间商档案

建立中间商档案可以使旅行社随时了解中间商的历史与现状，通过综合分析与比较研究，探索进一步合作与扩大合作的可能性，并对不同的中间商采取不同的对策。如对销售得力的中间商应有特殊的条件和优惠；对一些小的中间商，如认为有发展前途，就应该重点扶植培养。此外，还可以根据中间商组团能力等指标对中间商进行分类排队等。

各旅行社的中间商档案各不相同，但基本内容大致相同，如表 4-1 所示。

表 4-1 旅游中间商情况登记表

<table>
<tr><td colspan="2">中间商名称</td><td colspan="3"></td><td colspan="2">注册国别</td><td colspan="2"></td></tr>
<tr><td>法人代表</td><td colspan="2"></td><td colspan="2">营业执照编号</td><td></td><td colspan="2">业务联系人</td><td></td></tr>
<tr><td>营业地址</td><td colspan="4"></td><td>电话与传真</td><td colspan="3"></td></tr>
<tr><td>电子信箱</td><td colspan="8"></td></tr>
<tr><td colspan="4">与我社建立业务关系途径与时间</td><td colspan="5"></td></tr>
<tr><td colspan="4">我社联系部门与联系人</td><td colspan="5"></td></tr>
<tr><td>客户详细情况</td><td colspan="8"></td></tr>
<tr><td>备注</td><td colspan="8"></td></tr>
</table>

填表人： 填表时间： 年 月 日

中间商与旅行社的合作情况，也应记录在案，并附于中间商档案中，内容参见表 4-2。

表 4-2 旅行社与旅游中间商合作情况登记表

中间商名称	
合作年度	
合作情况	
备注	

经过一段时间的合作，旅行社对中间商的经营实力及信誉等都有了进一步的了解，此时中间商档案应增加新的内容，如组团能力、经济效益、偿还能力、推销速度等，从而不断扩大、充实中间商档案，为扩大合作或终止合作提供决策依据。

需要特别指出的是，人际关系，特别是个人交往是与中间商友好合作的一个重要因素，中间商档案中应对中间商的个人资料有尽可能详细的记载，而且旅行社应充分运用这些资料发展与中间商的友好关系。

2. 及时沟通信息

向中间商及时、准确、完整地提供产品信息，是保证中间商有效推销的重要途径；而从中间商处获得有效信息，则是旅行社产品改造和产品开发的重要依据。

3. 有针对性地实行优惠与奖励

有针对性地优惠和奖励中间商可以调动中间商的推销积极性。旅行社常用的优惠和奖励形式包括减收或免收预定金、组织奖励旅游、组织中间商考察旅行、实行领队优惠、联合推销和联合进行促销等。

4. 适时调整中间商队伍

旅行社应根据自身发展情况和中间商发展情况，适时调整中间商队伍。旅行社在下述情况下应做出调整中间商的决策：原有中间商质量发生变化，旅行社产品种类和档次发生变化，旅行社需扩大销售，旅行社要开辟新的市场，旅行社客源结构发生变化，市场竞争加剧，等等。

第四节　旅行社产品销售过程的管理

一、旅行社产品的销售方式

旅行社产品存在单项服务与包价旅游两种极端的形态，其销售方式也是截然不同的。

（一）单项旅游服务的销售

1. 单项旅游服务的内涵

单项旅游服务是旅行社根据旅游者的具体要求而提供的各种有偿服务。单项旅游服务的内容十分广泛，常规性的服务项目主要包括导游服务、交通集散地接送服务、代办交通票据和文娱票据、代办饭店客房、代客联系参观游览项目、代办签证以及代办旅游保险等。单项旅游服务的对象也十分广泛，主要是零散的旅游者，也包括包价旅游团中少数旅游者的特殊服务要求。

单项旅游服务在旅游实业界又叫委托代办业务，旅游者可采取当地委托、联程委托和国际委托等不同的方式交旅行社办理。

2. 单项旅游服务的直接销售

单项旅游服务的直接销售是指旅行社通过销售柜台，为本地或已到达本地的旅游者提供各种旅游相关服务，如预订客房、票务、安排餐饮和选择性旅行项目等。这些服务中有些是提供给旅游者在当地消费的，有些是旅游者赴下一目的地旅游所需要的。旅游者向旅行社购买自己需要的服务，旅行社为游旅者提供收据以便于旅游者向有关服务供应单位要求提供服务。

3. 单项旅游服务的委托销售

单项旅游服务的委托销售是指旅行社委托国外或国内其他城市的旅行社，为旅游者预订到达该地后所需要的各种旅游服务。

（二）包价旅游产品的销售

包价旅游产品是旅行社产品的主要形式。包价旅游团队由十人或更多的人组成，旅游者采取一次性预付旅费的方式，将各种相关旅游服务全部委托一家旅行社办理。包价旅游产品的服务项目一般包括依照规定等级提供饭店客房、一日三餐和饮料、游览用车、翻译导游服务、交通集散地服务以及游览场所、景点门票和文娱活动入场券等。对旅行社而言，团体包价旅游预定周期长，相对易于操作，而且批量操作可以提高效率、降低成本。包价旅游产品的销售方式分系列旅游团和非系列旅游团两种。

1. 系列旅游团的销售

系列旅游团是指旅游客源地的旅游经营商与旅游目的地的旅行社达成协议，多次重复安排某一旅游产品，如在下一价格年度内组织一条或数条固定旅游线路，每条线路组织一定数目的旅游团（每月一团、每周一团、每日一团等）。系列团的销售方式是一次达成协议，分批送团、分批接待和结算。这种方式对于客源地的组团社和目的地的接团社来说，都可以节约成本开支、简化手续、增加营业额、提高效益。

2. 非系列旅游团的销售

非系列旅游团是指一次性销售的旅游产品，一般由客源地的组团社在组织计划某旅游团时，对旅游目的地旅行社提出线路要求并询问价格，目的地旅行社如果接受线路要求则呈报价格，客源地旅游经营商如果接受报价即复函确认。非系列旅游团的比重相当大，如奖励旅游团、会议旅游团、修学团及各种专业旅游团几乎都是非系列团。

3. 系列旅游团销售价格变更

在此需要强调指出的是，旅行社产品的特性决定了旅行社通常采取预售的方式销售其产品，亦即旅行社产品的交易属于预约性交易的范畴，对于团体包价旅游的系列团来讲更是如此。这其中包括了两层含义，其一，旅行社产品的价格往往需提前半年或更长时间报出。根据国际惯例，旅游价格一经报出，在执行年度要保持相对稳定，不宜修改，这是维护旅行社声誉的必要条件。因此，旅行社在制定产品售价以前，应注重调查研究价格的变化趋势及影响因素，尽量避免由于当地社会价格变化给旅行社带来的损失。其二，按照我国现行规定，旅游团通常需要预先交费，确认购买特定的旅游产品，而旅游活动通常是在旅游者交费后一段时间才发生。在旅行社产品出售和实际旅行开始的这段时间内，如果由于各种原因发生附加费用时，旅行社有五种不同的选择。

（1）全部转嫁

全部转嫁即旅行社在产品目录中做出明确规定，当产品产生附加费用时，旅行社把它们全部转嫁到旅游者身上。如此一来，旅行社的产品报价会因不必考虑可能发生的附加费用而具有一定的吸引力，但额外加价会损害企业的形象。

（2）全部承担

全部承担即在产品目录中保证不收任何附加费用，当产生附加费用时，由旅行社全部承担。这是一种极富吸引力的做法，但旅行社的风险会因此增大，而且报价会因考虑了可能的附加费用而趋于偏高，并由此影响旅行社在市场中的竞争能力。

（3）有条件地转嫁

有条件地转嫁即旅行社事先声明将全部附加费用由旅游者承担，但如果附加费用超过原有价格的一定比例，旅行社允许旅游者无条件取消预定。

（4）有条件地承担

有条件地承担即旅行社对可能发生的附加费用水平进行规定，规定水平以内的由旅游者承担，超出规定水平部分由旅行社承担。

（5）提前汇款免附加费

提前汇款免附加费即旅游者在旅行社规定的时间内预付旅费，在此情况下，如果发生任何附加费用，旅行社将全部承担。

二、旅行社产品的销售过程

旅行社产品的销售需要经过一个复杂的过程，而且不同产品交易的销售过程也不尽相同。但是，一般说来，旅行社的销售过程通常由以下步骤组成：

（1）旅行社销售人员通过不同方式向旅游者或旅游中间商推出其产品（线

路、节目和价格），后者或全盘接受旅行社的产品及价格，或对旅行社的产品和价格提出修改意见，甚至放弃旅行社推出的产品而提出自己的产品要求。

（2）旅行社销售人员根据旅游者或旅游中间商的实际反应和具体要求，对产品做出必要的修订，编制旅行日程表（参见表4-3），核定产品价格，反馈给旅游者或中间商，请客人确认。客人在确认购买后，向旅行社提供游客名单，通知入境时间和抵达的交通工具。这一步骤有时需要反复多次才能完成。

表4-3　旅行社旅行日程表

国（地）别________________　顺序号________

旅游者（团）名称________旅行者人数______陪同人数______

固定线路编号________　综合服务费标准：每人每天____元（减免____）

天数	日期	星期	车次航班及其他	离开		抵达		城市间交通费	备注
				时间	城市	时间	城市		
1	月　日								
2	月　日								
3	月　日								
4	月　日								
5	月　日								
6	月　日								
7	月　日								
8	月　日								
9	月　日								

填表人：　　综合平衡：　　财务核算：

负责人：　　负责人：

（3）在向国外旅游者或中间商销售旅游产品时，旅行社在获得客人的最终确认后，将向我国驻外使领馆发出签证通知，客人凭此办理入境签证，并根据旅行社要求按期付款。

（4）旅行社销售人员将旅行日程表和相关资料移交接待人员，由接待人员落实具体接待事宜。

三、旅行社产品销售过程的管理

与其他产品的销售相比，旅行社产品的销售方式和销售过程更为复杂，这主要表现在以下几个方面：

（1）旅行社产品构成复杂。每个旅游团的线路、日程、内容、档次各不相同，即使同属一个系列线路，每个团的时间、人数及要求也不尽相同。

（2）交易周期长且交易手续复杂。旅游交易具有小额多批次的特点，而且从报价到成交，再到实际接待完成，通常需要经过相当长的时间，有的甚至长达一年以上，在此期间可能发生价格变动、汇率升降和人员增减等，这更增加了交易的复杂性。

面对如此复杂的交易方式和交易过程，旅行社要确保销售工作的顺利进行就必须防止发生两种情况，其一是交易双方发生经济纠纷，其二是销售工作效率低下。要防止这两种情况的发生，前者需要有严密的交易合同来规范买卖双方的行为，后者需要有科学的销售工作程序、制度和方法，以确保效率，减少失误。因此，旅行社销售过程的管理主要应包括如下内容：

（1）建立旅游交易合同制度。这里的交易合同从实质上讲与旅行社的采购合同是相似的，只是在这里旅行社成为旅游交易的供给方，而旅游客源产生地的旅游中间商或旅游者成为需求方而已。

（2）制定科学的销售工作程序。旅行社的销售程序大致如前所述，这里的关键是旅行社应对每个环节制定明确的工作流程、文书格式、授权范围和岗位责任等，特别注意每个环节之间的衔接和配合，以免产生差错和失误。

（3）加强对销售人员的管理，包括选择适当的销售人员，不断提高销售人员的业务素质，明确业务人员的责权利，通过制度约束销售人员的责任心以及充分发挥销售人员的积极性等措施。

第五节 旅行社的售后服务

一、旅行社售后服务的内涵与作用

旅行社的售后服务是指在旅游者结束旅游之后，由旅行社向客人继续提供的一系列服务，旨在加强同客人的联系和主动解决客人遇到的问题。

售后服务对旅行社保持已有客源和开拓新的客源来说都至关重要。美国《旅游代理人》杂志曾对一些常客不再光顾原旅行社的原因作过系统调查，调查结果如表 4-4 所示。

表 4-4　旅游者不再光顾原旅行社的原因

不再光顾的原因	所占比例（%）
客人投诉没有得到处理或没有得到令人满意的处理	14
其他旅行社提供了价格更低、服务更好的旅游	9
经朋友建议，转而订购了其他旅行社组织的旅游	5
迁居别处	3
由于年老多病、丧偶等原因而放弃旅游	1
旅行社缺乏售后服务，顾客觉得是否继续订购该旅行社的产品对旅行社来说无所谓	68

从表 4-4 中可以看出，不再光顾旅行社的客人有 2/3 以上是由于旅行社不重视售后服务和不积极争取回头客所造成的。美国有一位旅行社的顾问曾说过，一些常客之所以不再光顾旅行社，首先是因为这些旅行社对他们抱着“爱来不来”的态度。

由于售后服务在销售方面的重要性，因而西方国家的旅行社都极为重视售后服务，并采取了多种多样的售后服务形式以争取每一位顾客，而我国在这方面尚有待改进。西方旅行社之所以十分重视售后服务，是因为售后服务对旅行社的促销起着至关重要的作用。旅行社只有搞好售后服务，才能巩固与扩大客源；只有客源充足，才能使旅行社在激烈的竞争中求得生存与发展。

二、旅行社售后服务的方式

1. 问候电话

问候电话即在客人旅游返回后的第二天就向客人打电话。由于时间少，旅行社通常只给一些重要的常客打电话，这种做法可以达到一箭三雕的目的。第一，顾客会觉得旅行社非常关心他们，从而对旅行社很感激；第二，旅行社可以从他们那里了解到此次旅游的目的是否达到及一路上各种服务部门的工作情况；第三，旅行社可以及时掌握旅途中发生的麻烦以及客人可能提出的投诉，这样就可以争取主动，早做工作，妥善处理。经验告诉人们，客人往往不会主动给旅行社打电话提意见，游客对旅途中的意见宁可消极抗议，采取“只此一次，今后不再光顾”的态度。而旅行社主动打电话来，不仅可以平缓顾客的情绪，避免客人选择其他的旅行社，而且通过对问题的处理和意见的沟通，还可使旅行社比以往更能吸引旅游者。

2. 意见征询单

由于时间和条件所限，旅行社不可能给每一位返回的旅游者打电话，但却可以给每位旅游者寄送意见征询单。这种意见征询单应印制精美，既向客人表示问候，又可让他们对此次旅游发表意见。意见征询单可以使旅行社掌握一手资料，以便安排好以后的旅游。为使客人毫无顾虑地发表意见，旅行社可以不要求顾客在征询单上签字和注明地址，但旅行社要对每份意见征询单进行编码，以便在分类整理时参考顾客意见并改进工作。

意见征询单内容有简有繁，但条目必须清楚，便于客人填写，并且附有回寄信封，以提高征询单的回收率。

3. 书信往来

旅行社同顾客进行书面联系时，切忌用一大堆广告把顾客的信箱塞得满满的，这种只会寄宣传材料的热情往往会受到顾客的冷遇。同顾客进行书面联系的较好方式是向顾客写亲笔信。这种做法突出了业务关系中人与人的直接交往，会使对方感到亲切。

旅行社当然不能向所有旅游归来的客人都写亲笔信，致信的客人也是经过挑选的，平均每个月写给20至30人。事实证明，这种争取顾客的办法会收到良好的效果。

这种亲笔信也不是仅仅写给刚刚旅游归来不久的客人，如果一个旅行社好久没有得到老客户的音信了，也可向这种客人寄去亲笔信。

4. 问候性明信片

与写亲笔信相比较，旅行社向顾客寄送明信片更省事些。这种明信片应附有旅行社的社徽、地址、电话等内容，并由旅行社工作人员亲笔写上欢迎光顾或祝贺旅游成功之类的语句，并且希望顾客能给旅行社来信或来电话谈谈此次旅行的情况。一旦游客接到明信片并与旅行社联络，旅行社便可利用这一机会向顾客推销新的旅游产品。

5. 促销性明信片

促销性明信片即旅行社工作人员在考察旅游胜地时向顾客寄送有关旅游胜地的明信片。这是旅行社同顾客保持经常接触的行之有效的联络手段。一位美国旅行社的领队每次到风景名胜考察，都要购买250张印有该景点的明信片，通过当地邮局将这些明信片寄给经过挑选的顾客。他这样做，既可向顾客介绍该地的风景名胜，引起顾客到那里一游的兴趣，同时又使顾客觉得，到那里一游是不会吃亏的，因为旅行社的工作人员都到那里去“度假”了。一个瑞士旅游团到喀什、吐鲁番、西藏等地旅游时，领队每到一处总要先去购买明信片，不管旅途有多疲劳，领队一次就写20至30张明信片，她写这么多当然不仅是给亲朋好友，大部分明信片是给她的老主顾的，向他们介绍（实则是推荐）这次丝绸之路加西藏之行。可见这种办法是西方旅行社普遍采用的。

6. 游客招待会

旅行社除使用向顾客投书和打电话等联络方式外，还可同顾客进行直接的面对面的接触。旅行社可在社内或旅馆内举办风景点幻灯片和照片欣赏活动以及旅游者招待会。这些活动不仅能密切旅行社同顾客的联系，还能提高旅行社的知名度，提高旅行社的威信。被邀请的旅游者或通过幻灯片与照片了解各国风景名胜、历史古迹和奇风异俗，或者座谈旅游中的感想，有些旅游者或许会通过会上相互间的推荐与介绍欣然订购下一次旅游。

在国外，一些专门经营散客业务的旅行社还举行招待会，为那些独来独往的游客提供互相认识与互相推荐旅游路线的机会。还有的旅行社甚至举办旅游者野餐会或狂欢节舞会，这些直接进行接触的做法使得顾客同旅行社的联系犹如一个家庭的联系那样自然。上述场合中那种轻松愉快的气氛无疑会给旅行社的推销带来很多的好处。

7. 节日祝贺

节日或客人生日是旅行社加强同客人联系的理想时机，这就要求旅行社在组织旅游时，注意积累客人资料，建立客人档案，并届时向客人表示祝贺。这些祝贺常使客人在惊喜之余觉得旅行社同他的个人关系很亲近，从而乐意购买该旅行社的产品。

8. 影印材料

旅行社向顾客寄送的报纸影印材料种类很多，其中有关于游客最感兴趣的一个旅游胜地的报道，也有关于旅游的趣味性消息和文章，还有在游客出外旅游时家乡发生的一些重大文体新闻等，究竟给顾客送哪些材料则由旅行社根据主顾的情况而定。例如，有的游客在外出旅游时曾希望能得到他订购的家乡报纸，但这是极难办到的。当这种顾客在旅行回来后能收到旅行社寄来的在他外出期间家乡发生的重大事件的报纸影印件时，心中的喜悦自不必说，更何况他还同时收到了旅行社附寄的问候卡片，这位顾客对旅行社怎不产生感激之情呢？

9. 旅行社报

旅行社可根据自己顾客的多少及营业额的大小每年出 2 期或 4 期旅行社小报。小报的内容可简可繁，有条件的旅行社把小报办得同地方报纸一样。这种旅行社小报绝不是招徕顾客的广告，小报的内容主要是介绍旅游知识和经验，帮助顾客消除诸如害怕坐飞机等恐惧心理。报上的文章要富人情味，供顾客茶余饭后消遣用。事实证明，这种小报已成了旅行社与顾客保持经常联系的一条纽带。

10. 旅行社开放日

为密切和顾客的关系，西方旅行社每年都举行一次旅行社开放日活动，届时旅行社有针对性地邀请一些顾客到旅行社参观及观看录像，他们还向大家介绍一些有名望的顾客、旅游专家、飞机机长、旅游新闻工作者或旅游题材的作家。通过这些活动，可以让顾客了解旅行社的各种设备及社会联系，从而使顾客坚信这家旅行社完全有能力为他们提供旅游咨询以及为他们安排好旅游活动。这样，许多顾客就会乐意继续订购这家旅行社的旅游了。

思考题：

1. 旅行社在选择目标市场时应考虑哪些因素？
2. 旅行社产品价格的确定与其他服务产品存在哪些不同？
3. 旅行社应如何加强对中间商的管理？
4. 旅行社为什么要向旅游者提供售后服务？旅行社售后服务的方式主要有哪些？

第五章　旅行社的促销管理

学习目的

通过本章的学习，掌握旅行社的促销策略，熟悉旅行社产品促销策略制定的过程和实施的要点，对旅行社的品牌策略具有初步的认识。

主要内容

- 旅行社产品促销策略的制定
  市场营销与促销管理　促销策略的制定
- 旅行社促销目标的确定与促销预算
  促销目标　促销预算
- 旅行社促销要素组合
  要素组合　效果评价
- 旅行社促销效果评价与改进
  促销效果评价方法　促销改进

第一节　旅行社产品促销策略的制定

一、旅行社产品促销的概念

旅行社产品促销是指通过各种手段和方法，利用各种渠道和工具，把旅行社的旅游产品信息介绍给国内外的旅游者和旅游批发商，使他们对本旅行社的产品产生兴趣，并最终实现旅行社产品的有效销售。促销的本质是信息沟通。如图 5-1 所示，在旅行社向旅游消费者传递信息的过程中，有 9 种因素参与其中，并且发挥作用。

（1）信息发送者，即促销的发起人，这里指旅行社，其首要任务是选择并确定需要传递的信息和传播媒体。

（2）编码，即旅行社选择恰当的方式把要传递的信息转换为文字、声像等形式，以便旅游者充分理解。

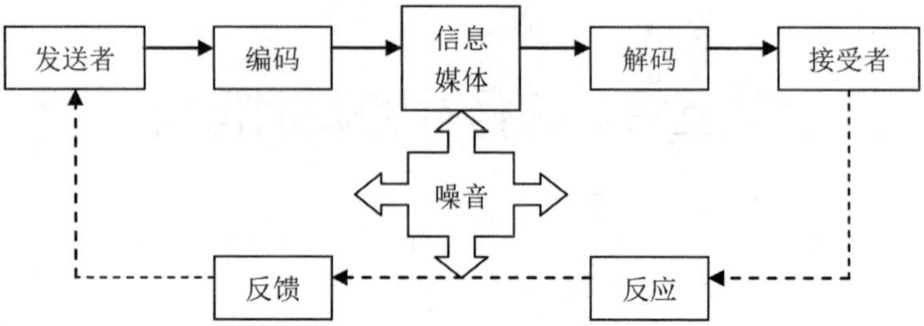

图 5-1　在信息沟通过程中发挥作用的因素

（3）信息，指信息的具体内容，也就是促销的内容。

（4）媒体，指信息从旅行社到中间商或旅游者之间的传播途径，也就是信息的传播媒介。信息可以通过报纸、信件、广播、电视、计算机网络等媒介进行传播。

（5）接受者，是信息的预期接受对象，包括旅游者和旅游中间商。

（6）译码，是旅游者和旅游中间商理解旅行社所传递信息的过程。信息能否被正确理解，关系到信息沟通的效果。

（7）反应，是旅游者或者旅游中间商等信息接受者对信息的评价、意见和态度。

（8）反馈，是旅游者或者旅游中间商把对信息的反应再传回信息发送者（旅行社）的过程。

（9）噪音，指外界因素对信息沟通过程的干扰，会影响信息沟通的效果。

二、旅行社产品促销的作用

旅行社开展促销活动可以影响旅游者或旅游中间商的购买行为，甚至直接促进旅游者或旅游中间商购买行为的发生。具体来看，旅行社产品促销的作用包括：

（1）向旅游者或者旅游中间商传递产品信息；

（2）向旅游者或者旅游中间商强调本旅行社产品的特色；

（3）向旅游者或者旅游中间商提供购买的优惠条件；

（4）激发旅游者或者旅游中间商购买本企业产品的欲望；

（5）说服旅游者或者旅游中间商购买本企业的产品；

（6）提高本企业产品在市场上的知名度，提升品牌形象；

（7）辅助分销商进行宣传推广。

三、促销运作流程

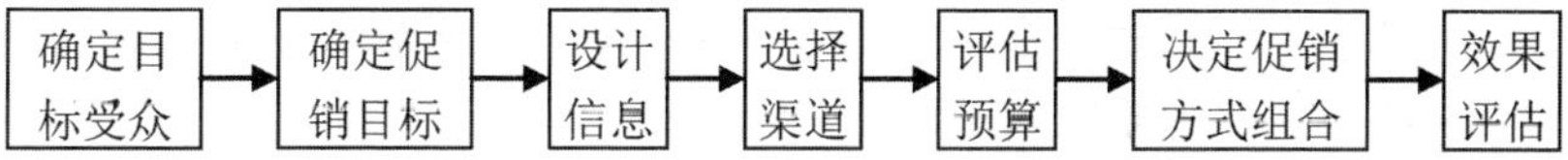

图 5-2　有效促销的工作流程图

图 5-2 是有效促销的工作流程图。图中包括 7 个步骤。

（一）确定目标受众

目标受众是指被挑选出来接受信息的人群。在进行促销决策时，首先要明确目标受众的范围，即要明确要对哪些人群进行促销。对不同的目标受众，促销的信息、渠道、方式和媒体组合等都有所不同。

确定促销的目标受众，要求旅行社了解促销对象的类型、需求特点和消费偏好，还要求旅行社测定本旅行社产品在目标受众心目中的形象，分析他们对产品的熟悉和喜爱的程度。

（二）确定促销目标

促销目标是指计划通过促销活动所能收到的效果。所有的促销活动围绕促销目标展开。制定促销计划时要明确各种促销活动如何实现促销目标。

促销目标可以按照是否直接与收入相关划分为两大类别。与收入相关的促销目标是指旅行社通过促销活动所要实现的直接经济目的，如销售收入的增长、利润额的增长和市场份额的增长等。而与收入无直接关系的促销目标是指希望目标受众在对本企业产品的认知方面更进一步。

在制定与收入相关的促销目标时，要求具体、准确，不能含糊不清。这一目标必须是量化的指标，可以进行衡量、比较。同时，促销目标要符合企业和市场实际，是现实可行的目标。

（三）设计促销信息

有效的促销信息应该能够唤起旅游者对旅行社产品的注意，引起旅游者的消费兴趣，激发旅游者的消费需求，进而促使购买行为发生。在设计产品信息时，旅行社要在信息的内容、结构、形式和信息来源等方面进行合理决策。

信息内容包括旅行社产品的档次、价格、特点和线路安排等具体内容，针对不同细分市场的旅游者，信息内容的选取要有不同的侧重。信息结构是指信息内容的次序安排。信息形式是指信息的内容和结构采取何种表现方式。信息来源强调专业性、可信性。

（四）选择信息沟通渠道

信息沟通渠道一般包括人际沟通渠道和非人际沟通渠道两种。人际沟通渠道包括两个或更多的人相互之间直接进行信息沟通。他们可能直接面对面，也有可能是通过电话、计算机网络进行沟通。当产品价格昂贵、购买风险比较高或者购买不频繁时，人际沟通渠道作用明显。旅行社可以采用的人际沟通手段包括人员推销和“口碑效应”两种。

非人际沟通渠道包括媒体、氛围和事件等。其中，媒体的使用频率最高，大多数的促销活动通过媒体来完成。然而，旅行社的门市部是旅游者与旅行社打交道的场所，门市部的氛围起到了重要的沟通信息的作用。

（五）制定促销预算

促销预算是指企业计划在促销活动中投入的费用。促销预算有多种计算方法。制定销售预算时要综合考虑企业实力和市场竞争情况。

（六）决定促销方式组合

旅行社可以采用广告、销售促进、人员推销和公共关系等多种促销方式。联合运用各种促销方式有助于旅行社整体促销目标的实现。

（七）促销效果评估

促销效果评估是指评价促销活动是否实现了促销目标，评价促销费用的支出是否收到了预期的效果。促销效果评估有针对旅行社整体促销活动经济效益的评估，也包括对具体促销方式促销效果的评估。

第二节　旅行社的促销目标与促销预算

一、旅行社的促销目标

（一）旅行社促销目标的内涵

简单地讲，旅行社的促销目标就是旅行社在一定时期内，通过对各种促销要素的有机组合而要达到的总体目的。在旅行社经营实践中，旅行社的总体促销目标是确定旅行社各促销要素目标的依据，同时旅行社促销的总体目标也是通过各促销要素目标的实现而达到的。

（二）旅行社促销目标的作用

旅行社在一定时期内的总体促销目标是旅行社促销策略的基础和核心，因为：

（1）目标决定预算；

（2）目标决定促销要素的组合策略；

（3）目标是评价促销效果的依据。

（三）旅行社促销目标的要求

旅行社促销目标的确定是旅行社促销策略成败的关键，会因此直接影响旅行社的市场营销策略。旅行社的促销目标一般应符合以下要求：

（1）目标必须具体、准确；

（2）目标必须量化、可测定；

（3）目标必须现实可行；

（4）各促销要素目标必须协调一致。

（四）旅行社促销目标的内容

1. 旅行社促销目标的类别

一般说来，旅行社促销目标可以划分为直接目标和间接目标两类。

（1）直接目标

直接目标是指寻求观众、听众明显行为反应的目标，如提高 10%的销售额，增加 5%的市场份额等。

（2）间接目标

如提高产品知名度、改善形象、传播知识、改变旅游者态度等，这些目标并不直接导致消费者行为，但可以对其起到积极的影响和促进作用。

2. 旅行社针对中间商的促销目标

在旅行社采用直接销售渠道的情况下，促销目标的确定和表达一般较为直观；在旅行社广泛采用间接销售渠道的情况下，旅行社促销活动的对象并不是其最终消费者，而是旅游中间商，因而旅行社促销活动的主要目标也主要表现在以下三个方面。

（1）向旅游中间商提供信息

旅行社应经常通过不同的途径向中间商提供最新的产品信息，使中间商能及时掌握产品的变化情况。实践证明，邀请中间商进行实地考察是行之有效的方式，这既可以使中间商亲自了解旅游目的地的情况，又可以借此机会与中间商建立起良好的私人联系，这种私人联系在旅行社产品的销售过程中是极为重要的。当然，这种推销方式费用较高，一般只适应于较为重要的客户。

（2）将旅行社产品纳入中间商编印的产品目录

旅游中间商一般都编印自己的产品目录，以备客人索取。国外旅游经营商编印产品目录后广泛发送给旅游批发商和旅行代理商。旅游经营商的产品目录一般印制精美，图文并茂，并附有价目表，以备客人选择。由于这一推销方式影响大，效果好，所以能在主要客源产生地中间商印制的产品目录中占有一席之地，也就成为旅行社产品推销活动的基本目标之一。

（3）签订合同

合同是指当事人之间为实现一定的经济目的，明确相互权利义务关系的协议。旅行社与中间商签订合同的目的在于以法律的形式明确双方的合作关系，并确保各自利益的实现，它是双方合作的基础和依据。合同的具体内容由当事人协商确定，国家旅游局制订的《中外旅行社组团业务合同范本》可供参考。

二、旅行社的促销预算

促销预算是旅行社促销管理中极为重要的决策，因为促销预算过多必然影响旅行社的利润水平；促销预算过少则会影响销售量，从而影响旅行社的利润。与此同时，促销预算决策也是极为困难的，因为促销活动的效果很难事先预测，且受到众多因素的影响。

（一）理论上的促销预算

从理论上讲，根据西方经济学原理，当边际收入等于边际成本时，企业利润最大化。这一理论运用到旅行社促销管理的实践中，则可以理解为只要促销活动尚有利可图，旅行社就应继续进行。例如，某旅行社现有促销预算为 10 万元，计划增加 3 万元，那么是否应该增加这部分促销预算呢？答案很简单，只要追加的 3 万元促销预算能够带来比 3 万元更大的利益，旅行社就应追加这部分预算。

根据上述理论，旅行社在确定促销预算时需要回答一系列因果关系问题，这就是说，旅行社促销预算只有在确知促销结果的条件下进行才可能是准确的。但事实上，旅行社的决策者在进行预算时根本无法确知这一结果，因而上述理论也就无法付诸实践。

（二）实践中的促销预算

在实践中，旅行社决策人员在确定促销预算时通常应考虑以下因素。

1. 促销目标

促销目标决定促销预算。如果目标易于实现，那么预算就可以相应少一些；如果促销目标很大，就必须有足够多的资金支持。目标对预算提出要求，预算保证目标的实现。

2. 竞争状况

现代旅游企业在促销上投入的资金越来越多，促销手段也花样翻新。众多的促销手段难免让旅游者有眼花缭乱之感，旅游者的注意力比以前更难被吸引，他们的心也更难被打动。在促销过程之中，旅行社每时每刻都在与他们的竞争者争夺着旅游者的注意力，竞争者的促销目标、促销预算、促销组合策略都会对旅行社的促销活动产生影响。

3. 可利用的资金

旅行社可利用的资金是旅行社促销预算资金供给方面的限制。可利用的资金并不局限于旅行社的自有资金，借贷资金等也可使用。但是，如果利用其他来源的资金进行促销，必须保证企业资金处于良性循环之中，很快可以补上资金缺口。如果经营不善，财务有困难，希望借助促销来使企业起死回生，因而借钱进行促销，是相当危险的。

（三）促销预算的计算方法

1. 销售额百分比法

销售额百分比法是指旅行社以本企业一定时期的销售额为基础，按照一定比例决定促销费用。其基本计算公式为：

促销预算 ＝ 销售额 × 促销费用占销售额的比例

在使用这种方法时，首先要确定用作基数的销售额指标，对销售额指标的不同选择会产生不同的计算结果。根据销售额指标的不同，销售额百分比法又可以具体分为以下几种。

（1）计划销售额百分比法

就是按照旅行社在本经营期间计划实现的产品销售额来计算促销费用。这一销售额与促销活动发生在同期，互相之间有联系，但计划终究有一定误差，这一销售额往往并不是最终实现的销售额。

（2）上年度销售额百分比法

就是以上一年度的产品销售额为计算基数，乘以一定百分比，计算出促销费用。上一年度的实际销售额是已经发生的数字，比较可靠，而且在市场条件变化不大的情况下，上年度的销售额与本年度有可比性，数字往往差别不大；但毕竟这一销售额与所要计算的促销预算不在同期发生，把二者联系起来显得有些牵强。

（3）折中销售额百分比法

折中销售额百分比法就是取以上两个销售额的平均数作为基数，进行计算。这一方法，试图比较客观地反映销售额状况。

（4）计划销售额增长百分比法

计划销售额增长百分比法是指旅行社根据上一年度的促销预算，加上本期计划销售额增长幅度来确定促销费用。计算公式为：

本年度促销预算 ＝ 去年促销预算 ×（1＋预计销售额增长百分比）

这一方法既考虑到了上一年度的促销预算，又结合了销售额的增长情况，是销售额百分比法之中较好的一种方法。

销售额百分比法的优点在于简便易行，便于测算。但是，从原理上来讲，促销成果的重要表现就是销售额的变化，促销是引起销售额变化的“因”，销售额才是“果”，所以，我们可以根据促销预算来推算销售额，但如果反过来计算，就未免因果倒置了。

2. 利润额百分比法

利润额百分比法也是旅行社常用的一种方法。这种方法将旅行社的利润状况作为制定促销预算的基础。应该说，企业的利润状况与促销预算之间的联系是相当紧密的，这种方法的优点就在于考虑了企业的经营状况，将利润和促销费用挂钩。但也不难发现，这一方法同样存在原理上因果倒置的问题。

利润额百分比法的计算方法与销售额百分比法极为相似，其基本计算公式为：

$$促销预算 = 选定利润额 \times 广告费用占利润额的比例$$

根据所选利润额的不同，这一方法也可细化为四种：计划利润额百分比法、上年度利润额百分比法、折中利润额百分比法、计划利润额增长百分比法。具体计算方法因为与销售额百分比法是相同的，不再赘述。

3. 目标达成法

采取目标达成法，旅行社应首先确定某一时期明确的促销目标，然后确定为实现这一目标所应进行的促销活动，并具体测算每项促销活动所需要的经费，在此基础上确定旅行社在特定时期的总体促销预算。

目标达成法以促销目标决定促销预算的方法决定了预算结果的科学性，只要促销目标明确，旅行社便可以制定出较准确的促销预算，同时还可以在促销活动实施后有效地检验促销效果。不仅如此，目标达成法还使得旅行社能够灵活地适应市场变化，有针对性地调整其促销策略。但是，目标达成法比较复杂，应用起来相对较难，旅行社应注意在决定促销预算时，同时运用其他预算方法，使促销预算切实可行。

4. 竞争对抗法

竞争对抗法又叫竞争对等法，即旅行社根据竞争对手的促销预算确定本旅行社的促销预算。这种方法事实上是把促销作为商业竞争的武器，实行针锋相对的促销策略。采取这种方法的大都是财力雄厚的大旅行社，资金不足的中小旅行社使用这种方法具有一定的风险性。这种方法在实际应用中又可以划分为市场占有率法和增减百分比法两种。

市场占有率法即首先计算竞争对手在特定时期的市场占有率及其促销预算，求得竞争对手单位市场占有率的促销费用，在此基础上，乘以本旅行社预计市场占有率，即得本旅行社促销预算，其计算公式为：

$$促销预算=\frac{竞争对手促销预算}{竞争对手的市场占有率}\times本社预计市场占有率$$

增减百分比法即根据竞争对手本年促销预算比上年促销预算增减的百分比，作为本旅行社促销预算增减百分比的参考数，其计算公式是：

促销预算＝（1±竞争对手促销预算增减率）×本旅行社上年促销预算

竞争对抗法最主要的缺点是旅行社在市场营销策略、产品和目标市场未必完全相同（事实上不存在完全相同的企业）的情形下，盲目追随竞争对手的促销预算，这实质上是将旅行社的促销预算权在无意识中拱手让于竞争对手，造成不必要的浪费。

5. 支出可能法

支出可能法也称全力投入法。这种方法是按照旅行社财力可能支付的金额，来确定促销预算，促销预算可以根据市场供求变化情况灵活地加以调整。这是一种较适应旅行社财务支出状况的方法，但其局限性也是显而易见的。

在实践中，旅行社通常综合采取几种不同的方法确定促销预算。

第三节 旅行社的促销要素组合

旅行社能够采用的促销方式主要包括广告、人员推销、公共关系、销售推广、直接营销和现场传播等。各种促销方式利弊共存，旅行社要根据具体情况加以选择，组合使用。

一、广告

广告是由一个特定的主办人，以付款的方式进行的构思、商品和服务的非人员展示和促销活动。对于多数行业，广告都是采用最多的一种促销方式。广告覆盖面广，可以传达声音、形象、色彩等各种信息，并且允许多次重复信息，在宣传沟通方面具有很多优势。

旅行社的广告主要有两类：一是旅行社企业形象广告，目的在于树立良好的企业形象，使旅游者产生信任感；二是具体旅游产品的广告，要将产品的内容、特色、价格等信息提供给旅游者，希望旅游者购买。根据广告的内容不同，旅行社可以选择不同媒体、不同方式进行广告宣传。

（一）广告的分类

广告的分类方法很多，这里介绍按照媒体进行的广告类别划分。

1. 报刊杂志广告

报刊杂志广告是旅行社常用的广告形式。报纸广告和杂志期刊广告又有所不同。

报纸的优点在于它传达信息迅速、准确，而且可以进行比较多的文字说明；它可以保存，以供旅游者进行比较、选择；价格低廉。而且，现在一些报纸广告印刷水平也大有提高，彩色印刷出现，图片丰富，改变了早期报纸广告印刷简陋的状况。现在，我国许多旅行社企业都在利用报纸广告对本社的旅游产品和报价进行促销，但可以看到，这些广告一般只满足于“某某路线几日多少钱”，没有更加详细的产品说明，也不会给人以美感。如果不是旅游者有心寻找的话，这些广告很难吸引到人们的注意力。

杂志的出版周期一般比报纸长，但印刷效果精美，保存的时间也更长一些。相对于旅行社而言，目前在杂志上更多见的是旅游饭店和航空公司的广告。印刷精美的广告，容易使人产生尊贵、舒适的感觉，恰好符合这些企业的诉求。豪华型旅游产品，如游船旅游，在杂志上做广告就是合适的；同时，有实力的旅行社如果要做企业形象广告，杂志也是一种较好的选择。

2. 广播广告

广播广告的优势在于传播速度快、范围广、承载的信息量大、信息可以重复播出、媒体使用成本相对电视来讲较为便宜、广告制作成本比较低。但是，广播广告只能以声音传达信息，比较单调，表现力弱，而且无法保留。现在，有许多旅行社看中了它灵活方便的特点，在广播中对一些旅游产品进行了大规模的广告促销。应该说，广播媒体近年来受到了电视的强有力冲击，但是它仍具有广泛的群众基础，在相当大的范围有着较大的社会影响力。只要旅行社的目标市场与其听众群相近，广播广告就会取得良好的效果。

3. 电视广告

电视在现代生活中的影响力超过了其他媒体。电视的影响面广，可以传达声音、形象、色彩等综合信息，是最具表现力的媒体。但电视广告制作成本高，媒体使用成本也高，信息不能保留。目前在我国出现了旅游目的地的电视形象广告，但旅行社做电视广告的还不多见。虽然由于电视影响面广，将信息传达到每一观众的单位成本并不高，但对多数旅行社来讲，做电视广告毕竟要一大笔资金。旅游宣传品每个旅行社都可以做，但即使时代发展了，电视广告也永远是少数有实力的旅行社的专利。

4. 户外广告

户外广告包括广告画、广告牌、空中广告等，比较醒目、灵活，许多也可以悬挂较长时间。一般的户外广告都设在繁华商业区或重大活动现场，客流量较大，所以宣传面也较广。但是，户外广告一般内容比较简单，难以进行详细说明。目前我国旅行社户外广告的数量很少。

5. 印刷品广告

印刷品广告是旅行社行业传统的促销方式，应用历史较长，现实影响依然很大。印刷品广告包括宣传小册子、明信片、招贴画、旅游手册、活页宣传画等。印刷品广告形式灵活、针对性强，而且不必支付媒体费用，它既可以进行形象展示，也可以具体对某一产品详细介绍，因而是深受旅行社青睐的一种促销方式。还有一类印刷品广告具有导游和服务功能，如导游图、指南、便览等，因其较为实用而受到旅游者欢迎。印刷品广告可供保留作为旅游纪念品。

6. 互联网广告

互联网广告是指利用互联网网站上的广告横幅、文本链接、多媒体和搜索引擎的方法，在互联网上发布广告。近年来互联网的发展速度非常迅速，互联网广告得到了广泛的应用。

（二）广告媒体与载体的选择

在进行广告媒体选择时，首先要注意目标市场的生活习惯，选择他们经常注意的媒体；要分析产品特征，尽量让产品的市场范围、档次符合媒体情况；为了扩大广告覆盖面，要适当运用媒体组合策略，同时使用多种媒体。

选定了适当的媒体，旅行社还必须为自己的广告选择具体的载体。媒体是一个相对宽泛的概念，载体就很明确了。例如，企业选择了要在报刊杂志上刊登广告，下一步就是要确定在什么报刊杂志刊登，载体的选择与媒体的选择同样重要。旅行社要选择是在全国性还是地方性的报刊上做广告，该报刊的读者群要与自己的目标市场相近。很明显，由于读者对象的问题，在《人民日报》上做广告和在《青年文摘》上登广告，效果肯定不同。

（三）广告的设计原则

旅行社在进行广告宣传时，可以委托专业的广告公司来为企业策划广告。但是，旅行社对自己的产品和特色最了解，必须要为广告公司提供广告内容、诉求重点方面的建议，同时要控制广告质量。因而，旅行社人员有必要掌握一些广告设计知识。

旅行社产品的广告设计，既要遵循广告设计的一般原则，又要兼顾旅游行业的特点。应该坚持的原则主要包括：要突出产品能够带给旅游者的利益；在一则广告中选择一个信息传达给旅游者，而不要试图告诉他们很多；使用明确而不含糊的语言；尽量为无形产品提供有形展示，多利用相关图片；尽量使本旅行社的广告和其他促销活动成为一个系列，具有共同的标识和主题；注意广告的连续性；各广告媒体相互配合；只许诺真正能够为旅游者提供的服务，不要开空头支票。

设计旅行社广告需要考虑很多因素，但其中最为重要的就是产品的特色与目标市场的价值观念。要成功进行广告设计，就必须把握目标市场与产品这两个方面，同时注意以上原则。

二、人员推销

人员推销是直接销售的一种形式。它通过旅行社销售人员与潜在旅游者的直接沟通来实现销售。人员推销是最古老的一种促销方式，具有良好的效果，但是，人员推销的单位成本较高，因此只能在一定范围内使用。

（一）人员推销的特点

1. 具有浓厚的人情味

面对面的交流可以给人亲切的感觉，会让旅游者感到温暖、受重视。旅行社的产品是无形的，旅游者在选择时最重视的就是心理体验与感受。成功的人员推销可以营造一种良好氛围，而这会使旅游者对旅游活动产生向往感。

2. 可以更详细、全面地展示产品特色

广告虽然速度快、影响面广，但由于时间、篇幅等的限制，往往言之不详，旅游者只能够获得一个粗浅的印象。而人员沟通方式可以详尽地介绍产品的优点与特色，解答旅游者的各种疑问，消除他们的顾虑。

3. 可以充分与旅游者进行沟通，并将信息迅速反馈

人员推销方式使旅行社可以获得旅游者对于旅行社产品、价格等方面的评价，销售人员将这些信息及时反馈给旅行社管理人员，有利于旅行社改进产品和服务。

4. 可以根据旅游者要求量身定做产品

很多时候，旅行社提供的产品并不能完全满足旅游者的需要，不同的旅游者可能有一些特殊的要求。在人员推销中，旅行社的销售人员可以充当旅游者的旅游顾问，对旅行社原有旅游产品进行修订，设计出能够满足旅游者需要的产品。而且，旅游者参与产品设计可以让他们有更多的主动感、成就感。

5. 容易获得旅游者的信任

良好的人员推销可以缩短旅游者与旅行社之间的心理距离，销售人员通过语言、动作、表情可以向旅游者传达信息，并最终获得信任。

（二）人员推销的技巧

在人与人之间面对面的直接沟通中，销售人员在一定程度上代表了旅行社的形象。因此，人员推销对旅行社的销售人员提出了相当高的要求。

1. 注意自身形象仪表

对推销人员良好的第一印象有助于旅游者接受旅行社的信息。销售人员要穿着得体、大方、洁净，不要追求奇装异服。过于性感、前卫的着装会让人产生不信任感。

2. 守时

销售人员在与客人见面前要约定好拜访的时间，按时到访，迟到会带来很坏的影响；现代人生活节奏快，销售人员不要耽误客人太长时间，如果不是客人主动要求延长时间，要按时离开。

3. 讲究礼节礼貌

使用礼貌用语，注意形体语言，尊重客人的爱好与选择，千万不可讽刺挖苦客人。

4. 语言简单明确，态度亲切

销售人员要用尽量简单而明确的语言向旅游者介绍产品，对待旅游者的疑问要热情解答。要多从顾客的角度来分析问题，保持友好、亲切的态度，让他们感到信任。

5. 培养敏锐的观察力

销售人员必须具备敏锐的观察能力，能够了解旅游者的需要，并发现他们最关心的问题。不同旅游者的问题是不同的，而在尚未对销售人员产生信任感之前，旅游者往往不会将心中所想告诉销售人员，这样，如果可以洞察他们的心理，就有利于取得信任、达成交易。

三、公共关系

公共关系是指通过信息沟通，发展企业与社会、公众之间的良好关系，建立、维护、改善或改变企业形象和产品形象，营造有利于企业的经营态势的一系列措施和行动。旅行社的公共关系活动主要包括对新闻界的公关和对社会公众的公关。

（一）开展公共关系活动的意义

开展公关活动可以为旅行社树立良好的企业形象或产品形象，可以为旅行社产品带来良好的口碑宣传，可以扩大旅行社和产品的知名度，可以改变公众对旅行社的某些不良印象。对新闻界开展公共关系活动的结果往往是形成新闻特稿或专题文章，由于新闻的可信度要大大高于广告，因此这种信息传递方式容易让旅游者解除心理防备，有特定内容的新闻稿件对企业来讲往往充当着免费广告的角色。

（二）公共关系活动的类型

社会上对公共关系存在一些误解，以为公关就是喝酒吃饭那么简单，实际上，公共关系包括很多内涵。

针对公众的公共关系活动主要有：赞助公益事业和特殊事件，赞助社区活动，组织客人参观，出版杂志、刊物来介绍企业发展，举办各种活动。针对新闻界，要注意选择提供真实、有意义的信息。另外，可以利用举办各种大型活动的机会来发布新闻、扩大影响。

一旦社会上对旅行社存在某种误解，或由于旅行社自身的疏忽，发生了某些对企业形象有负面影响的事情，这种危机之中的公共关系工作就显得尤为重要了。一定要正确对待新闻界和公众提出的问题，树立坦诚而自信的形象，及时将事件前因后果的真实信息告知社会。如果旅行社确有不当，要勇于承认，及时改正，同时，也要将处理结果与改正措施告诉新闻界。这类事件如果处理得当，可以挽回负面影响或至少减少损失，甚至有可能扩大旅行社知名度，提高声誉。

四、销售推广

销售推广也称销售促进，是旅行社面向同业或顾客提供的短期激励活动，目的在于诱使其购买某一特定产品。销售推广是一种在短期内可以迅速产生效果的促销活动。

（一）销售推广的作用

1. 促进旅游者尝试购买新产品

针对新产品开展销售推广活动，如以成本价招徕顾客等，会刺激旅游者的兴趣，有利于让旅游者尝试购买该产品。

2. 增加销售

优惠券等销售推广手段会把一些原本没有消费欲望的人吸引来，从而增加旅行社产品的销售量；同时，旅行社的销售推广活动常常可以带来生意红火的场面，这又会吸引其他旅游者前来购买。

“熟悉业务旅游”是旅行社针对中间商常用的销售推广手段。当旅行社推出新产品时，可以有选择地组织中间商参加熟悉业务旅游，以增加他们的感性认识，这有助于其推销产品，也会增加旅行社产品的销售量。

3. 对抗竞争

为了对抗竞争，旅行社可以给予旅游者更优惠的价格，给予中间商更多的折扣。这种销售推广可以有效与竞争对手争夺客源。

4. 建立与中间商的良好合作关系

联合促销等方式将旅行社与中间商的利益紧密相连，有助于双方精诚合作，实现双赢。

（二）销售推广的类型

1. 面向消费者的销售推广活动

面向消费者的销售推广活动主要包括赠送纪念品、宣传品、赠送优惠券、减价、发放奖品、抽奖等。在旅行社行业，面向顾客的销售推广目前使用不多。

2. 面向行业的销售推广活动

旅行社通常采取的措施有给予中间商交易折扣、联合进行广告宣传、开展销售竞赛与奖励、选择组织中间商参加熟悉业务旅行、举办旅游博览会、向中间商派遣工作人员协助工作等。

这种面向行业的销售推广对旅行社的生存发展影响极大，旅行社工作人员要努力处理好与旅游中间商之间的关系，建立双方良好的合作关系。

中间商考察旅行是目前国际上常用的推销手段，即组织中间商来旅游目的地进行考察，向他们介绍旅游路线和活动，特别是介绍旅行社新的产品，使他们通过实地考察，了解旅行社的产品和旅游目的地的情况，产生来本地旅游的愿望。尽管邀请中间商来访成本较高，但往往可以取得较好的推销效果。

旅行社在组织中间商考察旅行时应特别注意以下几点。

（1）正确选择中间商

一般说来，选择中间商应首先考虑市场针对性，亦即邀请旅行社主要客源地或机会市场的中间商参加考察旅行；其次最好能邀请实力较强的中间商，因为一旦考察成功，中间商愿意组团，便可带来为数可观的客源。当然，这并不意味着全然忽视小的中间商，因为他们在不断发展，旅行社应视具体情况而定。

（2）考察团规模适中

一般以 20 至 30 人为宜，以便于旅行社组织接待，达到主客双方都满意的效果。

（3）准备合理可行的旅行计划

旅行社应拟定周密的旅行计划，并逐项落实，确保考察旅行的顺利进行。需要特别指出的是，考察团在考察过程中参与和经历的活动，尤其是交通、住宿、膳食、参观游览和文娱活动等，应与将来中间商组团后成行的旅游者的活动相一致，否则便可能带来严重的后果。

（4）旅行社推销人员要善于创造融洽的气氛，利用各种机会与中间商建立起良好的私人关系，这将有利于双方合作关系的建立和发展。

五、直接营销

直接营销也是近年来发展迅速的一种促销方式，它包括人员推销、直接邮寄和电话营销三种主要形式。人员推销是比较传统的直接营销的方式，它是指旅行社通过委派销售人员直接上门向旅游者推销产品。直接邮寄是近年来普及的一种新的直接营销的方式，它是指旅行社通过直接向旅游者寄送产品目录或宣传品推销产品。电话营销包括向内（inbound）和向外（outbound）两种方式，向内是指旅行社通过公布 800 等免费电话，吸引旅游者使用电话查询或预订产品；向外是指旅行社销售人员通过电话劝说旅游者购买其产品。

六、现场传播

现场传播是指旅行社通过营业场所的布局、宣传品的陈列与内部装饰等向旅游者传播产品信息，增强旅游者购买的信心，促成旅游购买行为的发生。

第四节　促销效果的评估与促销改进

在旅行社企业进行促销活动的同时，要不断对已经进行的促销活动进行效果评估，考察是否收到了预期的效果，对好的经验进行总结并加以推广，如果发现问题，也可以及时改进，以保证促销目标的实现。一段时期的促销活动结束之后，也要总结得失，以利再战。

一、评估促销效果的方法

评估促销效果，有两方面的指标可以作为参照，一是认知与记忆指标，二是经济效果指标。

（一）认知与记忆效果评估

受众对信息的认知与记忆是促销活动的直接效果。旅游者可以通过旅行社举办的促销活动得到关于旅行社产品的信息。这些信息使原本不了解该产品的一些潜在旅游者认识了该产品，有一些还记住了其品牌，产生了一定印象。这些都是旅行社实现销售的基础。在长期的实践中，人们积累了大量的测定认知与记忆效果的方法。这里我们只简单介绍几种。

1. 仪器测定法

仪器以其客观、准确的特点被广泛应用于测定促销效果，尤其是测定广告效果。仪器测定法主要包括视向测定和瞬间显露测验。一般来讲，人们的视线总是很快被自己感兴趣的内容所吸引，并在那里停留较长时间，视向测定就是利用仪器描述人们的眼动轨迹，精确记录下停留时间。这一测定，可以显示广告吸引人的程度。瞬间显露测验是指利用电源的间断刺激，在短时间内呈现并测定广告各要素的注目程度。通过这一测试，可以了解广告文案、画面、标题等的显眼程度。

通过仪器提供的信息，旅行社可以对广告的结构、设计进行修改，以便更好地引起人们的注意。

2. 认知测定法

测定认知的程度，就是让调查对象看一则关于产品的信息，然后问他是否见过。还可以对认知程度进行分类，如注目、阅读、精读等。然后通过各认知程度的人群比例，考察促销媒体是否恰当、促销内容是否吸引人。

3. 视听率测定法

这种方法主要用来测定广播广告或电视广告的效果。可以抽取若干样本，进行调查，然后统计出拥有电视机或收音机的比例、广告节目的视听比例、认知该广告的人数比例等。

4. 回忆测定法

回忆测定法是利用测定信息效果的记忆度和理解程度来分析促销效果。可以分为纯粹回想法和辅助回想法两种。纯粹回想法就是让被调查者独立回忆出促销内容；辅助回想法是调查人员给予一定的提示，考察被测者能够回忆出多少促销内容以及理解程度和联想能力。

5. 态度测定法

态度测定法就是测定消费者对促销内容的感受与影响。最简单的方法是语意差别法。就是让消费者在一系列有差异的词语当中进行选择，看促销内容给其留下的印象究竟是什么。同样的促销内容，不同的促销方式，也会给人不同的印象。

（二）经济效果评估

从根本上来讲，旅行社进行促销是为了增加销售、提高利润。对旅行社促销的经济效果的评估主要考察这两方面的内容。

1. 比值法

如果促销后旅行社产品的销售量有明显的提高，就说明促销活动是成功的；在市场疲软或产品进入衰退期时，如果通过促销的作用遏制了销售额减少的速度，促销也同样是成功的。比值法是通过对旅行社产品销售额的变化来测定促销效果。计算公式为：

$$促销效果=\frac{促销前后销售额变化量}{促销费用}$$

通过这一公式，可以计算出每元促销费用产生了多少销售效益。

2. 促销效果比率法

促销效果比率法用以测定一定时期内促销支出对销售或利润的促进作用，计算公式为：

$$销售（或利润）效果比率=\frac{本期销售（或利润）增长率}{本期促销费用增长率}\times 100\%$$

此比例越大，说明旅行社的促销越有成效。

旅行社进行促销效果评估，可以检验促销决策是否正确，总结经验教训，帮助企业调整、完善促销活动。

二、促销改进

进行促销效果评估的目的在于促销改进。旅行社通过促销效果评估获得了大量信息之后，需要对这些信息加以归纳总结，分门别类，以这些评价为标尺，对各促销决策环节逐一考察，发现问题并及时解决。

（一）对促销方式的改进

促销方式指的是究竟用广告方式，还是用人员推销、公共关系或销售推广等其他方式来进行促销。各种方式各有特点，各有擅长。通过促销评估反馈回来的信息，我们可以知道哪种方式为我们带来了最多的注意，哪种方式最有利于旅游者正确理解信息。这样，我们可以剔除那些花费高而作用不明显的促销方式，将主要精力投入效果好的方式。

在广告促销中，还存在一个媒体选择问题，我们也归入这类问题来探讨。旅行社可能同时进行了多种媒体的广告宣传，这其中也必然存在优劣之分。如果旅行社发现报刊杂志广告效果很好，而广播广告很少有人关注，就可以把那部分资金转而投入报刊广告。

（二）对促销内容的改进

有时，旅行社促销活动的主旨很难为旅游者所理解，而一旦双方的沟通中存在误解，就很难产生共鸣。如果在促销评估中发现这类问题，应立即考察促销内容，分别考察文案、标题、广告词、图片，甚至形象代言人、促销人员的着装等问题，提出改进方案。“失之毫厘，谬以千里”，苦心策划的一系列促销攻势，可能就因为一张图片的不恰当而毁于一旦。

（三）对促销时间的改进

促销效果的不明显也可能由于时机选择不当造成。一般而言，旅游促销的最佳时机是在旅游者进行旅游决策前的一段时间。我们要给旅游者一定的时间来选择、考虑。旅游者不会一年四季都关心旅游广告，如果可以在他最需要的时候提供给他信息，就会事半功倍。

（四）对促销频率的改进

在激烈的市场竞争中，旅游者可以从多条渠道获得很多内容相近的信息，但是，他们很难迅速记住信息并做出反应。促销活动要保证一定的重复率，才能让旅游者记住、理解促销内容。促销频率太慢，促销间隔时间长，不利于旅游者记忆；促销频率过于频繁，又会给旅行社增加财务负担。要通过量化评估，找到一个合适的结合点。当然，不同促销活动需要的频率是不同的，必须分别确定。

（五）对促销地点的改进

促销地点涉及目标市场的问题。不同地域的人具有不同的文化背景、价值观念、消费习惯、收入水平，对某种产品、某些促销活动、甚至广告词，感受都可能有区别。旅行社要在评估促销效果时注意不同地域的差异，选择样本要广泛。如果一个广告的效果总体而言是好的，但在某一区域却没有收到预期效果，就要分析原因了。如果该市场对旅行社不重要，就可以把这部分资金投入其他地区；如果确认该区域确有市场潜力、旅行社必须有所作为时，就有必要改变在这一地区的促销活动。

思考题：

1. 简要说明旅行社促销策略制定的基本思路。
2. 为什么说促销目标是旅行社促销策略的基础和核心？
3. 旅行社促销预算的方法主要有哪些？其优势与劣势是什么？
4. 旅行社应如何全面评价其促销效果？
5. 旅行社应该从哪些方面进行促销改进？

第六章 旅行社的接待管理

学习目的

通过本章的学习，掌握旅行社接待管理的基本思路与方法，并对旅行服务质量管理的重要性具有充分的认识。

主要内容

- 旅行社接待计划的制定与落实
  旅行社接待计划的制定 旅行社接待计划的落实
- 旅行社接待过程的管理
  不同接待阶段的管理
- 导游业务
  导游分类 各种类别导游业务
- 旅行社接待人员的管理
  导游人员的管理 后勤工作人员的管理
- 旅游投诉的产生与处理
  旅游投诉的产生 旅游投诉的处理

第一节 接待计划的制定与落实

一、旅行社接待计划的制定

旅行社制定接待计划是为了避免由于旅游淡、旺季节的交替，客源市场形势的变化以及旅行社同行间竞争的消长所带来的销售量与接待量的波动，从而可以保证旅行社的良性运转。此外，旅行社每天要接待大量的游客，为了使旅行社的接待工作进行得有条不紊，也需要对游客的接待过程制定计划。

（一）年度接待计划和月度接待计划的制定

年度接待计划是根据对旅行社历年来接待情况统计资料的整理、分析所计算出的接待量增长率，结合旅游市场的动态、旅行社目前的接待能力和社会的综合接待能力来制定的。

在编制好年度接待计划的基础上，根据每年度各月的接待量，掌握每年不同时期客流量变化的基本规律，加上增长的幅度，就可基本确定各月的月度接待计划。

编制年度接待计划和月度接待计划可以使旅行社有效地从宏观上把握旅行社的接待情况，使旅行社的接待工作具有计划性和前瞻性。

（二）旅游团及散客接待计划的制定

在制定旅游团及散客的接待计划时，首先需要接受与旅行社有业务往来的各组团社发来的接待计划及预报，然后根据各旅游团及散客的抵达时间顺序进行编号、分类、整理、登记，最后做出接待计划。

通过旅游团及散客接待计划可以比较详细地了解旅行社在某一时期的业务量，以便于其他工作的顺利进行。旅游团及散客接待计划的格式如表 6-1 所示。

表 6-1　旅游团及散客接待计划表

年　月　日

编号	团队名称	客人数	全陪数	抵达日期 航班车次	离开日期 航班车次	来自国家 地区	住宿 饭店	备注

针对某一个具体的旅游团或者散客，还需要做出具体的接待计划。这有助于某一具体的旅游团或者散客的顺利接待。此接待计划的格式如表 6-2 所示。

表 6-2 旅行社接待计划

__________团接待计划

（__________）——联字第____号

__________部、计调部、财务部：

由__________旅行社组织的__________团一行______人，将于________月______日乘坐__________航班（车次）抵__________，________月_____日乘________航班（车次）离__________赴 __________。

该团在__________住__________饭店，房早餐由__________订妥。

出境机票（车票）由 __________自理，请代为确认。

请提供 __________等级综合服务。

请安排游__________________（如有其他要求附此处）。

联系人：______________电话：__________

名单附后：______________拟计划单位：__________

抄送：总经理、副总经理等

年 月 日

接待计划制定之后，并非一成不变。由于种种原因，旅游团的旅游者人数、抵达航班和时间以及旅游者的要求等常常会发生变动，有时甚至会取消行程。因此，还需要对接待计划进行不断地修正与调整。经过修正与调整的接待计划必须及时地通知各相关部门。

二、旅行社接待计划的落实

接待计划的落实是指针对旅游团接待计划中的接待内容进行预订。旅行社接待内容预订的好坏，直接影响到旅行社接待工作的质量。旅游者的行程包括“行、游、住、食、购、娱”六个方面，因此旅行社接待内容的预订也要紧紧围绕着这六个方面进行，即订票业务、订房业务、市内交通、游览、用餐、购物和文娱节目的安排等。

（一）订票业务

订票业务是旅行社接待内容预订的重要项目之一。近年来，随着散客业务的发展，帮助旅游者订购交通票据已经成为旅行社的一项重要收入来源。在落实订票业务时，注意要在仔细核对接待计划后再下达订票通知单，订票通知单以月度计划为依据。当接待计划发生变更时，应该及时向订票部门发出变更通知，以调整订票计划。

（二）订房业务

1. 委托代订房

委托代订房是指组团旅行社委托接团旅行社根据组团旅行社在接待计划中注明的具体饭店来向该饭店订房。当该饭店已客满，无法按计划安排旅游团入住时，接团社要按照国际惯例在同等级的饭店中进行调整，并及时将调整后的情况通知组团旅行社，以取得组团旅行社的谅解。

2. 自订房

自订房是指组团旅行社或国外客户直接向旅游目的地的饭店订房。组团旅行社在接待计划中应注明是自订房，并且注明饭店名称。对于自订房，接团旅行社仍然要提前与所定饭店进行核对，以保证自订房的准确无误。

（三）市内交通

旅行社应该根据旅游团人数的多少以及游览日程的安排来进行市内交通的预订，合理使用各种交通工具。在团队抵达的前两至三天，在核实旅游团人数是否变化之后，再次确认市内交通的预订。

（四）游览、用餐、购物和文娱节目的安排

旅行社对游览、用餐、购物和文娱节目进行安排的目的主要是为了有效地组织旅游团的各项活动，不至于使旅游者的活动过于分散，遇到突发情况时无法进行及时地协调与处理，同时可以避免在旅游旺季时由于各景点、餐厅、购物点和文化娱乐场所的旅游者过于集中而造成无法接待的混乱状态。

在进行各项服务预订的过程中，会遇到接待部门由于客满而出现预订紧张的情况，此时需要积极与有关合作单位进行协调，首先保证重点团队的预订，对于那些实在无法预订的团队，只能进行接待过程的调整，没有其他更好的办法。但在实际接待过程中，应尽量避免这种情况的发生。

第二节　旅行社的接待业务流程

一、传统的旅行社接待业务流程

所谓旅行社的接待业务流程是指旅行社接待旅游者的程序、标准与方法。在传统的旅行社接待业务流程中，为接待同一个旅游团（者），旅行社内部各个部门之间需要频繁地沟通信息。例如，接待部与销售部之间，接待部与财务部之间，销售部与财务部之间，外联部与接待部之间，等等。其中任何一个环节出现差错都会影响到接待的质量，甚至会影响到整个旅行社的运转。信息流通

环节过多会影响信息流通速度，造成信息传输的滞后。

二、应用信息技术后的旅行社接待业务流程

应用以计算机网络技术为代表的信息技术，可以简化传统的旅行社接待业务流程。首先，在旅行社内部建立局域网和数据库系统。局域网是旅行社信息流动的通道，数据库系统存储旅行社所有的信息与资料，并且随时可以进行动态更新。这样，旅行社就可以以数据库系统为中心、通过计算机网络这条通道畅通无阻地传递接待业务信息。如图 6-1 所示，当外联部与外单位签定合作协议书时，有关资料会通过网络输入数据库，接待部所做的接待计划也会通过网络输入数据库。这时，导游人员就可以直接从数据库中获取相关资料来完成接待任务，在导游人员完成接待任务后，接待部门又通过网络及时收到导游人员交回的结算单并与数据库中的资料进行核对，若符合则立即签收。数据库得到签收的信息后，会提醒财务人员付款。这样，原来各部门之间错综复杂的文件往来改为以数据库为核心的单点接触，数据库作为所有信息传递的媒介，可以大幅度地减少人为原因造成的差错，加快信息流动的速度。

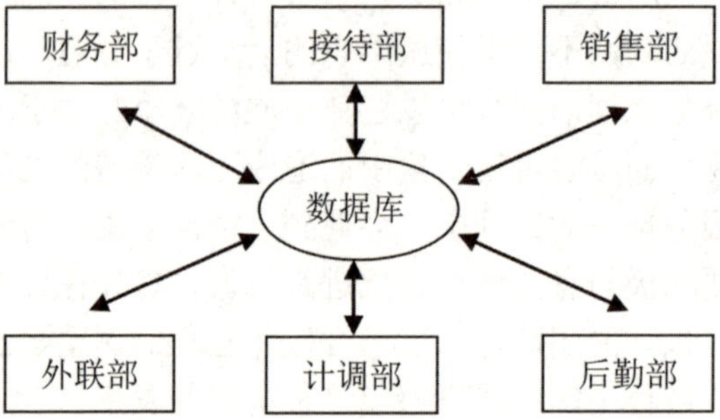

图 6-1 基于信息技术的旅行社接待流程图

这种以信息技术为基础、以顾客需要为导向的接待业务流程充分利用了共享数据库，缩短了信息传递环节，把各环节信息传递中的延误降到了最低点，同时也降低了对各环节进行衔接、协调、监督和控制所带来的成本，极大地提高了旅行社服务的质量和效益。但是此时的数据库是旅行社中最核心的部分，一旦数据库遭到破坏，整个旅行社将处于瘫痪状态，所以要定期对数据库进行维护与备份。

三、旅行社接待服务的标准化与程序化

旅行社接待服务的标准化是指旅行社应按照一定的标准向旅游者提供旅游

过程中的各种相关服务。接待服务标准化的基本依据是国家旅游局颁布的《旅行社国内旅游服务质量要求》和国家技术监督局颁布的《导游服务质量》。旅行社接待服务的标准化，有利于提高接待服务质量，同时也有利于保护旅游者的合法权益，满足旅游者的合理要求。

旅行社接待服务的程序化是指旅行社根据接待服务的特点，对接待服务的每一环节和每道程序都做出详细规定，并据此向旅游者提供接待服务。接待服务程序化是旅行社保证旅游服务质量的有效措施，我国旅行社管理的实践已经证明，接待服务程序化可以减少事故隐患，保证接待过程各项工作的落实，从而最终提高旅行社接待服务的质量。

接待服务的标准化和程序化是旅行社接待服务最基本的要求，也是旅行社接待管理的有效途径，各旅行社应参照国家有关规定和旅行社自身的业务特点，制定出适合实际需要的接待服务标准和程序，确保接待服务的质量。

四、旅行社不同接待阶段的管理

一般说来，旅行社的接待过程可以划分为三个阶段，即接待前的准备阶段、实际接待阶段和接待后的总结阶段。在接待过程的不同阶段，旅行社应采用不同的措施予以控制，以达到有效管理的目的。

（一）准备阶段的管理

1. 安排适当的接待人员

旅行社应根据旅游者的年龄、文化背景、职业和有关要求等因素，配备合适的接待人员。这就要求旅行社全面了解社内接待人员的特点与专长。例如，如果是一个学生旅行团，可以配备一名年轻、热情、开朗、活泼的导游人员，他们彼此年龄和体力相近，具有共同的兴趣和爱好，这样可以使客人在旅游过程中心情更加愉快；如果是年纪较大的旅游团，则可配备一名性格温和、耐心细致并懂得一些医药常识的导游人员。

2. 适时检查接待计划及其落实情况

接待计划和日程安排是旅游者旅游活动的依据，其质量的高低，将直接影响旅游者对旅游活动的评价。因此，旅行社管理人员应适时检查或抽查接待计划及其落实情况，以便发现计划之不足和不同环节可能存在的漏洞，特别是对于重点旅游者接待计划和新手拟定的接待计划及日程安排，更应给予特别的注意，以防患未然。

3. 必要的提示和指导

旅行社管理人员应全面了解接待人员情况，并在适当的时候，以适当的方式向下属工作人员提供必要的指导和帮助，确保各个环节工作的落实，并帮助工作人员迅速提高业务水平。

（二）接待阶段的管理

1. 严格请示汇报制度，防患于未然

接待工作具有较强的独立性，因此我们强调接待人员特别是导游人员应具有较强的组织能力、独立工作能力和应变能力，这是旅游活动顺利进行的重要保障。但是，这并不排斥导游人员应就旅游活动过程中的一些重大变化和事故等及时请示旅行社相关管理部门，并取得必要的指导和帮助。只有这样，才能避免由于个人知识、能力与经验所限造成的处理不当。对于新职员来说，这点显得尤为重要。

2. 建立畅通的信息系统

旅行社应建立通畅的信息系统，及时掌握各旅游团（者）旅游活动进展情况，并及时采取有效措施，弥补接待过程中发生的服务缺陷，减少不必要的投诉，保持旅行社良好的声誉。

3. 必要的抽查和监督

抽查和监督是直接获取有关接待方面信息的有效途径，通过这一途径，旅行社管理部门可以迅速、直接地了解接待服务质量和旅游者的评价，为旅行社改进服务质量提供有用的资料。

（三）总结阶段的管理

1. 建立健全旅行社接待总结制度

总结是接待服务不可缺少的一个环节，是旅行社提高工作效率和服务质量的必要手段。我国旅行社发展的实践也已证明，凡是总结制度健全的旅行社，其服务质量和接待人员水平就高，相反则低。这就要求旅行社必须建立健全接待总结制度，不断提高接待服务质量。

2. 抽查陪同日志和接待记录

通过抽查陪同日志和接待记录，可以了解旅游者接待情况和相关服务部门协作情况，为旅行社改进产品、提高导游人员水平和完善协作网络提供必要的依据。

3. 审查重大事件报告

通过审查重大事件报告，旅行社可积累经验，并及时发现问题，采取补救措施。

4. 处理旅游者表扬和投诉

表扬是旅游者对接待人员工作的肯定，旅行社通过对优秀工作人员及其事迹的宣传，可以在接待人员中树立自己的榜样，而榜样的作用又将促进旅行社接待人员素质的提高。投诉则是客人对服务质量不满的一种表示，处理得当不仅可以争取旅游者的理解，而且可以教育工作人员。当然，对情节严重者，旅行社应做出必要的处罚。

第三节 导游业务

一、导游人员的分类

根据导游人员业务范围、职业性质、技术等级、服务对象和使用语言的不同，可以将其划分为不同的类别。世界各国对导游人员类型的划分没有统一的标准，下面是从我国的实际情况出发，对导游人员进行分类。

（一）按照业务范围划分类别

按照业务范围，导游人员可以划分为海外领队、全程陪同导游人员、地方陪同导游人员和景区景点导游人员四种类型。

1. 海外领队

海外领队（简称领队），是指经国家旅游行政主管部门批准可以经营出境旅游业务的旅行社的委派，全权代表该旅行社带领旅游团队从事旅游活动的工作人员。海外领队是客源地组团旅行社的代表，其职责是率领中国游客到境外旅游，同时为其提供全程导游服务。

2. 全程陪同导游人员

全程陪同导游人员（简称全陪），是指受旅游目的国组团旅行社的委派，作为旅游目的国组团社的代表，在领队和地方陪同导游人员的配合下实施接待计划，为旅游团（者）提供全程陪同服务的工作人员。全陪的职责是率领海外来华游客或中国游客在中国境内进行旅游，同时为其提供全程导游服务。

3. 地方陪同导游人员

地方陪同导游人员（简称地陪），是由旅游线路所经过的各地接团社委派，代表当地的旅行社实施接待计划，为旅游者提供当地旅游活动安排、讲解、翻译等服务的工作人员。地陪是旅游目的地接团旅行社的代表，其职责是接待海外来华游客或中国游客在其工作的地区进行旅游，同时为其提供当地导游服务。

4. 景区景点导游人员

景区景点导游人员又称讲解员，是指在旅游景区景点，如博物馆、展览馆或自然保护区等为旅游者进行导游讲解的工作人员。景区景点导游人员与其他三种导游人员相比，业务范围相对较小。

（二）按照职业类型划分类别

按照职业类型划分，导游人员可分为专职导游人员和兼职导游人员。

1. 专职导游人员

专职导游人员是指在一定时期内以导游工作为主要职业的导游人员。目前，这类导游人员一般为旅行社的正式职员，他们是当前我国导游队伍的主体。

2. 兼职导游人员

兼职导游人员是指不以导游工作为主要职业，而利用业余时间从事导游工作的人员。

目前这类人员分为两种：一种是通过了国家导游资格统一考试、取得了导游证而从事兼职导游工作的人员；另一种是具有特定语言语种能力受聘于旅行社，领取临时导游证而临时从事导游活动的人员。

另外，在西方国家还存在一种自由职业导游人员，这些自由职业导游人员以导游为主要职业，但并不受雇于某一家特定的旅行社，他们往往通过签订合同的形式为多家旅行社服务。自由职业导游人员是西方国家导游人员队伍的主体。目前这类导游人员在我国已经出现，且人数出现上升趋势。

（三）按照导游所用语言划分类别

导游服务的全过程都伴随着语言的使用，所用语言的不同决定了导游人员接待对象的不同。因此，可以按照导游人员所用语言的不同将其划分为中文导游人员和外语导游人员。

1. 中文导游人员

中文导游人员是指能够使用普通话、地方方言或者少数民族语言，从事导游业务的人员。中文导游人员的服务对象一般为国内旅游者或者回祖国大陆探亲旅游的中国香港、中国澳门、中国台湾同胞、华侨、外籍华人以及少数民族游客。

2. 外语导游人员

外语导游人员是指能够应用外语从事导游业务的人员。目前，我国已经拥有英、日、法、德、西、俄、越、泰、阿拉伯、意、韩等语种的导游人员。外语导游人员的服务对象是入境旅游的外国游客和出境旅游的中国公民。

二、领队业务

领队在旅游的过程中起着沟通客源地组团社与境外接团社之间、旅游者与全陪及地陪等导游工作人员之间关系的桥梁作用。领队应该维护旅游团成员的正当权益，监督接待方旅行社全面执行旅游合同规定的内容，协调旅游团同境外接待方旅行社导游人员之间的关系，保证旅游团在境外旅游活动的顺利进行。

（一）准备阶段

领队在旅游团出发之前应该认真研究旅游团的情况和旅游接待计划，做好必要的物质准备工作，并召集本团队的旅游者开一次出国旅游说明会。

1. 研究旅游团的情况和旅游接待计划

研究旅游团的情况包括了解旅游团成员的姓名、职业、年龄、性别、联系方式以及旅游团中是否有重要旅游者、需特殊照顾的旅游者和旅游团有无特殊要求；了解旅游团的整个行程安排；了解团队报价情况。

研究旅游接待计划还要求掌握接待社的情况，包括社名、联系方式、全陪与首站地陪的有关情况；核对各个接待社的游程安排与计划的游程安排是否一致；如果发现问题或旅游接待计划需要变更时，应及时通知接待方旅行社。

2. 做好物质准备工作

做好物质准备工作包括准备好随身物品、领队证、必要的费用、已经核对好的各种票据、表格、旅行证件和导游器具以及国外重要联系单位的电话号码和名片等。

3. 召开出国旅游说明会

在办理好护照、签证、机票等出入境手续后，领队要召集全团旅游者开一次出国旅游说明会。在会上，领队要进行自我介绍并代表旅行社向全体旅游者致欢迎辞，说明出境、入境手续与注意事项以及出游目的地的旅游行程，介绍旅游目的地国家或地区的基本情况及风俗习惯，最后讲清注意事项并落实分房、交款、特殊要求等问题，为下面旅游活动的顺利进行做铺垫。

（二）实际接待过程

实际接待过程是指从旅游团出发抵达旅游目的地到旅游者返回原出发地的旅游活动的全过程。领队在实际接待过程中的工作可以分为三部分。

1. 从旅游客源地到旅游目的地期间的服务

这部分服务的内容主要是办理出入境手续。在旅游团出发前，领队提前到达出发地点，清点旅游团人数。带领旅游团办理出境手续、行李托运手续、卫生检疫和登机手续。到达旅游目的地国家或地区后，带领旅游团办理好证件查验、海关检查等入境手续。

2. 境外旅游服务

领队在办理好入境手续后，应尽快与当地接待社的全陪与地陪取得联系。在清点团员人数与行李件数后，随全陪和地陪一起安排团队入住饭店。在入住饭店的过程中，领队需要负责办理入住手续并分配房间；宣布叫早、早餐、出发时间及领队、导游人员的房间号、电话号码等；检查行李是否送到客人房间；协助团员解决入住后的有关问题。

在旅游目的地活动期间，领队应认真监督接待方旅行社按照合同的规定实施接待计划。作为派出方旅行社的代表，当接待方旅行社或某一接待部门不履行合同、旅游者的利益受到损害时，领队应积极与接待方交涉，保护旅游者的合法权益。

在游览期间，领队应积极协助全陪与地陪组织、安排好旅游计划和活动日程，使旅游接待计划更加完美。在旅游途中，领队应集中保管游客的护照、签证以及全团机票和各国入境卡、海关申报卡等。

3. 从旅游目的地返回到旅游客源地期间的服务

在即将结束旅游目的地的活动时，领队应与全陪、地陪一起落实出境票证。临别前，领队应向接待方旅行社的导游人员致谢、道别，并带领全团旅游者办理旅游目的地国家的离境手续和中国入境手续。回国后，领队应该代表旅行社举行告别宴会，致欢送辞，全部旅游活动到此结束。

（三）后续工作

领队在送别旅游团后，应立即回到旅行社处理各种遗留事项并对旅游团接待过程中发生的问题和处理经过进行总结，包括向旅行社结清账目、归还带团时所借的物品、妥善处理旅游者的委托事宜并协助旅行社处理可能出现的投诉问题、认真填写领队日志。

三、全程陪同业务

全程陪同服务是保证旅游团的各项活动按照计划实施，旅行顺畅、安全的重要因素之一。全陪作为组团旅行社的代表，应自始至终参与旅游团全旅程的活动，负责旅游团移动中各个环节的衔接，监督接待计划的实施，协调领队、地陪、司机等接待人员的关系。

（一）准备阶段

1. 研究接待计划

在接到接待旅游团的任务后，全陪应首先认真研究接待计划，了解所接旅游团的全面计划并注意该团重点游客的情况和该团的特点。熟悉旅游团途经各城市和旅游点的情况，若为入境旅游团，还需了解客源所在国的历史、地理、文化、政治、经济及近期重要新闻，了解对外宣传的口径。

2. 与接待社联系

根据需要，全陪应提前一天与接待社取得联系，互通情况，妥善安排好相关事宜。此处的接待社是指受组团社的委托，按照接待计划（见表 6-3）委派地方陪同导游人员，负责组织安排旅游者在当地参观游览等活动的旅行社。

表 6-3　旅游团接待通知单

<table>
<tr><td>团队名称
或姓名</td><td colspan="3"></td><td>来自国家
或地区</td><td colspan="2"></td><td>语种
要求</td></tr>
<tr><td>抵达时间</td><td colspan="3">月　　日　　班次/车次</td><td>离开时间</td><td colspan="3">月　　日　　班次/车次</td></tr>
<tr><td>游客</td><td colspan="6">共　　人，夫妇　　对，单男　　人，单女　　人，小孩　　人</td><td>陪同</td></tr>
<tr><td>住宿饭店</td><td colspan="2">（自订房含早餐）</td><td>游客房间数</td><td>双人房　　间
单人房　　间</td><td>陪同</td><td colspan="2">双人房　　间
单人房　　间</td></tr>
<tr><td>团员等级</td><td colspan="2"></td><td>膳食标准
及要求</td><td colspan="4"></td></tr>
<tr><td rowspan="4">游
览
活
动</td><td>月　日</td><td>上午</td><td colspan="2"></td><td>下午</td><td colspan="2"></td></tr>
<tr><td>月　日</td><td>上午</td><td colspan="2"></td><td>下午</td><td colspan="2"></td></tr>
<tr><td>月　日</td><td>上午</td><td colspan="2"></td><td>下午</td><td colspan="2"></td></tr>
<tr><td>月　日</td><td>上午</td><td colspan="2"></td><td>下午</td><td colspan="2"></td></tr>
<tr><td rowspan="3">用
餐
安
排</td><td>月　日</td><td>早餐</td><td></td><td>中餐</td><td></td><td>晚餐</td><td></td></tr>
<tr><td>月　日</td><td>早餐</td><td></td><td>中餐</td><td></td><td>晚餐</td><td></td></tr>
<tr><td>月　日</td><td>早餐</td><td></td><td>中餐</td><td></td><td>晚餐</td><td></td></tr>
<tr><td>文娱活动</td><td>月　　日</td><td>时间</td><td></td><td>地点</td><td></td><td>内容</td><td></td></tr>
<tr><td>市内用车
车号</td><td></td><td>车型</td><td></td><td>数量</td><td></td><td>司机
姓名</td><td></td></tr>
<tr><td>游江、湖
时间</td><td colspan="3">月　　　　　　日
点　　　　　　分</td><td>地点</td><td>码头</td><td>船号</td><td></td></tr>
<tr><td colspan="8">备注

</td></tr>
</table>

3. 做好物质准备工作

上团前，全陪需要带好必要的证件，如身份证、工作证、导游证，其次准备好宣传材料、接团计划、日程表、全陪日志等，最后领取拨款结算单、支票、差旅费等。若去边境口岸、特区等地，还需办理有关通行证；若首站去外地接团，还应提前领取机票或车票，随身携带。

（二）实际接待过程

1. 首站（入境站）接团服务

首站接团服务是全陪与游客第一次接触、为游客提供的第一次服务。在接团之前，全陪应向第一接待社了解接待工作的详细情况，提前半个小时与地陪一起到接站地点迎接旅游团，当旅游团抵达后，全陪与领队和全体团员见面，向领队做自我介绍，与领队核实人数、行李件数等情况，并协助领队向地陪交接行李，最后全陪应代表组团社向旅游团致欢迎辞，欢迎辞包括表示欢迎、自我介绍、表示提供服务的真诚愿望、预祝旅行顺利愉快等内容。

2. 进住饭店服务

进住饭店服务以地陪的服务为主，全陪给予积极的协助配合，使旅游团进入饭店后尽快完成住宿登记手续、进住客房、取得行李，向饭店总台或领队领取团队客人住房分配名单，与领队相互通报房号，掌握饭店总台、当地接待社和地陪的紧急联络方法，以便随时协助有关人员处理团队进店后可能出现的问题。

3. 核对商定日程

全陪应与领队认真核对商定日程，既要尽量满足团内大多数人的要求，同时对制定的日程不宜做较大的改动，如果遇到难以解决的问题，应及时反馈给组团社，并使领队得到及时的答复。

4. 各站服务

全陪在各站服务的过程中，应及时向地陪通报旅游团的情况，从而使各站之间能够进行有机的衔接，最终达到使接待计划得到全面顺利实施的目的。全陪应该监督各地服务质量，酌情提出改进的意见和建议，保护旅游者的人身与财产安全，对突发事件进行及时有效的处理。

在旅途中，特别是两站之间，全陪要做必要的导游讲解，照顾好旅游者的生活，做长途旅行时，尽可能组织文娱活动以活跃旅途生活，同时保管好行李托运单和机、车、船等单据，抵达下一站时将其交给地陪。

5. 离站服务

在旅游团离开各地之前，全陪应提醒地陪落实交通票据及离站时间，协助地陪清点行李并与领队核对件数，妥善办理离店事宜，与地陪按规定办好财务手续，并妥善保管好财务手续，最后向地陪、司机致谢、道别。

如果是末站离站服务，即全陪服务中的最后一个环节，全陪的工作应该善始善终，给旅游者与领队留下良好的印象。此时需要提醒旅游者带好自己的物品和证件，征求旅游者对整个接待过程的意见和建议，以便将来能够加以改进，与领队话别，致欢送辞。

（三）后续工作

旅游团离境后，全陪应协助旅行社管理人员处理好接待过程中出现事故的遗留问题，认真填写全陪日志，将各地的结算单据交回财务部门，及时填写出差报销单，归还带团时所借的物品。

四、地方导游业务

地方导游服务是确保旅游团在当地参观游览活动顺利进行的重要因素之一。地陪应做好旅游团在本站的迎送工作，严格按照接待计划，做好旅游团参观游览过程中的导游讲解工作和计划内的食宿、购物、文娱等活动的安排，妥善处理各方面的关系和出现的问题。

（一）准备阶段

地陪在接到旅行社下达的接待任务后，应该及时、充分地做好各方面的准备工作，以便在旅游团到达之后提供良好的服务。

1. 认真研究接待计划

接待计划是组团社委托各地方接待社组织落实旅游团活动的契约性安排，是导游人员了解该团基本情况和安排活动日程的主要依据。因此，地陪应该在旅游团抵达之前认真研究接待计划，详细准确地了解该旅游团的服务项目和要求，以便顺利完成接待任务。

2. 制定日程

地陪需要根据游客的特点，安排当地的旅游日程，并打印好日程表，客人、司机以及旅行社后勤人员人手一份。

3. 落实接待事宜

地陪应在旅游团抵达前一天，与有关部门落实食宿、交通、行李运输等服务的有关事宜。（1）落实住房及用餐：熟悉旅游团所住饭店的地理位置、饭店的历史、服务设施、服务项目以及该团的客房位置，提前与该饭店取得联系，落实房间的安排情况，并通知饭店该团抵店时间，与各有关餐厅联系，确认该团日程表上的用餐安排。（2）落实接待车辆：了解所用车辆的类型、车牌号与司机姓名，确认与司机的接头地点并告之活动日程和具体时间安排。（3）落实团队所乘交通工具的准确抵达时间。（4）了解落实运送行李的安排情况。

4. 物质准备

根据旅游团的特点和要求，准备好必备物品，例如，按照旅游团人数领取导游图、门票结算单、现金，准备接站牌、导游旗、导游证、胸卡等必备物品。

（二）实际接待过程

1. 接站

地陪应至少提前 30 分钟到接站地点迎接客人，在抵达接站地点后，与司机约好客人上车的地点，并与行李员取得联系，核对该团所住饭店的名称，旅游团的名称。

旅游团所乘的飞机（火车、轮船）抵达后，地陪应在旅游团出站前，持接站牌站在出站口醒目的位置，以便领队、全陪或客人前来联系。找到自己的团队后，向领队与全陪做自我介绍，核实实到人数，集中清点行李后将行李移交给行李员并集合登车。

在从机场（车站、码头）到下榻饭店的行车途中，地陪首先要致欢迎辞，若是入境旅游团，还要介绍两国或两地之间的时差，最主要的是做好首次沿途导游，内容包括介绍当地风光、风情以及下榻饭店的概况。

最后，当旅游车驶至下榻饭店，地陪应在旅游者下车前向全体成员讲清并请其记住车牌号码、停车地点和集合时间。

2. 进住饭店服务

旅游团抵达饭店后，地陪要协助领队和全陪办理住店登记手续，请领队分发住房卡并记住领队、全陪的房号和电话号码。核对客人行李件数，同时督促行李员把客人的行李送至客人的房间。进入饭店后，地陪向全团介绍饭店设施，并亲自带领旅游团用好第一餐。最后，地陪安排好叫早服务。当旅游者进入客房后，地陪应在楼层停留一段时间，待一切就绪后再离开。

3. 核对商定活动安排

在旅游团开始参观游览之前，地陪应与领队、全陪商定本地活动安排，并及时通知每一位旅游者。

当发现领队或全陪手中的旅行计划与地陪的接待计划有出入时，应及时报告旅行社查明原因。若提出的要求与原日程不符且又涉及接待规格时，一般予以婉言拒绝，如确有特殊理由，并且由领队提出时，地陪必须请示旅行社有关部门。若提出小的修改意见或增加新的游览项目时，及时向旅行社有关部门反映，对合理又可能满足的项目，应尽力予以安排；需要加收费用的项目，地陪要事先向领队或旅游者讲明，按有关规定收取费用；对确有困难无法满足的项目，地陪要详细解释、耐心说服。

4. 参观游览服务

参观游览是旅游活动的核心部分，也是导游服务工作的中心环节。出发前，地陪应提前十分钟到达出发集合地点，督促司机做好各项准备工作，请旅游者上车后地陪应及时清点人数，向旅游者报告当天重要新闻、天气情况及当日活动安排。

在抵达景点途中，地陪向旅游者介绍沿途景象以及景点概况，尤其是景点的历史价值和特色。抵达景点时，地陪应告诉客人在该景点的参观停留时间，集合时间和地点，以及有关注意事项。抵达景点后，地陪应提供精彩的导游和讲解服务，同时注意旅游者的安全，自始至终与旅游者一起活动，在参观游览服务中间穿插就餐与购物服务。

在旅游团即将结束一天的活动时，地陪应询问客人对当天活动安排的反映，并宣布第二天的活动日程、叫早时间、早餐时间与地点、出发时间及其他有关事项。

5. 送团服务

旅游团结束在当地参观游览活动的前一天，地陪应向有关部门确认交通票据和离站时间，协助办理好行李交接手续并与饭店结账后，带领客人上车，将交通和行李票证移交给全陪、领队或旅游者。在旅游团离站前，地陪致欢送辞，旅游团所乘交通工具启动后，地陪方可离站。若在离境站，地陪应将旅游者送至海关前与旅游者告别，当旅游者进入海关后，地陪方可离站。

（三）后续工作

地陪在送走旅游团后，需要及时填写好“拨款结算通知单”和“出差补贴报销单”，连同各种单据、接待计划、活动日程表等按有关规定上交，并到财务部门结清账目。妥善处理旅游团在当地游览期间的遗留问题，按有关规定办理旅游者的委托代办事宜。归还带团时所借的物品。写好陪同小结，实事求是地向旅行社汇报接团情况。若是最后接待站，应协助解决全陪返程的交通票证。

第四节 旅行社接待人员的管理

一、旅行社导游人员的管理

（一）导游服务的特点

导游服务是指为旅游者安排旅行和游览，提供向导、讲解和相关旅游服务的接待工作。导游服务具有以下几个方面的特点：

1. 工作量大

导游服务通常涉及旅游者的行、游、住、食、购、娱等诸多方面，工作量庞大而且复杂，故有人把导游服务归纳为语言翻译、参观导游、生活服务、政策宣传、对外调查、安全保卫、座谈报告和财务统计八个方面。

2. 独立性强

导游服务经常要求导游人员在无人指导和无人帮助的情况下开展工作，处理各种变故与事故，这就要求导游人员具有较强的独立工作能力、组织能力和应变能力。

3. 工作难度高

这首先是由旅游活动的差异性所决定的，因为旅游是人类的活动，就像没有完全相同的两个人一样，也没有完全相同的两次旅游，无论导游人员具有的知识和经验如何丰富，他（她）总要遇到各种新情况，而且有时突如其来，这就增加了工作的难度。此外，社会制度的不同、文化差异的存在和人们对服务质量的理解不同，也使得导游工作变得十分困难。

4. 脑力劳动与体力劳动的高度结合

一方面，导游服务要求导游人员具有广博的知识和综合运用知识的能力，以满足不同旅游者求知的要求；另一方面，导游服务需要导游人员具有良好的身体条件。据统计，北京的导游在接待旅游者时，平均每天要爬山、步行 10 公里；桂林的导游人员，几乎每天都要步行、爬山、涉水、钻洞，导游人员体力消耗很大。

（二）旅行社导游人员的管理

导游人员处在旅行社接待工作的最前沿，直接关系到旅行社的形象。与此同时，导游工作的特点决定了导游人员经常是单兵作战，这就给旅行社的管理工作提出了难题。为确保对导游人员的有效管理，旅行社可考虑以下三种主要措施。

1. 加强培训与考核，确保导游人员素质

导游人员素质的高低，是决定导游服务质量高低的关键因素，因此旅行社应不遗余力地提高导游人员的素质。

学校培训是导游培训的基础，旅行社应选择优秀的毕业生担任导游。但同时，我们必须注意到，导游的实践性是很强的，正如伦敦旅游局教学大纲所认为的，“知识是导游的基础，这种知识必须是有根据的，经过选择的，而且能够很好地表达出来。但是，仅有知识是不够的，一个好的导游必须有活泼愉快的气质，并能带动旅游团的热情和信心。但是，个人的性格和气质好还不够，对一个成功的导游来说，比知识和性格更为重要的是导游技能高超，处理事务能力强，专业工作精通，为他们的雇主和旅游者所赏识。当然，这样的技能仅在课堂上是学不到的，而当今导游又很需要这样的技能，只有在实践中才能学到和提高这种技能”。这就要求旅行社有针对性地进行上岗前的培训，而更为重要的是持续的再培训或再教育，这是确保导游人员水平的关键。

对导游人员再培训的内容是全方位的，主要包括以下几个方面。

（1）职业道德的培训

政治思想教育和职业道德教育是提高导游人员素质的重要途径。旅行社应经常教育导游人员树立强烈的爱国主义观念和法纪观念，培养和督促导游人员在旅游接待过程中严格遵守旅游职业道德。

（2）服务意识的培训

服务意识就是以服务为自身应尽之义务与职责并自觉进行服务的思想或精神。服务意识又可以划分为超前服务意识和及时服务意识。超前服务意识是指在旅游过程中，导游人员一心为客人，事事想在前，主动服务在前；及时服务意识是指为客人服务要及时。良好的服务意识是优质服务的根本所在。

（3）服务技能的培训

服务技能培训的范围十分宽广，包括使用旗标的技能、使用扩音设备的技能、讲解选位技能和速算技能，等等，这些都是导游人员所必须具备的基本技能。

（4）语言能力的培训

导游语言的基本要求是发音规范、语调自然；口齿清楚、声音响亮；用词恰当，语速适中；语句流畅，语气诚恳；态度和蔼，姿势得体；手势适当，合乎礼仪，而且讲话无口头禅和不良习惯。这是导游人员须长期努力的目标。

（5）专业知识的培训

专业知识的培训包括接待规程、旅游者心理、旅游团结算和景点知识等方面。

（6）应变能力的培训

导游人员应随着旅行社旅游业务的发展，及时了解各种可能发生的意外事件，并熟练掌握处理要点和处理程序，确保旅游活动的顺利进行。

对导游人员的工作考核可由各部门进行，也可在全社内统一进行，考核的主要内容包括全年工作量、业务能力、旅游者投诉与表扬情况、学习与进修情况，等等。

旅行社应在全面考核的基础上，建立导游人员业务档案，并以此作为奖励、处罚和晋级等的主要依据。

2. 实行合同管理，强化导游人员责任感

对导游人员实行合同管理，是促使导游人员依法为客人提供导游服务的保证，是提高服务质量的重要措施，可以促使导游人员增强责任感，自觉为客人服务。

3. 建立健全导游员技术等级评定制度

2005 年 6 月，国家旅游局发布了《导游人员等级考核评定管理办法（试行）》（以下简称《办法》）（见附录 3）。《办法》规定，导游人员等级分为初级、中级、高级、特级四个等级。导游人员申报等级时，由低到高，逐级递升，经考核评定合格者，颁发相应的导游员等级证书。

导游人员等级考核评定工作，按照“申请、受理、考核评定、告知、发证”的程序进行。中级导游员的考核采取笔试方式。其中，中文导游人员考试科目为“导游知识专题”和“汉语言文学知识”；外语导游人员考试科目为“导游知识专题”和“外语”。高级导游员的考核采取笔试方式，考试科目为“导游案例分析”和“导游词创作”。特级导游员的考核采取论文答辩方式。另外，参加省部级以上单位组织的导游技能大赛获得最佳名次的导游人员，报全国导游人员等级考核评定委员会批准后，可晋升一级导游人员等级。一人多次获奖只能晋升一次，晋升的最高等级为高级。

导游人员技术等级评定制度适用于全国专职和兼职导游人员，这有利于调动导游人员的工作积极性，同时也有利于我国导游服务质量的提高和导游人员队伍的建设。

此外，近年来我国导游职业出现了自由化的趋势，即旅行社不再长期聘用职业导游，而是与导游人员建立松散的业务联系，并根据旅行社的业务需要临时聘用合适的导游人员。与这种趋势相适应，我国许多地方出现了专门的导游公司，负责向旅行社提供导游服务。导游职业的自由化有利于旅行社减少人工费用，特别是在旅游淡季，这一效果更为显著。但与此同时，旅行社导游人员的供应和导游服务质量则可能会受到一定程度的影响。这就要求旅行社建立起相对稳定的和高质量的导游人员网络，并采取各种必要的措施，确保旅行社的导游服务质量。

二、旅行社后勤工作人员的管理

（一）旅行社后勤工作的特点

接待中的后勤工作主要包括制定和落实接待计划，了解并掌握旅行团的动态，做好与导游人员的配合和协调工作，密切与旅游团领队以及有关部门的联系，妥善处理旅游团的合理要求和发生的问题。后勤工作的特点集中表现在两个方面：

1. 联系的广泛性

后勤工作的范围决定了后勤工作联系的广泛性，后勤工作人员几乎每天都要与导游人员、旅馆、车队、机场、车站、剧院、游览点、参观单位和商店等众多的部门和人员进行联系，这就要求后勤工作人员具有强烈的协作意识，确保各项事宜的顺利落实。

2. 工作的繁琐性

后勤工作大都是繁杂、细致的工作，诸如核实旅游团人数，包括男客数、女客数、小孩数、夫妇数、所需房间数，是否要求住单人房，预订各种票务，接收、发送变更通知，等等，所有这些，都要求工作人员具备高度认真负责的态度和细致周到的工作作风，确保旅行社的接待服务质量。

（二）旅行社后勤工作人员的管理

旅行社对后勤工作人员实施管理的主要途径有以下几个：

（1）培养工作人员的职业道德意识和协作意识；

（2）培养工作人员耐心细致和高度负责的工作态度；

（3）不断提高工作人员的业务水平；

（4）针对后勤工作特点，制定严格的规章制度和工作程序；

（5）搞好内部各环节的岗位责任制。

第五节　旅游投诉的产生与处理

一、旅游投诉的产生

（一）旅游投诉的概念

根据我国现行《旅游投诉暂行规定》，旅游投诉是指旅游者、海外旅行商、国内旅游经营者为维护自身和他人的旅游合法权益，对损害其合法权益的旅游经营者和有关服务单位，以书面或口头形式向旅游行政管理部门提出投诉，请求处理的行为。

我们这里所说的旅游投诉，限指旅游者为维护自身合法权益，对损害其合法权益的有关服务单位或有关接待人员以书面或口头形式向其接待人员或旅行社提出投诉，请求处理的行为。

需要指出的是，我们之所以对旅游投诉的范围加以限制，是因为在现实接待服务过程中，旅行社经常遇到旅游者因对诸如餐饮、旅馆住宿和交通等服务项目不满而向导游人员或旅行社提出的投诉；同时还会遇到旅游者因对导游服务不满而向旅行社提出的投诉，这两种类型的投诉，都应由旅行社有关部门或导游人员直接进行处理，而一旦旅游者投诉的指向是旅行社本身，这种投诉则应向旅游行政管理部门提出，其处理也应由旅游行政管理部门做出。

（二）旅游投诉产生的原因

在旅游接待过程中产生投诉的原因是多方面的，但主要可归纳为两个方面。

1. 工作人员主观问题

这主要表现在工作人员对客人不尊重、不热情、讲解不好、态度生硬，或工作不负责任，不能及时满足客人合理要求等。

2. 客观原因

这主要表现在住宿条件不理想，某些收费不合理，旅游过程中某些设施不符合条件，交通不顺利，或由于旅游者本身的性格和习惯产生的问题。

从旅游者投诉的心理来看，不外乎下列几种情况：

（1）要求尊重的心理；

（2）要求发泄的心理；

（3）要求补偿的心理。

我们了解了产生投诉的原因和旅游者的心理状态之后，便可有针对性地予以解决。

二、旅游投诉的处理

旅游投诉的妥善处理，可以变坏事为好事，成为旅行社扭转某些问题的契机。许多有经验的旅行社管理人员都十分重视客人的投诉，因为投诉最多的问题正是质量薄弱的环节。

旅行社在处理旅游投诉时应注意以下几点。

（一）高度重视

无论客人投诉的问题大与小，都应给客人以足够的重视，因为在客人看来，只要是投诉便不是一般的小问题。

（二）仔细倾听

如果客人直接口头投诉则应仔细倾听，保持冷静，不管客人当时脾气多大，态度多差，都要耐心让他把话讲完，不要急于解释，并做必要的笔记。投诉客人往往把话讲完了气也就消去大半，这时问题也就易于解决了。

（三）尊重客人

在处理投诉时一定要维护客人的自尊心，即使客人有不合理的要求和误解，也不可当面顶撞客人。

（四）调查了解

接到投诉后及时进行调查了解，重要的投诉必须报告上级主管人员，并弄清客人投诉的问题和客人投诉的心理状态。

（五）迅速答复

针对投诉的问题迅速做出答复，并及时采取相应措施。若当场无法答复，则应向客人明确答复时间，不可拖延。在答复中应对客人的意见表示感谢，重要的投诉应把调查情况及处理经过及时向客人说明，并提出今后改进的方法。

（六）记录在案

对客人投诉内容及旅行社处理办法等应记录在案，以备必要时核对。

（七）积极改进

旅游者投诉的地方，一般都是旅行社管理相对薄弱的环节，旅行社应对旅游者投诉的问题及有关方面进行积极地改进。

思考题：

1. 应该如何制定并落实旅行社的接待计划？
2. 旅行社应如何加强其接待管理？
3. 旅行社接待工作具有哪些特点？
4. 旅行社应如何妥善处理旅游投诉？

第七章　旅行社的财务管理

学习目的

通过本章的学习，掌握旅行社财务管理的基本思路与方法，并能够运用财务报表分析旅行社的经营情况。

主要内容

- 旅行社的资产管理
  流动资产的管理　固定资产的管理
- 旅行社的成本费用管理
  成本与费用　成本费用的管理
- 旅行社营业收入与利润管理
  营业收入的管理　利润的管理
- 旅行社的财务分析
  财务报表　财务分析

第一节　旅行社的资产管理

一、旅行社流动资产的管理

流动资产是指旅行社可以在一个营业周期（通常为一年）内将其转变成为现金或者耗用的资产，它是旅行社业务经营活动不可缺少的重要条件之一。同旅游业的其他部门相比，旅行社的流动资产在其总资产中占有较大的比重。因此，控制流动资产的规模和内部构成比例，加速流动资金周转便成为旅行社财务管理的重要内容。

旅行社的流动资产主要由四个部分构成，即货币资产、生息资产、债权资产和存货资产。

（一）货币资产的管理

旅行社的货币资产主要包括现金和银行存款，它是旅行社所有资产中最具有流动性的一种资产。现金经常用于向旅游供应部门和企业采购各种旅游服务，支付旅行社各类劳务费用及其他各种费用，偿还到期的债务等。银行存款主要用于旅行社的各种经济往来与结算、发放工资和补充旅行社的库存现金等。现金虽然具有较强的支付能力，但在未使用前不能给旅行社带来任何利润，反而还需要承担一定的筹资成本。旅行社将现金存入银行所获得的利息也是微乎其微的。所以，在保证旅行社业务经营活动顺利进行的前提下，旅行社必须设法缩短现金在周转过程中占用的时间，减少实际占用的现金总量。旅行社在货币资产管理中主要采取下列措施：

1. 确定旅行社的现金库存限制

随着我国市场经济的逐步确立，许多商业银行已经不再为旅行社核定库存现金的限额。因此，旅行社必须根据本企业在日常经营活动中的需要，自行确定库存现金的数量。旅行社日常开支所需的现金数量要适宜，既不能出现经营中现金短缺的现象，也不能造成资金的闲置和浪费。

2. 严格控制现金使用范围

除以下各项款项可用现金支付以外，旅行社不能随意扩大现金使用范围。

（1）职工工资、各种工资性津贴和支付给个人的各种奖金；

（2）各种劳保、福利费用以及国家规定的对个人的其他现金支出；

（3）个人劳动报酬，包括稿费、讲课费及其他专门工作报酬；

（4）出差人员必须随身携带的差旅费；

（5）结算起点以下的零星支出；

（6）确需要现金支付的其他支出。

3. 严格现金收支管理

旅行社应将现金收入于当日送存开户银行。旅行社现金支出不得坐支，即不得从本企业的现金收入中直接支付，如因特殊情况需要坐支现金的，需报开户银行审核批准。

4. 加强银行存款管理

按照国家有关规定，旅行社作为企业必须在所在地的银行开立账户（分为人民币存款和外汇存款）。为保证银行存款与旅行社日记账所记业务及金额的一致性，旅行社财务人员应定期与银行对账。银行则应定期编制对账单，列明旅行社在一个会计期内通过银行实际收付的资金。旅行社应将日记账与对账单进行认真的核对，如发现不符，要及时查明调整。旅行社对其银行存款要加强管理，不准出租、出借账户，不准套取银行信用，不准签发空头支票或远期支票。

5. 严格控制现金支出

旅行社应充分利用商业信用所提供的方便，减少现金的占用时间，从而达到节约现金的目的。旅行社应严格控制现金支出，尽量避免在应付账款到期日之前支付现金，并设法减少某些不十分必要的开支或推迟支付的时间。

（二）生息资产的管理

为了减少因在企业内保持超出日常开支所需的货币资金而蒙受利润损失，旅行社应将其暂时闲置的货币资金投资于生息资产。生息资产亦称短期有价证券或者金融资产，主要包括期限在一年以下（含一年）的国库券、商业票据、银行承兑汇票和可转让定期存单等。生息资产一般具有三个特点：

（1）能够在短期内变成现金；

（2）能够产生较（银行存款等）多的利息；

（3）市场风险小。

生息资产由于具有以上各种优点，所以又常被看成“准现金”。但是，生息资产有时候也会因为货币市场上供求关系的变化而出现价格波动，在个别情况下某些票据也存在违约风险等，这些都是旅行社的管理者所应予以注意的。

（三）债权资产的管理

旅行社的债权资产主要指应收账款。旅行社的经营中存在大量的代收款项，而且应收款在旅行社流动资金总额中所占比重较大。旅行社的经营活动是组团和接团。正常情况应该是组团社先收费，后接待，但实际情况往往不是如此，许多旅行社是先接待，后收费，这样就出现了中间商大量占用组团社资金的现象。接团社从事接待业务，其收入来源是组团社拨款，其业务程序是先接团后结算，无论是对组团社还是接团社，应收款的数量都是很大的。为此加强旅行社应收款的管理就具有重要的意义。旅行社对债权资产的管理主要采取以下措施。

1. 制定和执行正确的信用政策

旅行社的债权资产状况取决于旅行社制定的信用政策及其执行情况。当信用政策宽松时，债权资产和旅行社的业务量往往增加，一方面导致边际利润的增加和市场占有量的扩大，另一方面也容易造成应收账款回收的管理费用及坏账损失增加。当信用政策紧缩时，一方面可以减少回收应收账款的管理费用及坏账损失的风险，另一方面却不利于边际利润的增加和市场占有量的扩大。因此，旅行社必须根据自身所处的市场条件及客户的资信状况，制定适当的信用政策。

2. 选择适当的结算方式

旅行社的结算方式直接影响旅行社应收款项的回收速度和回收安全。因此，旅行社必须慎重选择结算方式，对此我们将在后面进行详细论述。

3. 做好应收账款的催收工作

应收账款催收工作是旅行社财务管理中的一项重要工作。旅行社应设专职人员负责国内外应收账款的催收工作。为控制应收账款的膨胀，旅行社应定期编制应收账款账龄分析表，列出欠款单位和欠款时间，并将欠款明细清单寄往相关旅行社进行核对确认。对欠款额大、信誉差的单位，旅行社应派人上门催收。为调动财务人员和销售人员催收应收款的积极性，旅行社可以将应收款催收工作效果与岗位责任制联系起来，同时与奖惩制度挂钩。

4. 建立坏账准备金

为弥补坏账损失，旅行社可在年终根据国家有关规定提取坏账准备金，坏账准备金计入旅行社的管理费。发生坏账损失时，旅行社可冲减坏账准备金。当年发生的坏账损失超过上年计提的坏账准备金部分，计入管理费；少于上年计提部分，冲减管理费。旅行社如收回已核销的坏账，则划归坏账准备金。对没有计提坏账准备金的旅行社，发生坏账损失，记入管理费。

二、旅行社固定资产的管理

固定资产是指使用年限在一年以上的房屋、建筑物、机器、机械、运输工具和其他与生产经营有关的设备、器具、工具等。不属于生产经营主要设备但单位价值在 2000 元以上，并且使用年限超过两年的物品，也应当作为固定资产。旅行社固定资产相对其他旅游企业（如旅游交通部门、旅游住宿部门等）而言是较少的，主要是房屋、建筑物和运输工具等。

旅行社对固定资产的管理，主要应从以下几个方面入手。

（一）固定资产折旧的计提

1. 固定资产计提折旧的范围

计提折旧的固定资产包括房屋和建筑物，在用的机器设备、运输车辆，季节性停用、修理停用的设备，融资租入的设备，以经营租赁方式租出的固定资产。

不准计提折旧的固定资产包括房屋、建筑物以外的未使用、不需用的机器设备，以经营租赁方式租入的固定资产，已提足折旧仍继续使用的固定资产和未提足折旧提前报废的固定资产，国家规定不提折旧的其他固定资产（如土地等）。

2. 固定资产计提折旧的方法

旅行社计提折旧的方法一般分为两种，即平均年限法（直线法）和工作量法。

（1）平均年限法

平均年限法又称为直线法，是我国目前最常用的计提折旧方法。旅行社采用平均年限法计提固定资产的折旧时，先以固定资产的原始成本扣除净残值，然后按照固定资产的预计使用年限进行平均分摊，计算每年或每月的折旧额和折旧率。这是一种较为简易的折旧计提方法，通常用于房屋等建筑物和贵重办公设备的折旧计提。平均年限法的计算公式为：

$$年折旧率=\frac{1-预计净残值率}{固定资产的预计使用年限}\times 100\%$$

$$月折旧率=\frac{年折旧率}{12}$$

$$月折旧额=固定资产原始价值\times 月折旧率$$

固定资产净残值率，一般按照固定资产原值的3%～5%确定。对不同的固定资产，旅行社应按其类别规定具体的折旧年限。目前，国家对于不同类别固定资产折旧年限的规定为：营业用房20～40年，非营业用房35～45年，简易房5～10年，建筑物10～25年；大型客车（33座以上）30万公里或5～10年，中型客车（32座以下）30万公里或7～8年，小轿车20万公里或5～7年，行李车30万公里或7～8年，货车50万公里或12年，摩托车15万公里或5年。

（2）工作量法

有些固定资产（如接待旅游者的旅游大客车）在不同的经营期间使用的程度不均衡，发生的磨损程度也相差较大，难以用平均年限法确定其每年的折旧额。对于这类资产，旅行社可以采用工作量法来计提折旧。工作量法是一种以固定资产的具体使用时间或使用量为自变量，且与年限无绝对直接依存关系的折旧方法。这种折旧计提方法适用于汽车等固定资产。工作量法的计算公式为：

$$单位工作量折旧额=\frac{原值\times(1-预计净残值率)}{预计使用年限内可以完成的工作量}$$

（二）固定资产修理费用与盘亏、盘盈和报废的处理

1. 修理费用的提取

旅行社发生的固定资产修理费用，计入当期成本费用。对数额较大、发生不均衡的修理费用，可以分期摊入成本费用，也可以根据修理计划分期从成本中预提。

2. 固定资产盘亏、盘盈及报废的处理

对盘亏及毁损的固定资产应按原价扣除累计折旧、过失人及保险公司赔款后的差额计入营业外支出。对盘盈的固定资产应按其原价减去估计折旧后的差

额计入营业外收入。

对出售或清理报废固定资产变价净收入（变价收入减残料价值和清理费用后的净额）与固定资产净值（原价减累计折旧）的差额，计入营业外收入或营业外支出。

第二节 旅行社的成本费用管理

一、旅行社的成本与费用

（一）旅行社的营业成本

营业成本是指为组织接待旅游者而发生的直接费用，包括已计入营业收入总额的房费、餐费、交通费、文娱费、行李托运费、票务费、门票费、专业活动费、签证费、陪同费、劳务费、宣传费、保险费和机场费等代收费用。

（二）旅行社的费用

旅行社的费用包括营业费用、企业管理费用和财务费用。

营业费用是指旅行社各营业部门为组织经营活动而发生的各项费用，包括运输费、装卸费、包装费、保管费、保险费、燃料费、水电费、展览费、广告宣传费、邮电费、差旅费、洗涤费、清洁卫生费、低值易耗品摊销、物料消耗、经营人员的工资（含奖金、津贴和补贴）、职工福利费、服装费及其他营业费用。

企业管理费是指企业管理部门为组织和管理业务经营所发生的费用，以及由企业统一负担的费用，包括公司经费、工会经费、职工教育经费、劳动保险费、待业保险费、劳动保护费、董事会费、外事费、租赁费、咨询费、审计费、诉讼费、排污费、绿化费、土地使用费、土地损失补偿费、技术转让费、研究开发费、税金、燃料费、水电费、折旧费、修理费、无形资产摊销、低值易耗品摊销、开办费摊销、交际应酬费、坏账损失、存货盘亏和毁损、上级管理费及其他管理费用。

财务费用是指旅行社经营期间发生的利息净支出、汇兑净损失、金融机构手续费、加息及筹资发生的其他费用。

二、旅行社成本费用的管理

（一）旅行社成本费用的核算

旅行社成本费用核算可以根据旅行社的经营规模和范围分别实行单团核算和部门批量核算。

1. 单团核算

单团核算是指旅行社就接待的每一个旅游团（者）为核算对象进行经营盈亏的核算。单团核算有利于考核每个团队的经济效益，有利于各项费用的清算和考核，有利于降低成本。但单团核算的工作量较大，一般适用于业务量较小的旅行社。

2. 部门批量核算

部门批量核算是指旅行社以业务部门在规定期限内接待的旅游团（者）的批量为核算对象进行的核算。

按部门批量核算虽不像单团核算那样详细，但它能从不同的侧面反映出旅行社经营的盈亏状况，为开拓市场、改善经营管理提供依据。这种核算方法适用于业务量较大的旅行社。

（二）旅行社的成本费用分析

成本是影响旅行社经济效益的一个重要因素。在营业量一定的前提下，成本费用越低，经济效益就越高。对成本分析可以按核算的要求实行单团成本分析和部门批量成本分析。

1. 单团成本分析

单团成本分析的前提是实行单团成本核算。为了达到控制成本，提高旅行社经济效益的目的，应采取以下几个步骤：

（1）在综合分析市场状况和旅行社自身经营状况的基础上编制成本计划，制定出一套分等级的计划成本，并以此作为衡量旅行社经济效益的标准；

（2）将单团的实际成本与计划成本进行对比，找出差异。对于差异较大的旅游团要逐项进行分析，找出导致成本上升或下降的原因并加以改进或发扬；

（3）加强信息反馈，把在成本分析中发现的差异及其原因及时反馈到有关领导和部门，以便加强对成本的控制。

2. 部门批量成本分析

接待业务量较大的旅行社应实行部门批量成本分析和核算，将不同部门接待的旅游团作为成本核算的对象，进行成本的归集和分配，核算出各个部门接待一定批量旅游者的成本水平和经济效益。旅行社在进行成本分析和核算时应采取以下几个步骤：

（1）编制各部门接待一定批量旅游者的计划成本及计划成本降低额（率），核算出实际成本及实际降低额；

（2）从部门接待旅游者数量变动、产品结构变动、成本变动三方面进行因素替代分析，找出各因素的影响程度；

（3）将信息反馈给有关部门，采取措施，扭转不利因素影响。

旅行社对费用的分析主要采用比较分析法，即将计划费用指标与实际费用发生额进行对比，找出费用上升的原因，按照变动费用和固定费用与业务量的关系，逐项分析其变动是否合理，如不合理要采取措施加以改进。

（三）旅行社成本费用的控制

成本费用控制是指旅行社在经营过程中，根据事先制定的成本费用目标，并按照一定的原则、采用专门的方法对旅行社日常发生的各项经营活动进行严格管理和监督，把各项成本费用控制在一定范围之内的成本费用管理方法。成本费用控制是旅行社实行成本费用管理的重要步骤之一。旅行社通过对产品设计、产品开发、旅游服务采购、产品销售与促销和旅游接待等方面成本和费用的形成过程进行监督和分析，及时纠正所发生的偏差，把经营成本限制在目标决策的范围内，以保证目标成本的实现。旅行社成本费用控制的内容主要包括以下几个方面。

1. 制定成本费用标准

旅行社在经营过程中需要付出大量的成本费用，以获得预期的经营收入。如果成本费用过高，会使旅行社的经营利润大幅度下降，甚至造成亏损。因此，旅行社管理者必须根据本企业的实际情况和经营目标，并参照其他旅行社的成本费用水平，制定出本旅行社的成本费用标准。这是旅行社成本控制的首要步骤。旅行社制定成本费用标准的方法主要有分解法、定额法和预算法。

（1）分解法

分解法是指将目标成本费用和成本费用降低目标按成本费用项目进行分解，明确各成本费用项目应达到的目标和降低的幅度。在此基础上，把各成本费用项目指标按部门进行归口分解。然后，各部门再把成本费用指标落实到各个岗位或个人，再由各个岗位或个人分别制定各项成本费用支出的目标和措施，对分解指标进行修订。各项修订后的指标要以实现目标成本费用为标准，进行综合平衡，经过综合平衡以后，即可形成各项成本费用开支的标准。

（2）定额法

定额法是指旅行社首先确定各种经营成本或费用的合理定额，并以此为依据制定成本费用标准。凡是能够直接确定定额的成本或费用，都应制定标准成本或费用。不能直接确定定额的成本费用，也要比照本行业平均水平确定成本费用开支标准限额，用以控制盲目的成本费用开支。

（3）预算法

预算法是指旅行社在把经营费用划分为同销售收入成比例增加的变动费用、不成比例增加的半固定成本费用或半变动成本费用以及与销售收入增减无关的固定费用的基础上，按照各部门的业务量分别制定预算，并以此作为费用控制的标准。各部门的业务量不同，其费用预算也不一样。旅行社可据此对业务量不同的各个部门制定弹性费用预算。

2. 日常控制

旅行社应当在日常经营管理中，按照预先制定的成本费用标准，严格控制各项消耗和支出，并根据已发生的误差，及时进行调整，以指导当前的经营活动。旅行社成本费用的日常控制主要包括建立成本控制信息系统、实行责任成本制和进行重点控制三项措施，并通过这些措施对旅行社经营管理的成本费用实行全过程、全面和全员的控制。

（1）建立成本控制信息系统

旅行社应该通过建立成本控制信息系统对经营活动过程中产生的成本费用进行控制。成本控制信息系统主要包括三个部分：成本指标、标准、定额等输入系统，核算、控制、反馈系统，分析预测系统。这三个系统构成一个整体，就会发挥提供、传递与反馈成本费用信息的作用，并成为旅行社成本控制的有效手段。

（2）实行责任成本制

为了加强成本控制，旅行社应实行责任成本制度，即把负有成本责任的部门作为成本责任中心，使其对可控成本负完全责任。通过责任成本制度，可以把经济责任落实到旅行社内部各个部门，推动各部门控制其所负责的成本。

（3）进行重点控制

旅行社管理者应在日常成本费用控制中对占成本比重较大的部门或岗位、成本降低目标较大的部门或岗位和目标成本实现较难的部门或岗位进行重点控制。按照确定的标准，对这些部门或岗位的成本费用进行检查和监督，以降低成本费用，提高经营利润。

3. 检查与考核

旅行社管理者应定期对各部门成本费用控制情况及整个旅行社的成本费用控制情况进行检查和考核。在检查与考核过程中，旅行社管理者应着重做好以下几项工作：

（1）检查成本计划的完成情况，查找和分析产生成本差异的原因；

（2）评价各部门和个人在完成成本计划过程中的成绩和缺点，给予应有的奖励和惩罚；

（3）总结经验，找出缺点，提出办法，为进一步降低经营成本提供资料。

以上成本控制的三项内容，是紧密联系，循环往复的，每经一次循环，成本控制标准都应有所改善，成本控制手段都应更科学化。

第三节　旅行社营业收入与利润管理

一、旅行社营业收入的管理

（一）旅行社营业收入的构成

旅行社的营业收入是指旅行社在一定时期内，由于向旅游者提供服务而获得的全部收入。旅行社的营业收入主要由以下几个部分构成。

1. 综合服务费收入

综合服务费收入是指为旅游团（者）提供综合服务所获得的收入，包括导游费、餐饮费、市内交通费、全程陪同费、组团费和接团手续费。

2. 房费收入

房费收入是指旅行社为旅游者代订饭店的住房后，按照旅游者实际住房等级和过夜天数收取的住宿费用。

3. 城市间交通费收入

城市间交通费收入是指旅游者为其旅游期间在旅游客源地与旅游目的地之间及在旅游目的地的各城市或地区之间乘坐各种交通工具所付出的费用而形成的收入。

4. 专项附加费收入

专项附加费收入主要是指旅行社向旅游者收取的汽车超公里费、风味餐费、游江（湖）费、特殊游览门票费、文娱费、专业活动费、保险费、不可预见费等各项收入。

5. 单项服务收入

单项服务收入主要是指旅行社接待零散旅游者和委托代办事项所取得的服务收入，代理代售国际联运客票和国内客票的手续费收入以及代办签证收费等收入。

（二）旅行社营业收入的管理

在旅行社的营业收入中，代收代支的款项占了很大比重，这是旅行社在业务经营方面区别于其他旅游企业的一个重要特点。旅行社在核算其营业收入时应根据这一特点，加强管理，准确地对其进行确认和时间上的界定。

1. 确认营业收入的原则

按照国家的有关规定，旅行社在确认营业收入时应实行权责发生制。根据权责发生制，旅行社在符合以下两种条件时，可确认其获得了营业收入：

（1）旅行社已经向旅游者提供了合同上所规定的服务；

（2）旅行社已经从旅游者或者组团旅行社处收到价款或取得了收取价款权利的证据。

2. 界定营业收入实现时间的原则

由于旅行社经营的旅游产品不同，其营业收入实现的时间也各异。根据有关规定，对旅行社营业收入实现时间的界定原则为：

（1）入境旅游：旅行社组织境外旅游者到境内旅游，以旅游者离境或离开本地时作为确认其营业收入实现的时间。

（2）国内旅游：旅行社组织国内旅游者在国内旅游，接团旅行社应以旅游者离开本地时、组团旅行社应以旅游者旅行结束返回原出发地时作为确认其营业收入实现的时间。

（3）出境旅游：旅行社组织中国公民到境外旅游，以旅游者旅行结束返回原出发地时作为确认其营业收入实现的时间。

二、旅行社利润的管理

（一）旅行社利润的构成

利润是旅行社在一定时期内经营活动的最终财务成果，是旅行社经营活动的效率和效益的最终体现。它不仅是反映旅行社经营状况的一个基本指标，也是考核、衡量旅行社经营成果与经济效益最重要的标准。旅行社的利润由营业利润、投资净收益和营业外收支净额构成，它是旅行社在一定时期内经营的最终成果。旅行社通过对利润指标的考核和比较，能够综合地反映出企业在这段时期内取得的经济效益。

1. 营业利润

旅行社营业利润是指营业收入扣除营业成本、营业费用、营业税金、管理费用和财务费用后的净额。

2. 投资净收益

旅行社投资净收益是指投资收益扣除投资损失后的数额。投资收益包括对外投资分得的利润、取得的股利、债券利息、投资到期收回或中途转让取得的款项高于投出资产账面净值的差额。投资损失是投资不当而产生的投资亏损额或指投资到期收回或中途转让取得的款项低于投出资产的账面净值的差额。

3. 营业外收支净额

旅行社营业外收支净额是指营业外收入减营业外支出后的差额。营业外收入包括固定资产盘盈和变卖的净收益、罚款净收入、确实无法支付而按规定程序批准后转做营业外收入的应付账款、礼品折价和其他收入等。营业外支出包括固定资产盘亏和毁损、报废的净损失、非常损失、技工学校经费、赔偿费、违约金、罚息和公益性捐赠等。

（二）旅行社利润的分析

利润分析是指旅行社根据期初的利润计划对本期内所实现的利润进行的评价，它主要包括利润总额分析、利润总额构成因素分析和营业利润分析三个方面的内容。

1. 利润总额分析

利润总额分析是指旅行社运用比较分析法将本期的利润总额同上期的利润总额或本期的计划利润指标进行对比，分析其增减变动的情况。计算本期利润比上期的利润增长（减少）的情况，可以使用下面的公式：

本期利润比上期增长（减少）额＝本期利润总额－上期利润总额

$$\text{利润增长（减少）率}=\frac{\text{利润增长（减少）额}}{\text{上一期利润总额}}\times 100\%$$

计算本期计划利润完成情况可以使用下面的公式：

$$\text{完成计划百分比}=\frac{\text{本期实际利润总额}}{\text{本期计划利润总额}}\times 100\%$$

$$\text{超额或未完成计划百分比}=\text{完成计划百分比}-100\%$$

2. 利润总额构成因素分析

旅行社在分析其利润总额增长情况后，还应对利润的构成因素进行分析，以便发现导致本期利润变化的主要因素，并采取相应的措施。如果发现某项因素的增长比例或绝对额与上一期相差较大,则应对其发生的原因进行深入的分析。

3. 营业利润分析

营业利润分析是指旅行社通过将利润计划指标与实际结果对比，运用因素分析法，找出影响营业利润实现的因素，以便采取措施，加强管理，为进一步增加营业利润指明方向。在营业收入一定的情况下，影响营业利润高低的因素是营业成本、营业费用、营业税金、管理费用和财务费用。尽可能降低成本费用，特别是严格控制费用的支出是增加营业利润的有效途径。

（三）旅行社利润的管理

利润管理是旅行社财务管理的一项重要任务，其主要内容是确定目标利润和进行利润分配。

1. 确定目标利润

旅行社应该在每一个营业期之初确定将在这个营业期内获得多少利润，即确定其目标利润，以便采用各种合理而且可能的方法努力实现这个目标。此外，旅行社确定了目标利润后，还能够使其在营业期结束时将实际完成的利润同目标利润进行对比，以加强对利润的管理。旅行社计算目标利润的公式为：

$$目标利润=预计营业收入-目标营业成本-预计营业税金-预计费用$$

旅行社在确定了目标利润之后，可以运用各种方法来测算出为实现目标利润所应完成的销售量及所产生的各种成本和费用。成本—业务量—利润分析法（简称量、本、利法）是进行这种测算的一种有效的方法。量、本、利法将成本分解为固定成本和变动成本，并根据由此获得的信息，预测出旅行社的保本销售量和为完成目标利润而需增加的销售量。量、本、利分析法的计算公式为：

$$保本销售量=\frac{固定成本费用总额}{单位销售价格\times(1-税率)-单位变动成本}$$

$$实现目标利润的销售量=\frac{固定成本费用总额+目标利润}{单位销售价格\times(1-税率)-单位变动成本}$$

$$实现目标利润的销售收入=\frac{固定成本费用总额+目标利润}{1-税率-\dfrac{单位变动成本}{单位销售价格}}$$

对于产品单一，售价和成本稳定的旅行社，使用量、本、利分析法能够做出比较准确的预测。但是，对于多数旅行社来说，其产品、成本和售价因受市场供求关系、同行之间的竞争激烈程度以及其产品的规格、内容和档次等因素的影响，使用量、本、利分析法存在着一定的难度。旅行社可以参考上一期的平均成本和营业收入按照上述的公式进行估算。

2. 进行利润分配

利润分配是旅行社利润管理的另一重要内容。由于旅行社的经营体制不同，利润分配的方式也存在一定的差异。目前，我国旅行社大致可以分为股份制旅行社和非股份制旅行社两类，其利润分配办法各不相同。

根据国家有关规定，股份制旅行社在依法向国家交纳所得税后，应首先提取公益金，然后按照以下顺序分配所剩余的利润：

（1）支付优先股股利。

（2）按公司章程或股东会议决议提取盈余公积金。

（3）支付普通股股利。

非股份制旅行社应在依法向国家交纳所得税后，按照下列程序分配税后利润：

（1）支付被没收的财务损失和各项税收的滞纳金、罚款。

（2）弥补旅行社以前年度的亏损。根据国家有关规定，旅行社发生亏损，可用下一年度的利润弥补；延续 5 年未弥补的亏损，可用所得税后的利润弥补。

（3）提取法定盈余公积金。

（4）提取公益金。

（5）向投资者分配利润。旅行社以前年度未分配的利润可以并入本年度利润一并分配。

根据国家有关规定，旅行社提取的法定盈余公积金应为税后利润的 10%；法定盈余公积金已达旅行社注册资金的 50%后，可不再提取。旅行社提取的盈余公积金用于弥补亏损或按规定转增资本金。旅行社提取的公益金主要用于职工集体福利设施支出。

第四节　旅行社的财务分析

一、旅行社的财务报表

旅行社的财务报表是反映旅行社财务状况和经营成果的书面文件，主要包括资产负债表、损益表和现金流量表及有关附表。我们在此重点介绍与旅行社经营关系最为密切的资产负债表、损益表和现金流量表。

（一）旅行社的资产负债表

资产负债表是反映旅行社在某一特定日期财务状况的报表。它以“资产＝负债＋所有者权益”这一会计基本等式为依据，按照一定的分类标准和次序反映旅行社在某一个时间点上资产、负债和所有者权益的基本状况。

资产负债表包括三大类项目：资产、负债和所有者权益。报表的左方为资产类部分，反映旅行社的资产状况。资产分为流动资产、长期投资、固定资产、无形资产及递延资产和其他长期资产五个类型。报表的右方上半部分是负债类部分，分为流动负债、长期负债和递延税项三个类型；下半部分是所有者权益部分。负债和所有者权益部分反映了旅行社资金的来源情况（见表 7-1）。

表 7-1 资产负债表

会 服 年 01 表

编制单位：×××旅行社 2010 年 12 月 31 日 金额单位： 元

资产	行次	年初数	年末数	负债及所有者权益	行次	年初数	年末数
流动资产：				流动负债：			
货币资产	1			短期借款	29		
短期投资	2			应付账款	30		
应收账款	3			其他应付款	31		
减：坏账准备	4			应付工资	32		
应收账款净额	5			应付福利费	33		
应收补贴款	6			未交税金	34		
其他应收款	7			未付利润	35		
存货	8			其他未交款	36		
待摊费用	9			预提费用	37		
待处理流动资产净损失	10			一年内到期的长期负债	38		
一年内到期的长期债券投资	11			其他流动负债	39		
其他流动资产	12			流动负债合计	40		
流动资产合计	13			长期负债：			
长期投资：				长期借款	41		
长期投资	14			应付债券	42		
固定资产：				长期应付款	43		
固定资产原价	15			其他长期负债	44		
减：累计折旧	16			其中：住房周转金	45		
固定资产净值	17			专项应付款	46		
固定资产清理	18			长期负债合计	47		
在建工程	19			递延税项：			
待处理固定资产净损失	20			递延税项贷项	48		
固定资产合计	21			负债合计	49		
无形资产及递延资产：				所有者权益：			
无形资产	22			实收资本	50		
递延资产							

续表

资产	行次	年初数	年末数	负债及所有者权益	行次	年初数	年末数
无形资产及递延资产合计：	23			资本公积	51		
其他资产：	24			盈余公积	52		
其他长期资产				其中：公益金	53		
其中：存出保证金	25			未分配利润	54		
递延税项：	26			所有者权益合计	55		
递延税款借项							
资产总计	27						
	28			负债及所有者权益总计	56		

制表人：　××省财政厅统一印制

资产负债表揭示了旅行社资产结构、流动性、资金来源、负债水平、负债结构等方面的状况，反映了旅行社的变现能力、偿债能力和资产管理水平，为旅行社的投资者和管理者提供了重要的决策依据。

（二）旅行社的损益表

损益表又称收益表，是反映旅行社在一定期间的经营成果及其分配情况的报表。其基本等式为：

利润（亏损）＝收入－费用（成本）

损益表分为五个主要部分：营业收入、经营利润、营业利润、利润总额和净利润（见表 7-2）。

表 7-2　损益表

会　服　年 02 表

编制单位×××旅行社　2010 年度　金额单位：　元

项目	行次	上年数	本年数
一、汇编企业户数	1		
二、营业收入	2		
减：营业成本	3		
营业费用	4		
营业税金及附加	5		
三、经营利润	6		
加：其他业务利润	7		

续表

项目	行次	上年数	本年数
减：管理费用	8		
财务费用	9		
四、营业利润	10		
加：投资收益	11		
补贴收入	12		
营业外收入	13		
减：营业外支出	14		
加：以前年度损益调整	15		
五、利润总额	16		
减：所得税	17		
六、净利润	18		

制表人： ××省财政厅统一印制

损益表为旅行社的投资者和管理者提供了有关旅行社的获利能力、利润变化原因、企业利润发展趋势等方面的大量信息，是考核旅行社利润计划完成情况和经营水平的重要依据。

（三）旅行社现金流量表

在旅行社经营活动中，现金所起的作用非常重要，旅行社在偿还到期的各种债务，向许多旅游服务供应部门和企业支付其所采购的旅游服务及向其员工支付工资时，都需要使用现金。如果旅行社未能及时获得其经营活动所必需的现金，就会给其经营活动带来严重困难。

除了经营活动以外,旅行社所从事的投资和筹资活动同样影响着现金流量，从而影响其财务状况。如果旅行社进行投资，而没有能取得相应的现金回报，就会对其财务状况（比如流动性、偿债能力）产生不良影响。通过对旅行社现金流量的分析，可以大致判断其经营周转是否顺畅。

在采取权责发生制的条件下，由于旅行社在计提折旧、计算递延税款等方面使用的分配手段具有很大的随意性，其所计算出的现金流量与旅行社实际的现金流量相差较大。所以，自 1998 年起，按照我国财政部的新规定，旅行社不再编制财务状况变动表，而改为编制现金流量表（见表 7-3）。

表 7-3　现金流量表

会　服　　年 03 表

编制单位：×××旅行社　　2010 年度　　金额单位：　元

项目	行次	金额
一、经营活动产生的现金流量：		
销售商品、提供劳务收到的现金	1	
收到的租金	2	
收到的增值税销项税额和退回的增值税款	3	
收到的除增值税以外的其他税费退还	4	
收到的其他与经营活动有关的现金	5	
现金流入小计	6	
购买商品、接受劳务支付的现金	7	
经营租赁所支付的现金	8	
支付给职工以及为职工支付的现金	9	
支付的增值税款	10	
支付的除增值税、所得税以外的其他税费	11	
支付的其他与经营活动有关的现金	12	
现金流出小计	13	
经营活动产生的现金流量净额	14	
二、投资活动产生的现金流量：		
收回投资所收到的现金	15	
分得股利或利润所收到的现金	16	
取得债券利息收入所收到的现金	17	
处置固定资产、无形资产和其他长期资产而收到的现金净额	18	
收到的其他与投资活动有关的现金	19	
现金流入小计	20	
购建固定资产、无形资产和其他长期资产所支付的现金	21	
权益性投资所支付的现金	22	
债权性投资所支付的现金	23	
支付的其他与投资活动有关的现金	24	
现金流出小计	25	
投资活动产生的现金流量净额	26	
三、筹资活动产生的现金流量：		
吸收权益性投资所收到的现金	27	

续表

项目	行次	金额
发行债券所收到的现金	28	
借款所收到的现金	29	
收到的其他与筹资活动有关的现金	30	
现金流入小计	31	
偿还债务所支付的现金	32	
发生筹资费用所支付的现金	33	
分配股利或利润所支付的现金	34	
偿付利息所支付的现金	35	
融资租赁所支付的现金	36	
减少注册资本所支付的现金	37	
支付的其他与筹资活动有关的现金	38	
现金流出小计	39	20219.38
筹资活动产生的现金流量净额	40	-20219.38
四、汇率变动对现金的影响额	41	
五、现金及现金等价物净增加额	42	245483.39
补充资料		
1. 不涉及现金收支的投资和筹资活动：		
以固定资产偿还债务	43	
以投资偿还债务	44	
以固定资产进行投资	45	
以存货偿还债务	46	
2. 将净利润调节为经营活动的现金流量：		
净利润	47	386542.30
加：计提的坏账准备或转销的坏账	48	37231.26
固定资产摊销	49	1277649.00
无形资产摊销	50	60000.00
处置固定资产、无形资产和其他长期资产的损失（减：收益）	51	
固定资产报废损失	52	
财务费用	53	－113214.25
投资损失（减：收益）	54	
递延税项贷项（减：借项）	55	
存货的减少（减：增加）	56	－4835.30

续表

项目	行次	金额
经营性应收项目的减少（减：增加）	57	-996494.27
经营性应付项目的增加（减：减少）	58	-381175.97
增值税增加净额（减：减少）	59	
经营活动产生的现金流量净额	60	265702.77
3. 现金及现金等价物净增加情况：		
现金的期末余额	61	8051961.49
减：现金的期初余额	62	7806478.10
加：现金等价物的期末余额	63	
减：现金等价物的期初余额	64	
现金及现金等价物净增加额	65	245483.39

制表人：　　××省财政厅统一印制

现金流量表向旅行社管理者及其他有关单位和部门提供旅行社在一定会计期间内现金和现金等价物流入和流出的信息，以便使他们了解和评价旅行社获取现金和现金等价物的能力，并据以预测旅行社未来的现金流量。同财务状况变动表相比，现金流量表能够更好地反映旅行社的经营成果和财务状况，并真实地体现旅行社资产的流动性和旅行社对社会经济环境变动的适应能力，使人们能够对旅行社的整体财务状况做出客观评价。

二、旅行社的财务分析

财务分析是在财务报表的基础上对旅行社在一定时期内的财务状况和经营成果进行的一种评价。通过对财务报表的分析，旅行社管理者能够了解旅行社财产的流动性、负债水平、资金周转情况、偿还债务能力、获利能力及其未来发展趋势，从而对旅行社的财务状况和经营风险做出比较合乎实际的评价，避免因方向性决策失误给旅行社带来重大损失。

财务分析以财务报表为主要依据，采取一定方法进行计量分析以反映和评价旅行社的财务状况和经营成果。旅行社常用的财务分析方法有增减分析和比率分析。

（一）增减分析

增减分析是将两个会计期间的财务报表数字加以对比，计算两个期间的增减变动差额并编制成比较对照表，通过对差额的分析对企业的经营状况和经营结果进行评价。比较财务报表通过比较旅行社连续两年财务报表的历史数据，分析其增减变化的幅度及其变化原因，判断旅行社财务状况发展的趋势。目前，我国多数的旅行社在采用增减分析法分析财务报表时，主要的分析对象是资产负债表和损益表。

1. 资产负债表增减分析

旅行社对资产负债表进行增减分析的目的是了解旅行社资产、负债和所有者权益等方面的发展趋势及所存在的问题。在分析前，旅行社财务人员先把连续两期或数期的资产负债表编制成一份工作底表或比较资产负债表，然后对不同时期的资产、负债和所有者权益等的差异进行比较和分析，从中发现存在的问题和变动趋势，从而把握旅行社的经营状况和经营成果，预测旅行社今后的发展趋势。

2. 损益表增减分析

损益表增减分析是指通过对旅行社在不同时期的经营情况进行比较分析，找出经营中存在的问题，分析产生问题的原因，并提出解决问题的措施的一种财务分析方法。比较损益表的编制方法基本上与比较资产负债表相同。

（二）比率分析

比率分析是指在同一财务报表的不同项目之间，或在不同报表的有关项目之间进行对比，以计算出来的比率反映各项目之间的相互关系，据以评价旅行社的财务状况和经营成果的一种方法。旅行社分析和评价本企业财务状况和经营成果的主要财务指标包括：流动比率、速动比率、应收账款周转率、资产负债率、资本金利润率、营业利润率和成本费用利润率。

1. 流动比率

流动比率是反映旅行社短期偿债能力的一项指标，表明旅行社偿还流动负债的保障程度，其计算公式为：

$$流动比率=\frac{流动资产}{流动负债}\times 100\%$$

2. 速动比率

速动比率是速动资产（流动资产－存货资产）和流动负债之间的比率，反映了旅行社在最短时间内偿还流动负债的能力。速动比率的计算公式为：

$$速动比率=\frac{速动资产}{流动负债}\times 100\%=\frac{流动资产-存货资产}{流动负债}\times 100\%$$

3. 应收账款周转率

应收账款周转率是旅行社赊销收入净额与应收账款平均额的比率，反映了应收账款的周转速度。应收账款周转率的计算公式为：

$$应收账款周转率=\frac{赊销收入净额}{应收账款平均余额}$$

其中：赊销收入净额＝营业收入－现金销售收入

$$应收账款平均余额=\frac{期初应收账款余额+期末应收账款余额}{2}$$

旅行社的管理者应该运用应收账款周转率这个工具对企业应收账款的变现速度和管理效率进行了解和分析。应收账款的周转率越高，则旅行社在应收账款上冻结的资金越少，坏账的风险越小，管理效率越高。

4. 资产负债率

资产负债率又称举债经营比率，是旅行社负债总额（短期负债+长期负债）与其资产总额之间的比例关系。资产负债率是反映旅行社偿债能力大小的一个标志，揭示出负债在全部资产中所占的比重及资产对负债的保障程度。其计算公式为：

$$资产负债率=\frac{负债总额}{资产总额}\times 100\%$$

资产负债率的比率越高，旅行社偿还债务的能力就越差；比率越低，偿还债务的能力就越强。

5. 资本金利润率

资本金利润率是指旅行社利润总额与资本金总额的比率，用以衡量投资者投入旅行社资本金的获利能力。其计算公式为：

$$资本金利润率=\frac{利润总额}{资本金总额}\times 100\%$$

资本金利润率说明旅行社每投入 1 元的资本金可以获得多少利润。这个比率越高，说明旅行社的资本金获利水平越高。当资本金利润率高于同期银行贷款利率时，旅行社可适度运用举债经营的策略，适当增加负债比例，优化资金来源结构。如果资本金利润率低于同期银行贷款利率，则说明举债经营的风险大，应适度减少负债以提高资本金利润率，保护投资者的利益。

6. 营业利润率

营业利润率是旅行社利润总额与营业收入净额之间的比率，它是衡量旅行社的盈利水平的重要指标，表明在一定时期内旅行社每 100 元的营业净收入能够产生多少利润。其计算公式为：

$$营业利润率=\frac{利润总额}{营业收入净额}\times100\%$$

其中：

$$营业收入净额=营业收入-营业成本$$

通过对旅行社营业利润率的分析，可以了解旅行社在经营中赚取利润的能力。该比率越高，旅行社通过扩大销售额获得利润的能力越强。

7. 成本费用利润率

成本费用利润率反映的是旅行社在营业过程中为取得利润而消耗的成本和费用情况，它是利润总额与成本费用总额之间的比率。该比率可以用下列公式表示：

$$成本费用利润率=\frac{利润总额}{成本费用总额}\times100\%$$

成本费用是旅行社为了获取利润而付出的代价。成本费用利润率越高，说明旅行社付出的代价越小，获利能力越强。旅行社管理者运用这一比率能够比较客观地评价旅行社的获利能力、对成本费用的控制能力和经营管理水平。

思考题：

1. 旅行社应怎样加强应收账款的管理？
2. 旅行社的营业收入是如何构成的？
3. 旅行社成本和费用包括哪些内容？
4. 通过调研，获得当地一家旅行社的财务报表，并据此分析其经营状况。

第八章　旅行社的质量管理

学习目的

通过本章的学习，掌握旅行社服务质量管理的基本思路与方法，了解如何定义、评估和改进旅行社的服务质量。

主要内容

- 旅行社服务质量的概念
  预期质量与感知质量　服务质量的实现　服务质量差距模型
- 旅行社服务质量的评估
  评估标准　SERVQUAL 方法
- 旅行社服务质量的控制、改进与过程管理
  差距模型的运用　不同服务阶段的管理

第一节　旅行社服务质量的概念

一、旅行社的服务与旅行社的服务质量

旅行社的产品具有综合性强的特点，产品中包含了很多住宿、餐饮、交通等其他服务部门的成分，可以为旅游者提供一站到位的服务，但是其中任何一个部门出现的服务质量问题都会影响到旅行社产品的质量，因此，旅行社与其他提供单一服务的企业相比，产品质量更加不易控制。

由旅行社的员工直接向旅游者提供的服务主要有两项。一项是业务员在营业点接待前来咨询和购买旅游产品的顾客；另一项是导游人员在旅游者的旅游过程中提供的导游接待服务。这两项服务的性质有所不同。前一项服务主要在旅行社企业的所在地进行，由旅游者上门或者通过电话等通讯手段接受服务，旅行社的营业人员始终在旅行社内进行作业。而后一项服务主要在旅游活动地进行，导游人员离开企业所在地独立作业。针对不同类型的服务应该制定不同

的服务规范，以保证服务的质量。

前台接待服务与导游服务相比较，前台服务的质量对计算机、电话等硬件设施的依赖性要强一些，前台的环境布置和宣传品摆放等物质因素也会影响到顾客对服务质量的感知；而导游服务的质量更多地依赖于导游人员自身的表现，对辅助的硬件设施和物质因素要求比较少。例如，布置得明亮整洁的旅行社店堂会给前来咨询的顾客留下美好的第一印象，店堂内陈列的印刷精美的宣传品会使顾客对未来的行程充满信心，运转快速高效的计算机系统会使顾客感到消费的快感，如果旅行社接待人员能够热情而耐心地提供面对面的服务，那么顾客会对这一次所接受的服务的质量感到满意；导游人员的服务有所不同，导游人员孤身在外为旅游者提供服务，可以借助的外部力量很少，只有在行程中对旅游者进行悉心照顾、认真讲解、按照事先签订的协议完成旅游活动，旅游者才有可能对导游的服务质量感到满意。

在我国，国内旅游市场的形成时间不长，旅行社在营业点直接对客开展前台服务还不成熟，而且，我国服务业的从业人员中普遍存在服务意识不强的现象，服务企业的管理水平普遍不高，导致顾客对服务的要求也不高，因此，在旅行社营业点开展的服务大多属于必要的服务，具有较强的功能性，服务的内容和质量有很大的发展潜力。

导游服务发生在旅游的过程当中，是旅行社自身为旅游者提供的主要服务内容。由于导游的工作具有很强的独立性，容易摆脱旅行社的控制，因此导游服务的质量一直是旅游者投诉的重点。要提高旅行社的服务质量，必须加强对导游服务质量的管理。

二、旅行社服务质量的实现

服务基本上是一种无形的主观经验过程，服务的质量与有形产品的质量在内涵上有很大不同：首先，服务的质量要由顾客来认可，顾客的评价是判断服务质量是否得以实现的标准；其次，服务质量比有形产品的质量更难被消费者所评价，顾客对服务质量的认知取决于他们实际感受到的服务水平与预期服务水平的对比；最后，顾客对服务质量进行评价时不仅要考虑服务的结果，而且涉及服务的过程。当然，服务质量得以实现的前提是服务人员按照规范提供服务。

（一）预期质量与感知质量

1. 预期质量与感知质量的定义

预期质量和感知质量之间的比较结果是旅游者对旅行社的服务质量进行评价的依据。旅游者在接受旅行社的服务之前，一般通过广告、亲朋的推荐和过去的旅游经历对旅行社的服务质量有所预期，当在旅游过程中感受到的实际接待质量高于或等于预期的服务质量时，旅游者会对服务感到满意，从而旅行社的服务质量得以实现，如果感受到的服务质量低于预期质量时，旅游者会对服务产生不满，无论旅行社的工作人员是否按照服务规范进行了服务，旅行社的服务质量也没有得到实现。

这里对服务质量的定义采用的是“感知服务质量”，即服务质量是一个主观范畴，取决于顾客对服务质量的预期同实际感受到的服务水平的对比，顾客对服务质量的预期被称为“预期质量”，顾客实际感知的服务水平被称为“感知质量”。

2. 预期质量和感知质量之间的差距

当旅游者对旅行社的服务质量表示不满时，通常是旅游者对旅行社服务的感知质量水平低于预期质量水平，对二者之间的差距进行分析有助于找到质量问题的根源。在服务管理领域，一般用服务质量差距模型（见图 8-1）对服务的预期质量和感知质量进行分析，进而取得对服务质量的认识。

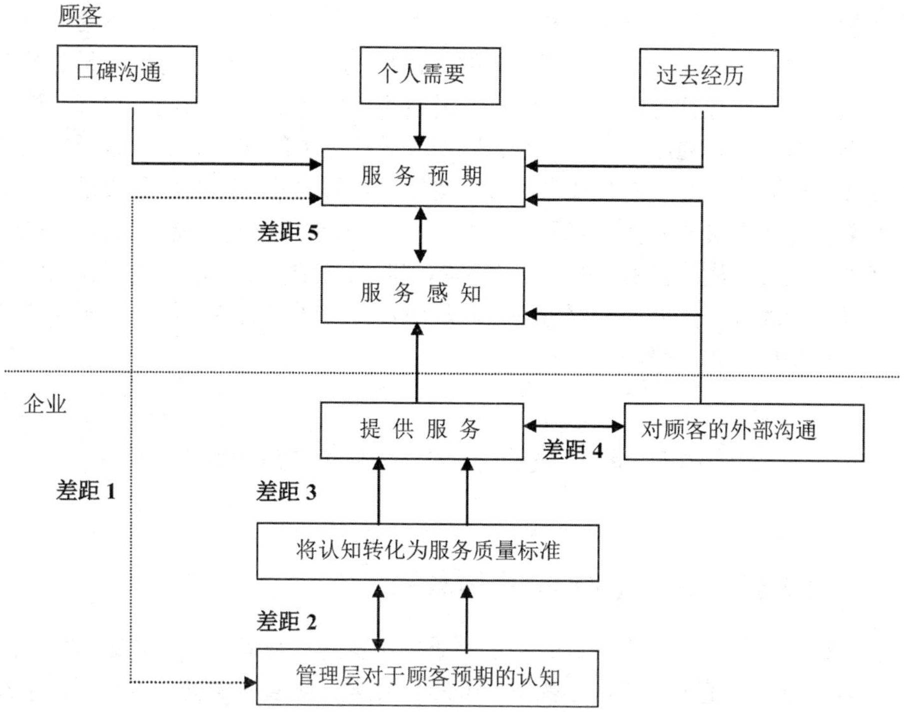

图 8-1　服务质量差距模型

资料来源：V. A. Zeithaml, L. L. Berry, and A. Parasuraman. Communication and Control Processes in the Delivery of Service Quality [J]. Journal of Marketing, 1988, 4 (52): 36.

这个模型可以用来了解服务质量的实现过程。从图 8-1 可知，旅游者对旅行社服务质量的预期主要与旅游者的个人需要、旅行社服务的口碑和旅游者过去的旅游经历有关；而旅游者在接受服务时所感受到的服务质量则主要是旅行社内部一系列决策和活动的结果。当旅行社向旅游者提供旅游产品时，旅行社的决策者可以根据对旅游者服务预期的认识来确定服务的质量标准，然后按照这个标准提供服务，这样就可以使顾客对服务的感知质量与预期的服务质量相吻合，使旅游者对服务感到满意，从而使旅行社的服务质量得以实现。应该注意的是，从认识旅游者的服务质量预期开始到服务结束的每个步骤之间都可能产生误差，从而可能导致最终出现顾客感知质量与预期质量之间的差距，努力消除这些差距，就可以保证服务质量的实现。

（二）过程质量与结果质量

旅游者对旅行社服务质量的感知包括服务的过程质量和结果质量两个方面。对于物质产品而言，生产过程与消费过程完全分开，可以通过控制产品的生产过程和对最终产品进行检验等手段来控制产品的质量，消费者对于物质产品质量的认知完全取决于生产的结果，与生产过程无关。但是，服务的生产与消费同时进行，旅游者参与到了服务的过程当中，服务的过程与结果无法截然分开。在评价旅行社的服务质量时，旅游者不仅要考虑服务的最终结果，如是否获得了希望得到的旅游信息、是否购买到了计划中的旅游产品、是否按照计划完成了旅游行程等，而且要考虑在接受服务过程中感受到的服务质量，如旅行社前台工作人员的服务态度和工作效率、导游人员的服务技能和服务热情等。消费者对服务过程质量的认知可能会影响到对服务结果质量的评价。在旅游者的质量评价体系中，旅行社服务的过程质量比结果质量更重要，决定了旅游者对旅行社整体服务水平的评价。

第二节 旅行社服务质量的评估

一、旅行社服务质量的评价标准

旅行社评价服务质量的目的是了解服务质量的实现情况，了解旅游者对旅行社提供的服务是否满意，寻找质量差距，为服务质量的控制与提高提供事实依据。由于消费者对服务的满意程度是判断服务质量的最终标准，因此应该从消费者的角度出发选择评估服务质量的标准，服务质量的评估主要采用问卷调查的方法。根据营销专家的研究，顾客在评价服务质量时主要从五个标准出发进行考虑，这五个因素分别是服务的有形性、可靠性、反应性、保证性和移情性。旅行社的服务质量评估同样适用这五个标准。

（一）有形性

旅行社服务的有形性是指旅行社产品中的有形部分，包括旅行社和相关部门的硬件设施设备、服务设施的外观、宣传品的摆放和员工的仪容仪表等方面。由于服务的本质是一种行为过程而不是实物的消费，具有无形性的特点，而实现服务所借助的有形因素直接影响到顾客对服务质量的感知，因此旅行社产品中的有形部分成为了顾客判断旅行社服务质量的有形线索。例如，旅游团队使用高级空调旅游车、在设施豪华的高档餐馆用餐会使豪华团的旅游者初步认可服务的质量，同时，设施简单清洁的饭店和卫生状况良好的餐馆同样可以使经济等团队的客人感到满意。

（二）可靠性

旅行社服务的可靠性是指旅行社可靠而准确地履行服务承诺的能力。由于旅行社的产品涉及交通、餐饮、住宿、娱乐等多个相关部门，具有很高的不确定性，因此旅游者在评价旅行社的服务质量时最看重可靠性因素。一旦旅行社的承诺不能兑现，将给旅游者带来很大的麻烦，即使在细小环节上变更计划，也会导致旅游者对整个行程中服务的不满。例如，一个国际入境旅游团队结束了在中国的行程后，拿到的返程机票比计划的起飞时间晚了几个小时，尽管飞机的档次相同，但是这几个小时的延误有可能影响到旅游者回国以后的计划安排，因此不论前面的旅游活动效果怎样，旅游者对旅行社服务质量的评价都要因为这几个小时的延误而大打折扣。

（三）反应性

旅行社服务的反应性是指旅行社随时愿意为旅游者提供快捷有效的服务。旅行社是否能够及时地满足旅游者的各种要求，表明旅行社是否具备了以服务为导向的经营观念，即是否将旅游者的利益放在了第一位。研究表明，在服务传递的过程中，顾客等候服务的时间将影响到顾客的感觉、顾客的印象、企业形象以及顾客的满意程度。让顾客等待，特别是无原因的等待，会对质量感知造成不必要的消极影响。另外，当服务出现失败时，迅速解决问题会给质量感知带来积极的影响。服务传递的效率从一个侧面反映了旅行社的服务质量。

（四）保证性

旅行社服务的保证性是指旅行社服务人员具有友好的态度和胜任工作的能力，具体包括服务人员完成任务的能力、对顾客的礼貌和尊敬、与顾客有效地沟通和将顾客最关心的事放在心上的态度等。保证性因素影响到旅游者对旅行社服务质量的信心和安全感。例如，有些旅行社聘请在校的大学生担任兼职导游，这会使旅游者对导游人员的社会经验和协调能力方面产生怀疑，从而影响到旅游者对服务质量的评价。再比如，当顾客向旅行社的前台接待人员进行意向性咨询的时候，接待人员的态度和对产品的熟悉情况将影响到顾客对未来旅游行程中服务质量的判断。

（五）移情性

旅行社服务的移情性是指旅行社的服务人员设身处地地为旅游者着想和对旅游者给予特别的关注。这要求服务人员具有接近旅游者的能力和敏锐的洞察力，能够有效地理解旅游者的需要。服务是人与人之间互动的过程，旅游者出门在外的陌生感会带来生理上的不适和心理上的恐惧，旅行社的服务人员可以为旅游者顺利完成旅游活动提供帮助。如果服务人员能够站在旅游者的角度考虑问题，那么旅游者将对有“人情味”的服务感到非常满意。旅行社的服务人员与旅游者之间不应该因为存在交易关系而互相对立，旅行社服务人员应该进行换位思考来提高服务的质量。

二、旅行社服务质量的评估方法

旅游者对旅行社的服务是否满意是判断旅行社服务质量的标准。当旅游者对服务的实际感知质量超过了预期的水平时，旅游者将对旅行社的服务感到满意，此时，可以认为旅行社的服务达到了质量要求。旅行社企业可以采用 SERVQUAL 方法来评估服务质量。这种方法主要应用问卷调查工具，表 8-1 是使用 SERVQUAL 方法时的调查问卷举例。

表 8-1　SERVQUAL 方法调查问卷举例

说明：这项调查旨在了解您对旅行社服务的看法，请您对旅行社的服务应该在多大程度上符合下列陈述所描述的特征进行评价。每个陈述后面有 7 个数字可供选择。如果您认为完全符合，请选择数字 7；如果您认为完全不符合，请选择数字 1；如果感觉适中，请选择中间的数字。您的回答没有对错之分，我们最关心的是您对服务的看法。 1　旅行社应该有先进的设备。 2　旅行社的员工应该穿着得体、整洁。 3　旅行社的装璜应该与所提供的服务相匹配。 4　旅行社的员工应该对产品的内容了如指掌。 5　旅行社应该充分支持员工，使他们工作得更好。 6　预期旅行社提供及时的服务是不现实的。（-）* 7　不应该预期旅行社对旅游者给予个别关心。（-） 8　旅行社的员工不总是愿意帮助旅游者。（-） ……

续表

说明：下列陈述与您对×××旅行社的看法有关。请表示您对每个陈述的同意程度。完全同意的选 7，完全不同意的选 1，或者根据同意的程度选择其他的数字。您的回答没有对错之分，我们想了解的是您对×××旅行社的看法。 1 ×××旅行社有先进的设备。 2 ×××旅行社的员工穿着得体、整洁。 3 ×××旅行社的装璜与所提供的服务相匹配。 4 ×××旅行社的员工对产品的内容了如指掌。 5 ×××旅行社充分支持员工，使他们工作得更好。 6 预期×××旅行社提供及时的服务是不现实的。(-) 7 ×××旅行社没有给予旅游者个别的关心。(-) 8 ×××旅行社的员工不总是愿意帮助旅游者。(-) ……

*对这类陈述的评分是反向的，在进行数据分析之前应该转为正向得分。

SERVQUAL 问卷一般分为两个对应的部分，第一个部分测量旅游者对旅行社服务质量的预期水平，第二个部分测量旅游者对旅行社服务质量的实际感知水平。问卷的题目根据服务的有形性、可靠性、反应性、保证性和移情性五个标准进行设计，每个标准具体化为 4～5 个问题。被调查的旅游者对每个问题进行判断，给出相应的分数。显然，对于某个问题，旅游者从预期的角度和实际感受的角度给出的分数往往不同，二者之间的差异就是在此方面旅行社服务质量的分数，即：

SERVQUAL 分数＝实际感受分数－预期分数

推而广之，测量旅行社的整体服务质量实际上就是计算 SERVQUAL 分数的加权平均数，权数表示每个标准在服务质量中的重要性。加权平均数的计算分为三个步骤：第一，计算每份问卷上每个问题的 SERVQUAL 分数；第二，计算每份问卷上所有问题 SERVQUAL 分数的加权平均数；第三，将每份问卷的分数加总后平均，所得的平均数就是旅行社的平均 SERVQUAL 分数。当 SERVQUAL 分数为正值时，可以认为旅游者对旅行社的服务质量感到满意，当 SERVQUAL 分数为负值时，旅行社就要寻找在服务中存在的问题，以提高服务质量。

实际上，用 SERVQUAL 方法得到的 SERVQUAL 分数就是图 8-1 所示的“服务质量差距模型”中的差距 5。其他的 4 个差距可以用类似的方法得到。使用 SERVQUAL 方法可以得到旅行社某方面服务质量的数据，也可以得到旅行社整体服务质量的数据。旅行社应用 SERVQUAL 方法主要是为了通过定期的顾客调查来追踪服务质量的变化趋势，以控制并改进服务质量。

第三节　旅行社服务质量的控制、改进与过程管理

服务质量的控制与改进是旅行社服务质量管理的主要内容。服务质量的控制，是指旅行社为了保证服务质量而综合运用一整套质量管理体系、按照事先制定的服务规范对服务质量进行跟踪了解，根据实际情况调整服务内容，以确保旅游者对旅行社的服务感到满意。服务质量的改进，是指旅行社根据对旅游者的调查来确定服务中存在的不足，并采取措施予以弥补，从而提高旅行社的服务质量。

一、旅行社服务质量的控制

（一）旅行社控制服务质量的过程

服务质量的控制是指旅行社为了保证服务质量而综合运用一整套质量管理体系、按照事先制定的服务规范对服务质量进行跟踪了解，根据实际情况调整服务内容，以确保旅游者对旅行社的服务感到满意。

旅行社服务质量的控制一般包括三个步骤：首先，由旅行社的管理人员制定服务规范；其次，由员工按照规范的要求提供服务；最后，由管理人员按照规范的要求对服务情况进行检查和监督。这个过程在图 8-1 所示的“服务质量差距模型”中有所体现。

值得注意的是，旅行社的产品具有综合性的特点，相关部门的服务质量会影响到旅游者对旅行社服务的总体认识。旅行社在对自身的服务质量进行控制之前，应该在上游服务供应商方面多下功夫，做到严格选择、定期评估、适时调整，并通过签订规范的合作协议要求上游服务供应企业保证服务质量。另外，旅行社的产品设计也会影响到服务的质量。例如，在旅游旺季时推出的经济等大众包价旅游产品，往往会在住宿和交通方面遇到麻烦，因此旅行社产品的合理设计是保证服务质量的前提条件。

（二）旅行社服务质量控制方法举例

目前我国的旅行社市场秩序非常混乱，旅行社的服务质量没有保证是问题的根源所在。有些旅行社只顾眼前利益而置旅游者的利益于不顾，在这种情况下，服务的质量根本无从谈起。然而，更多的旅行社是因为缺乏管理经验，在服务质量控制方面没有形成体系，导致质量控制效果不明显。下面是我国一家

经营比较成功的旅行社在服务质量控制方面的经验总结，具有一定的借鉴价值。

1. 配置专人

该社为了保证服务质量专门设立了全面质量管理部，配置了 10 名工作人员。为了使质管部能够原汁原味地反映顾客对旅行社服务质量的评估，工作人员由从未涉足过旅游工作的外行来担任。

2. 质量信息循环反馈

该社建立了质量信息的循环反馈系统，如图 8-2 所示，使质量问题能够得到及时处理。

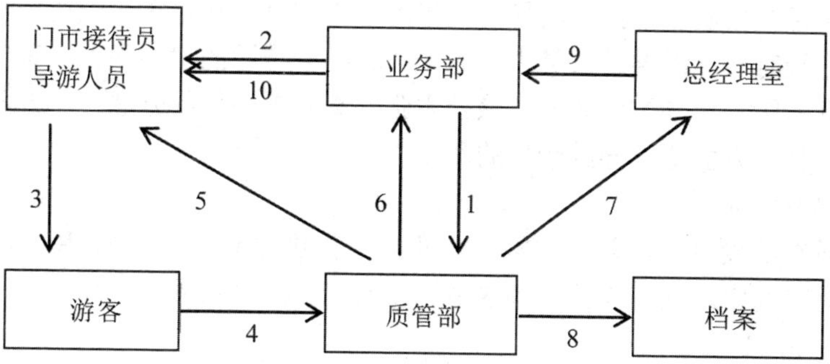

1 提供信息　2 指派任务　3 服务游客　4 质量评估　5 反馈员工
6 质检反馈　7 质检上报　8 质检存档　9 指令　10 任务再指派

图 8-2　某旅行社的质量信息循环反馈系统

3. 每团必访

该社在采取发放“质量反馈书”、召开游客座谈会、进行景点暗访等质量征询方法的同时，坚持在所组团队的客人回来以后和所接团队的客人离开之前与旅游者开展面对面的质量访谈。这种方法虽然工作量大、开支大，但是信息反馈率高，几乎可以达到百分之百，而且通过这种方法可以发现服务过程中存在的小问题，解决了小问题可以避免大问题的发生。

4. 编制质量周报

由质管部将面对面质量访谈的结果按照国内部、入境部、出境部、商务部等部门分类，每周编制“质量周报”，反映每团游客的意见和建议。对游客存在不满、有批评意见的团队，要编成一团一报的专报。

5. 按人建档

质管部在按照团队和接待社建立质量档案的同时，还特别为每位导游人员建立接待质量档案，记录每次的导游服务情况。

6. 每月兑现

根据质管部的质量周报对每个部门的接待质量评分，分数直接与部门的奖金挂钩。

7. 质量报告

质管部针对导游人员和接待社的服务情况定期编制质量报告，内容包括带团总数、总平均分数、优质团数、优质团数所占比例、差团数、差团数所占比例等六项。

8. 凭分定级

导游部根据质管部提供的导游全年的总平均分，在每年年底凭分数给导游定级，定级时要参考导游人员带团的天数。导游带团的津贴根据上年度确定的级别拉开差距。对导游的津贴，该社主张“高薪养廉”的办法，一方面严格要求导游，另一方面给予导游较高的津贴。

9. 投诉必应

对游客的投诉，质管部必须在 24 小时之内进行应答，但是特别复杂的情况也可以另有约定。应答应该做到热情、及时，处理结果报总经理室。

10. 差团处置

对质量周报中提到的旅游者有所不满的团队，采取差团罚款 1000 元的做法，以示警戒。从部门经理、计调操作人员到具体的责任人都必须严格处理，决不搞“下不为例”。

二、旅行社服务质量的改进

根据事先制定的服务规范对服务质量进行控制，可以保证服务质量达到旅行社的预期服务水平，但是旅游者对服务是否满意取决于顾客实际感受到的质量与预期的服务质量之间的比较。当旅行社发现企业的服务水平与顾客的预期之间存在偏差时，应该寻找差距存在的原因，并设法予以改进。

由图 8-1 所示的“服务质量差距模型”可知，差距 5 的存在是旅游者对旅行社的服务表示不满的原因，而差距 5 的形成是前面 4 个差距的结果，只有针对模型中的 5 个差距进行分析，才能找到服务差距存在的真正原因。

差距 1 是顾客对服务的预期与管理者对顾客预期的认知之间的差距，即管理者对顾客的服务预期感觉不准确。产生的主要原因包括：市场调查结果不准确，对旅游者服务预期的解释有偏差，信息在旅行社内部由下向上传递时内容失真，信息在旅行社内部多个管理层之间转移时内容含量减少等。

了解旅游者的服务预期，消除差距 1，是提高服务质量的第一步。为了使管理者的认知与实际情况尽可能地相一致，可以采用以下方法：改进市场调查和调研结果分析方法，增进管理者和员工间的交流，减少管理层次对信息传递的效率的消极影响等。

差距 2 是管理者对顾客预期的认知与根据其制定的服务质量标准之间的差距，即管理者虽然了解了旅游者的预期，但没有建立有效的操作规范来保证员工提供顾客预期的服务。这一差距的产生是由于企业受到资源限制、短期行为、市场不利或管理失当等因素的影响，使得管理者对顾客预期的认识无法充分体现在所制定的具体服务质量标准上。

这个差距在我国旅行社的经营中表现得较为明显。我国的旅行社业处于发展的初始阶段，企业追求短期利益的行为比较普遍，很多旅行社根本没有认真制定服务规范，更不要谈制定规范时要考虑到旅游者的预期。而且我国国内的旅游市场上需求大于供给，受到供给条件的限制，旅行社也没有能力按照旅游者的预期提供服务。从长远发展的角度来看，培养服务意识、追求高质量服务是旅行社获得竞争优势的根本所在，按照旅游者的预期建立服务标准才能使旅游者感到最大程度的满足。

差距 3 是服务质量标准与实际服务表现之间的差距，即旅行社的员工提供的服务不符合质量标准的规定。产生差距的原因可以粗略地分为三类，即管理和监督措施不当、员工对标准认识有误差、缺少生产系统和技术的支持。西方国家的企业一般采用内部营销的方法和人力资源管理方法来消除这一差距，人力资源管理包括招聘、培训、改善工作条件、建立奖励制度等。我国的旅行社目前大多采用惩罚的手段来防止服务问题的发生。

差距 4 是实际服务表现与旅行社对外沟通之间的差距，即旅行社提供的服务与对外的承诺不一致。引起这一差距的原因可分为两类：一是企业外部营销沟通的计划与执行没有和服务生产统一起来；二是在广告等营销沟通的过程中存在承诺过多的倾向。在第一种情况下，解决问题的措施是建立一种使外部营销沟通的计划和执行与服务生产统一起来的制度，争取做到在市场沟通过程中做出的承诺准确、符合实际，并能够做到“言出必行”，避免夸夸其谈产生副作用。在第二种情况下，问题可以通过完善营销沟通的计划加以解决。

差距 5 是预期服务质量与感知服务质量之间的差距，即旅游者对服务的感受与预期不一致。差距 5 的产生是前面四个差距作用的结果。当采取措施消除了前面的四个差距时，差距 5 也就不复存在，从而提高了旅行社的服务质量。

理论上，在旅游者对服务的预期质量和感知质量之间至少存在着三种关系，即感知质量低于预期质量、二者基本相符和感知质量高于预期质量，与之相对应，旅游者对旅行社服务质量也至少有三种评价，即服务质量较差、质量可以接受和服务质量优良。“服务差距模型”只用来分析感知质量低于预期质量的情况，以求改进服务质量。

另外，“标准跟进”或“标杆瞄准”也是服务企业提高服务质量的一种方法。采用这种方法的旅行社将自己的产品、服务和市场营销过程同市场上的竞争对手，尤其是水平最高的竞争对手的标准进行对比，在比较和检验中逐步提高自身的水平。企业采用这种方法改进服务质量的目的是获得竞争优势。其前提是市场发育比较成熟，竞争环境基本公平合理。我国旅行社市场目前的环境还不适合采用标准跟进方法，但是通过提高服务质量来获取竞争优势是旅行社业未来发展的必然要求，标准跟进方法终将有其用武之地。

三、旅行社服务过程各阶段的质量管理

旅行社服务过程的三个阶段是旅游前服务、旅游中服务和旅游后服务。三个阶段中任何一项服务内容都可能对旅游者的感受造成影响。由于旅游者对每一个阶段的服务要求不同，因此，旅行社对三个阶段的服务进行质量管理时应根据各自的服务内容不同而采取相应的办法。

（一）旅游前的服务质量管理

本阶段重点是管理好旅游产品的设计、宣传、销售和接待的质量。对收集信息、经营决策、设计包装、操作实施和接待服务等环节实施质量控制，以保证旅游产品的质量，禁止无吸引力和名不副实的产品设计和销售。同时，旅行社通过积极的宣传和招徕，服务人员主动热情地接待和详细耐心的介绍，才能使游客产生购买行为。

（二）旅游中的服务质量管理

本阶段重点是管理好服务质量和环境质量。就服务质量而言，必须对导游的服务态度、服务方式、服务项目、服务语言、服务仪表、服务时间和职业道德等方面实施标准化、程序化和规范化管理，使游客通过导游的服务而对旅行社产生信任和好感。在这个阶段也包括旅行社的各后勤部门的协调、配合和提供方便等工作质量。环境质量管理，主要是对旅行社的各外协单位，如饭店、餐厅和车队等服务质量实施管理监督。

（三）旅游后的服务质量管理

该阶段是对前两个阶段服务的延续和补充，重点是做好旅游产品的质量检查和评定。要求质量管理人员定期回访、听取游客的反映、感受和意见，总结经验。

思考题：

1. 旅行社服务质量管理的概念？
2. 旅行社服务质量的评估方法？
3. 旅行社如何进行导游服务质量的控制？
4. 旅行社如何改进服务质量？

第九章　旅行社的危机管理与品牌管理

学习目的

通过本章的学习，了解旅行社危机管理思路与方法，并能够掌握旅行社品牌管理的相关内容。

主要内容

- 旅行社的危机管理
  旅行社危机的类别与表现形式　危机管理的处理原则
  旅行社危机处理对策
- 旅行社的品牌管理
  旅行社品牌管理的对象　旅行社品牌的创建与传播
  旅行社品牌的模式化

第一节　旅行社的危机管理

一、旅行社的危机及其表现形式

（一）旅行社的危机

企业危机可分为两大类：一是企业外部环境变化引起的危机；二是企业问题的自行爆发或被暴露所引起的危机。第一类危机属于市场和经营方面的危机，这些危机都是有规律可寻、可预测、可控制的，企业有多种可供选择的成熟应对方案，一般采取正面的、公开的、市场化的应对方式。第二类危机，即企业自身问题引起的危机，如产品质量问题、不规范操作问题、人事问题、资金问题、信用问题、甚至违规违法等，近几年来正成为危及企业生存的主要因素。

旅行社的危机并不是指旅行社的消亡，而是指弱势旅行社被强势旅行社所取代、所兼并，或者挤出市场。市场份额萎缩、旅游客源流失、流动资金链断裂以及核心员工突然离去等是旅行社危机最为明显的几大征兆。

（二）旅行社危机的表现形式

1. 产品与价格危机

由于我国旅行社普遍规模较小，对产品的开发、营销与推广下功夫较少，投资不力，往往出现“一家开发、大家搭车”的现象，产品质量标准化程度较低，产品重复利用，压价竞争现象严重，造成产品质量参差不齐，甚至产品质量低劣，在旅游市场上就出现了严重的旅游产品与价格危机现象。

2. 信誉危机

旅行社信誉是在长期的服务过程中，其产品和服务给社会公众及顾客带来的整体印象和评价。由于产品质量、性能、售后服务、商务合同等方面的原因，给旅行社整体形象带来损害，使旅行社信誉降低，都会给旅行社造成信誉危机。如近年来出现在旅游市场上的旅游投诉事件，涉及“黑社”，超范围经营，非法、变相转让旅行社经营许可证，零团费和负团费，虚假旅游业务广告，“黑车”“野导”，私拿、私要回扣等现象，殃及到了所有的旅行社，就连一些老牌、名牌旅行社也不断卷入其中。

3. 人才危机

旅行社的人才危机是指由于某种原因，掌握旅行社核心客源、商业秘密的人员以及销售、营销方面的骨干突然流失，给旅行社的经营活动带来的困难。

4. 财务危机

旅行社的财务危机即由于旅行社合作伙伴的变化、重要客户的流失、三角债的出现、呆账坏账的增加、投资决策的失误，或是利率、汇率的调整，旅行社投入增加，收益减少，使旅行社财务出现了前所未有的亏空、入不敷出。

5. 突发事件危机

突发事件危机的表现有：

（1）不可抗拒的自然灾害，如地震、水灾、火灾等；

（2）人为造成的事故，如人身伤害、行程变更、刑事案件、疾病及财产损失、交通事故等。

对旅行社来说，以上这些情形都表现为突发性、紧迫性、威胁性的特点，不及时处理或处理方法不当，或在危机面前惊慌失措都是不允许的。对旅行社经营者来说，这无疑是对整个旅行社的应变能力、经营者的决策能力及全体员工的综合素质的最严峻考验。

二、危机管理的定义与处理原则

（一）危机管理的定义

所谓危机管理，按照危机管理大师史蒂文·芬克的解释，是指组织对所有危机发生因素的预测、分析、化解、防范等而采取的行动，包括组织面临的政治的、经济的、法律的、技术的、自然的、人为的、管理的、文化的、环境的和不可确定的所有相关因素的管理，其中主要包括危机前预防（Prevention）、危机前准备（Preparation）、危机爆发期反应（Response）和危机结束期恢复（Recovery）等四个阶段，又称“PPRR”模式。

（二）处理危机的原则

危机对于以诚信自律的企业而言并不可怕。只要处置得当，危机也可以转变为契机。处理危机时可以考虑以下原则。

1.“24 小时”原则

兵贵胜，不贵久。在网络时代，24 小时足以使“丑闻”扩散到各个角落。因此企业应在获悉危机发生后的尽量短的时间内启动危机管理机制，并做好准备工作。

2.“核心立场”原则

“核心立场”原则即危机一旦爆发，企业应在最短的时间内针对事件的起因、可能趋向及影响（显性和隐性）做出评估，并参照企业一贯秉承的价值观，明确自己的“核心立场”。在整个危机事件的处理过程中，均不可偏离初期确定的这一立场。“核心立场”法则强调企业对危机事件的基本观点、态度不动摇。

3.“绝对领导”原则

缺失权威必然引发混乱，企业领导者应在危机乍现之时便赋予危机事件管理者充分的权力，对危机实行“集权管理”。凡涉及危机事件管理的一切工作，危机事件管理者都拥有决策的权力。甚至有的时候，连企业最高领导者也应接受危机事件管理者的建议，为舒缓危机贡献心力。“绝对领导”原则强调的是“事急集权”。

4.“单一口径”原则

疏解危机需要“疏堵”结合。“疏”对外，“堵”对内。对于同一危机事件，企业内部竟传出不一样的声音，这是危机管理的大忌，不仅会令原本简单的事态趋于复杂，更会暴露出企业内部的矛盾，甚至可能由此引发新的危机。所以对内，必须戒绝那种未经授权便擅自发声的情况，对外则根据事前的部署，由危机事件管理者指定的发言人发布信息。同时，“单一口径”原则不仅包括了企业对外的言论发布，也涵盖了企业对内的解释说明。

5.“360 度”原则

“360 度”原则即企业围绕危机事件所做的一切管理决策，都应以企业、受众、危机波及者为决策之基准点，进行全方位的考虑和筹划，平衡企业利益（包括投资人、员工和企业自身的利益）、客户利益、合作伙伴利益乃至舆论界（传播者与受众）利益。“360度”原则要求企业决策者、危机管理者具有战略能力、大局意识，以及企业作为社会公民的责任感。

6.“最高利益”原则

“最高利益”原则是指企业在管理危机事件时的倾向性。协调各方利益并不意味着无原则的平衡，有所侧重本就是合理的。最高利益是无论如何也不容侵犯、不计得失也必须捍卫的企业关键价值。

7.“信息对称”原则

“信息对称”原则即在危机处理过程中，应努力避免信息不对称的情况。理想状态是，在对内、对外两个层面上，保持信息管道的双向畅通。从操作的层面看，信息对称原则的操作要诀有四：其一，谨记“有信息比没信息好、充分的信息比片面的信息好”；其二，无论如何也不可让内外受众在失控状态下胡乱猜测；其三，保证对内、对外发布的所有信息都经过精心准备、严格审核，不该信口开河、即兴发挥；其四，不仅是对外，对内也应保持信息对称。

8.“留白”原则

“留白”原则即在危机处理中，不能盲目封闭自己的转圜空间，不能轻易放弃自己的回旋余地。“留白”原则要求企业在危机处理资源准备和危机影响控制两大层面留出一定的空间。一方面，企业不应仅按照危机影响评估的最低限进行资源（如团队、物力支持、方案等）准备；另一方面，企业也不可从自己所能承受的最高限来尝试控制危机的影响（像信息管制、赔偿方案、客户关系等）。

9.“媒体友好”原则

危机处理的核心内容，是信息传播管理。媒体是危机传播的主要渠道，向公众传播危机信息也是传媒的责任和义务。危机发生时，“3T”原则（Tell The True）是危机处理的根本原则。所以企业应在平时与媒体，尤其是相关主流媒体建立战略性的合作关系，监控好舆论导向，并及时公布信息，有效引导舆论方向。当危机降临时，不仅使危机的负面影响降至最低，还可扭转乾坤，借势扩大企业的美誉度。

三、旅行社危机管理对策

危机管理不能头痛医头，脚痛医脚，也不能眉毛胡子一把抓，而应该分阶段、有步骤地进行。危机的发展可以分为潜伏生成期、显现与爆发期、持续演进期、消解减缓期和解除消失期五个阶段。结合这五个阶段开展危机管理分为六项内容。

（一）危机的预防

最高明的危机管理，不在于危机形成和爆发以后的干预，而在于排除可能导致危机的种种可能性，也就是危机的预防。要预防危机，首先要将所有可能的突发危机事件一一列举出来，考虑其可能发生的后果，并且估计预防所需的花费。这样做可能很费事，但却很必要。因为组织内的任何一个人、一个环节的失误或疏忽都可能将整个组织拖入危机。

其次，谨慎和保密对于防范某些组织危机至关重要，比如由于在敏感的谈判中泄密而引起的危机。要想保守秘密，就必须尽量使接触到它的人减到最少，在谈判过程中尽可能多地加入一些不确定因素（专家们称之为“噪音”），这会使窃密者真假难辨。即使做了这些，也应当有所防备，因为任何秘密都可能会泄露。

（二）为危机管理做准备

危机和纳税一样是管理工作中不可避免的，所以必须为危机做好多方面的准备，比如行动计划、通讯计划、建立重要关系等。应急方案要按最坏的情况设计，不能留下盲点。

（三）危机的确认

这个部分的任务是确认预想的危机是否是真的危机。有时候，管理者为他们假想的危机忙碌很长时间后才发现，真正的危机在别的地方，而不是他们正在忙碌的。这个部分的危机管理通常是最富有挑战性的。在寻找危机发生的信息时，管理人员最好听听公司中各种人的看法，并与自己的看法相互印证。

（四）危机的控制

危机爆发时的破坏力最大，因此本阶段的危机管理也最重要。第一步要做的就是遏制危机。这要求危机处理部门在最短的时间内掌握并控制危机形势，将损失降至最低。在这个时候让一群人专职从事危机的控制工作，让其他人继续正常地工作，是一种非常明智的做法。第二步要做的是防止危机的蔓延，把危机限定在一定的范围之内。一种途径是通过迅速有效的反应防止危机扩大；另一种途径是加强媒体管理，在防止谣言流传的同时，把准确和权威的信息传递给危机的冲击者。事实上人们感兴趣的往往并不是事情本身，而是管理层对事情的态度如何。在这一阶段，要注意对外发言的统一性，最好只指定一人作为对外的发言人，所有面向公众的发言都由他主讲。

（五）危机的解决

危机降临时，要在第一时间查出原因，找准危机的根源，并尽快将真相公之于众。要立即调查情况、制定计划以控制事态的发展，启动危机处理小组对危机的状况做一个全面的分析：危机产生的原因是什么，内因还是外因？危机发展的状况及趋势如何？受影响的公众有哪些，他们可能希望通过什么方式予以解决？这些问题必须弄清楚，因为这将是企业采取补救措施的直接依据。

一旦找出危机产生的原因，就必须立刻制定相应的对策。如果是内因就要及时处置相应的责任人，给舆论和受害者一个合理的交代；如果是外因要及时调整企业战略目标，重新考虑企业发展方向。在危机发生后要时刻同新闻媒体保持密切的联系，尽可能地把完整情况告诉新闻媒体，由其广而告之。只有公布真相，才有可能避免公众的各种无端猜疑和流言的产生。当企业与公众的看法不一致，难以调解时，必须靠权威发表意见。在很多情况下，权威意见往往对企业危机的处理能够起到决定性的作用。因此，企业在处理危机时，一方面要做到谦虚自责，勇于承担责任，始终把社会公众的利益放在首位；另一方面也要做到坚持原则。只有这样才能使企业既能控制事态发展，转危为安，又能由此迈上一个新台阶。

（六）从危机中追求新的利益

危机管理的最后一个部分其实就是总结经验教训。如果一个组织在危机管理的前五个部分处理得十分妥当的话，第六个部分就可以提供一个至少能弥补部分损失和纠正混乱的机会。其实，有时候公众可能对商业企业和政府的预期并不高，以至于公司和政府在做一件本应当做的事时却会受到热情洋溢的称赞。

总之，当旅行社面对危机时，应该以社会公众和消费者利益为重，迅速做出适当反应，及时采取补救措施，并主动地、有意识地以该事件为契机，变坏事为好事，因势利导，借题发挥。这样不但可以恢复旅行社的信誉，而且可以扩大企业的知名度和美誉度。一个优秀的组织和个人越是在危机的时刻，越能显示出它的综合实力和整体素质。一个成熟的、健康的组织或个人与其他组织或个人的区别就在于此。

四、旅行社战略性危机管理

（一）战略性危机管理定义

危机管理首先是战略层面的范畴，其次才是策略层面的内容。旅行社战略性危机管理（Strategic Crisis Management，简称 SCM）指的是在旅行社企业战略的制度性安排上，把危机管理列为旅行社企业战略的实施环节，从战略的高度将危机管理的制度、流程、组织和资源列入旅行社战略管理的体系当中。

（二）战略性危机管理体系

战略性危机管理体系分为两大层面。第一个层面是战略性层面，就是通常所说的公司层战略。这个层面是在旅行社企业整体战略的指导下，界定危机出现的可能性及其范围，最终确定危机防范的措施、流程和组织形态。一般内容包括：市场环境发生异常变动对旅行社战略产生的危机，主要竞争对手突然发生对旅行社有重要影响危机，政府政策发生变动产生的危机等。

第二个层面是策略性层面，也就是战略管理中的职能层面，危机管理包括了技术危机管理、品牌危机管理、人力资源危机管理、质量危机管理等，由于职能层面危机管理内容大多数通过外部传播途径影响到旅行社企业的运作，综合表现在企业战略和企业形象系统，所以会造成危机关系就是公关危机的误解。

从这两大层面分析，旅行社危机管理的根本在于企业战略管理的深层内涵，公关危机只不过是这个深层原因的表现形式而已，也就是战略性危机管理的真谛是战略层面的危机管理，而不是策略性的危机管理。

（三）战略性危机管理流程

一般战略管理包括四大环节：战略分析、战略制定、战略实施和战略监控。在这四大战略管理过程中都渗透着危机管理的内容，如在战略分析中，有没有将可能对企业战略产生重大影响的相关环节和群体都考虑其中，是决策战略实施能否有危机管理能力的前提。战略制定就将具体制定战略的过程，危机管理在此环节中有无考虑在内，是战略危机管理的根本。在战略实施中，是否将危机管理的各种有效措施作为战略实施的基础工作，及时根据市场调整及改善企业战略，是危机管理体系的核心内容。战略监控环节，就是危机管理的最直接体现环节，也是经常会提到的媒体监控体系。

（四）战略性危机管理支撑系统

战略性危机管理的运行需要其他系统的支撑，一般包括组织系统、文化系统、信息系统和运行系统。

1. 战略性危机管理组织系统

战略性危机管理组织系统是在旅行社组织架构中明确设立的常设和非常设相结合的组织系统。

（1）危机管理委员会

这是最高层次的非常设机构，一般由企业的最高领导担任委员长，企业相关领导是该委员会的成员。它明确规定了旅行社危机管理中不同岗位的权利与责任，一般最高领导是结果的第一责任人，也是最大的权利者，这能确保一旦危机出现时，组织的整体运行可以达到高效统一，不会因为临时的忙乱而使指挥混乱。

（2）执行危机管理办公室

执行危机管理办公室由旅行社各主要部门领导组成，机构是常设机构，但成员常设一个组长（可兼任），其他成员为非常设岗位。执行危机管理办公室下属需成立几大功能系统，包括竞争情报系统、公关媒体管理系统、品牌管理系统、战略管理系统、客户管理系统等。从几大功能系统可以看出，一旦危机产生时，它涉及的层面很广，不仅仅包括了通常所提到的公关媒体系统，同时也涉及客户管理系统。竞争情报系统是一个基础的体系，它是决定危机管理能否在最短时间内反应并做出行动的基础。公关媒体管理系统是危机管理的行动机制，如果没有良好的公关媒体资源及调动资源的能力，就算能及时反应出危机也没有足够能力和资源去应对危机，所以它是危机管理核心能力所在。品牌管理系统是一家公司在危机管理中的综合系统，它包括了平常各种利益相关者对品牌的认同程度、品牌运行能力的判断、品牌号召力的能量反映和品牌管理体系的科学化。战略管理系统则是危机管理的枢纽，它决定了危机管理的指导思想，可运用资源的能力和公关的立场。安全防范系统是解决突发事件可能给公司和员工造成生命危险的体系，它包括了日常一切可能发生以及不可控因素造成的危机，如地震、火灾、恐怖行为、洪水等事项，这个系统需要企业在日常工作中投入一定的人力和物力，做到危机管理日日讲、天天做。

2. 战略性危机管理文化系统

危机发生后，能否控制危机并转危为安，本质在于旅行社的内部文化是否有这种危机管理文化。危机管理文化包括了几个部分。

（1）凝聚人心的企业文化

同样的危机，有的公司是同仇敌忾，而有的公司却是树倒猢狲散，这就是企业文化在危机管理中的体现，如果在企业文化中没有凝聚人心的文化导向，一旦发生危机时，并不是危机使企业倒下，而是自己让自己倒下了。

（2）危机管理理念

除了有凝聚人心的企业文化外，战略性危机管理的最大特点就是它的危机管理理念，德鲁克说过，最大的风险就是根本不冒风险。因此战略性危机理论强调的是在公司战略制定时就很明确一件事情，“不确定性就是我们唯一可以确定的东西”。这也就是通常说的危机意识，战略性危机管理要求公司在企业文化中有深层面的危机感，使危机意识在所有员工内心中形成一种潜意识，这是战略性危机管理的根本要求。让危机成为计划中的一部分。

（3）危机的商业伦理

就是说在危机发生后，企业应该具有什么样的一种社会责任感，它更多关注的是在危机中企业对于公众所产生的各种影响以及为此所带来的结果承担什么样的义务与责任，这方面是危机理念核心内容。众所周知，通常企业危机发生后，公众对危机本身的关注程度往往低于企业对事件本身的态度，就是说企业在危机事件中态度是决定一切的。

（4）危机主动性理念

危机管理中经常会出现的情况就是在危机出现后采取逃避的态度，希望通过躲避来减轻事件的危害性甚至解决危机，这种想法往往事与愿违，公众没有得到明确答复时，会加剧对危机的误解，而产生更大的危机。

（5）危机转化理念

危机的反面是机遇，无数案例告诉我们，危机管理的理想状况是迅速将危机抑止住并转化成机遇。这方面要求企业除了有防范危机的能力外，还需要有强大的危机转化能力，这种能力要求企业在平时工作要做好基本工，例如，树立危机意识、培养危机管理人才、建立强大的媒体公关能力、危机管理制度化等。

3. 战略性危机管理信息系统

市场是变化的，但也是有规律的，一切在变化之前肯定有前兆，战略性危机信息系统就是要求旅行社在历史数据及市场客观判断的基础上，对未来市场做出预测和分析。具体就是要通过各种信息收集，分析，总结，得出相关的企业运行体系的情况分析报表，理想的状态应该是每周责任部门都有相关的战略分析报告上交给公司高层管理人员，以使他们可以做到及时掌握最新情况和运作情况。

因此，信息系统可以使企业战略根据环境的变化进行适当的调整，避免因重大环境因素发生改变对旅行社造成的影响。旅行社必须在进行战略规划并制定战略实施计划后，进行战略监控，建立战略预警机制，对可能发生的问题提出预警，使得管理层能在情况变得无可挽回之前采取措施加以改进。

信息系统在危机管理中的主要作用之一就是反应机制，在出现危机时，旅行社的反应速度是最终决定危机解决效果的最重要的因素，往往危机管理失败的因素主要就是企业没有灵活有效的危机反应速度而导致失去控制危机的最佳时机。

4. 战略性危机管理运行系统

危机管理的运行是基于企业管理的全部流程的，它与企业战略管理流程密不可分，可以说危机意识无时无刻都体现在企业管理的每一环节。这个运行体系主要是通过会议流程来实现体系及流程的管理，一般分为四种会议体系，每一体系的重点和内容都不一样。

（1）周会

重点在各部门一起进行信息交流与沟通，侧重信息的交流及主要问题的反映，提高信息敏感程度，把可能发生的危机扼杀在摇篮之中。

（2）月会

月度分析会主要结合各部门考核指标情况进行分析，重点分析指标体系存在差异或者不合理的原因，是否因为某些异常情况而导致的指标差异，如果是，则提交危机管理委员会审核，决定是否列入危机管理范围。

（3）季会

季度分析会的重要性是进行战略调整的主要渠道和时间安排，一般重要的战略调整不会出现在月度会议上，主要的调整还是集中在季度分析会上。市场情况的变化，客户情况的差异，生产状况的调整，这些都会影响到战略指标的修正及战略措施的调整，季度战略分析会就是要在体系上保证战略的弹性，通常战略调整都会预测危机是否成为影响公司发展的重要体现。

（4）年度会议

年度分析会分为半年度和年度分析会。半年度分析会是企业战略运行情况的阶段性总结，它是战略是否可行及有效性的阶段性检验。年度战略分析会是战略性危机运行体系中主要组成部分，通常在年度分析会之前，本年度的市场分析和生产分析已经完毕，下一年度的信息分析及战略规划工作已经开始。

第二节　旅行社产品品牌的经营与管理

一、旅行社品牌管理的对象

品牌用来识别一家企业及其产品的名称、词语、图案、标记等个性特征。品牌对企业和消费者都具有重要的意义。对于企业来说，品牌有助于本企业的产品与其他企业产品相区别，有利于产品销售，培育自己的消费群，培养消费者对企业品牌的忠诚。对于消费者来说，品牌最大的意义是对质量的保证。

（一）旅行社的企业品牌

旅行社的企业品牌，是旅行社在公众心目中建立的一种名称、标记或者视觉图案等，使旅行社在市场上区分于其他竞争对手，从而让旅游者更倾向于选择本旅行社的产品。一般公众在谈到旅行社企业品牌时，考虑的是企业的整体形象。旅行社企业品牌是超越于产品与服务之上的一个整体概念。

旅行社企业品牌的外形要素通常由名称、标志和商标组成，而品牌的内涵要素则是旅行社经营理念、经营方针、经营方式、服务理念、服务特色、服务质量等方面的有机组合。旅行社的品牌经营，是指通过品牌设计、品牌推广、品牌保护及品牌资产评估等活动来提高客人的满意度、忠诚度和旅行社的知名度、美誉度。

（二）旅行社的产品品牌

一般认为，有形的产品可致力于打造产品品牌，而无形的产品则主要依赖企业品牌。因此，旅行社的品牌建设以打造企业品牌为主。然而，当旅行社企业达到一定规模以后，细分市场区别明显，旅游产品特色各异，单一的企业品牌很难独立承担众多产品在不同细分市场上的竞争任务。因此，规模较大的旅行社往往在建设企业品牌的同时，也在产品品牌方面投入较多努力。

二、旅行社品牌的重要性

（一）企业品牌是旅行社扩张的重要工具

旅行社通过确立良好的品牌形象，可以积蓄品牌资本，赢得较好的经济效益。旅行社的管理模式、经营理念和服务标准等内容都由品牌涵盖，品牌是旅行社整个无形资产的代表。从这个意义上来说，品牌是旅行社取得快速扩张的核心因素。

（二）旅行社品牌化促使旅行社产品差异化

目前，我国旅行社行业利润低、市场混乱的原因之一是产品的同质化。产品无差异的结果导致了价格竞争，而价格竞争的结果使旅行社成为一个微利行业。品牌产品能提高旅行社产品的差异化程度。旅行社一旦拥有了强势品牌，旅游者对产品的认知度就大大提高了，旅行社因而获得了独特的销售点，赢得市场竞争优势的机会就会大增。

（三）旅行社品牌化可以提高旅行社产品的附加值

旅游者购买某一成功的旅行社品牌的产品，不仅能取得产品带来的实质利益，更重要的是能获得一种心理利益，即购买著名品牌带来的心理和情感上的满足。

三、旅行社品牌的创建

旅行社品牌建设的基础是好的产品和好的服务。品牌塑造是给产品和服务加上某种附加值并尽力使旅游者意识到这种附加值，从而让旅行社及其产品在旅游者眼中有不可替代的地位。

（一）建立品牌管理组织

旅行社内部的品牌管理组织由主管、品牌委员会、品牌项目经理、品牌经理组成。还可以利用外部品牌管理专业机构介入的方式，请他们担任品牌管理与部分执行工作的代理人。

（二）计划与预算

计划和预算的制定应该从旅行社自身的实际情况出发，要包括品牌战略方针、目标、进度、对参与管理和执行者的激励与控制办法、预算等。

（三）市场调研与品牌定位

通过市场调研，找到一个合适的细分顾客群，找到顾客群心目中共有的关键购买诱因。明确自己的主攻方向。还要了解清楚，目前有没有针对这一诱因的其他强势品牌。

准确的定位是品牌经营成功的前提。任何产品的市场都有不同需要的顾客群。没有哪一个旅行社可以生产出满足所有旅游者需要的产品。因此，旅行社在塑造品牌之前要为自己找到一个最佳位置。

进行品牌定位首先要确定目标市场。随着时代发展，人们的旅游活动也出现个性化、多样化的特点，不同的人群有不同的消费习惯。确定目标市场就能给品牌预设一个典型顾客群，通过调查分析了解他们的需要、欲求以及经济水平、行为习惯、思维模式等信息。在这些信息基础上进行的定位才能让品牌所宣扬的利益与旅游者的利益契合起来，从而在旅游者心目中占据一个有利的位置。

其次，旅行社要根据自身状况确定自己的优势。任何有志于品牌建设的旅行社实际上都已具有了相当的实力，但同时也肯定有自己的劣势。旅行社需要扬长避短，避免跟风行为，否则品牌不能起到区别产品的作用。

（四）品牌设计

一个完整、丰满的品牌设计包括四项内容，即品牌视听识别体系、品牌个性定义、品牌核心概念定义和品牌延伸概念定义。

品牌一词即意味着拥有差异性，拥有不同的风格和特点。品牌的个性就是要让消费者在提到品牌时，能将它联系到它所代表的与众不同的事物或观念。

个性化的品牌需要个性化的名称。旅行社企业品牌一般来自企业名称。产品品牌却不适宜直接以产品类型或线路命名，如“老年游”“东北游”等。因为这些名称是通用名称，旅行社不能以此申请专利，也就不能起到区分其他旅行社产品的作用。一般应当用概念化词汇作为产品品牌名称，名称应当独特、易记、恰当。

接下来要赋予品牌特定的内涵。这里不仅指确定品牌要统摄哪些产品，更要确定品牌应该传递出一些什么样的信息。一般来说，品牌应该包含两方面的信息。一方面是产品的功能性利益，即产品的物质部分；另一方面要通过品牌的象征意义指向消费者的心理层面，让消费者获得社会性利益，比如通过选择某品牌来代表个人形象。旅行社产品跟其他产品不同的是旅游者购买的是旅游经历，它不仅包括度假或参观旅游吸引物，还包括旅游者从中获得的审美愉悦。心理感受本身就是产品内容的一部分。因此旅行社品牌必须更注重满足旅游者的社会性需求。

设计品牌视觉识别系统。品牌在使用与传播中需要树立完整的形象。它不仅包括旅行社通过行动树立的关于服务、产品的心理映像，还包括与品牌相对应的标识语、标准色、吉祥物等可见性要素。视觉形象对于服务行业更重要，因为一些无形的观念必须借助更形象、更直观的符号来表达。符号可以充分利用存在于公众中对于色彩、形状的固定联想，使表达更容易，有时甚至比语言更有说服力。从旅游者接受的角度来看，视觉形象更容易越过教育背景、社会阶层等障碍，被消费者理解和接受。

（五）品牌传播

旅行社一旦设计好自己的品牌后，应当积极通过媒体广告、公共关系、直接营销、事件营销、销售促进等途径来宣传自己的品牌。运用统一的大传播组合和互动式沟通的办法，按照既定的品牌设计，针对阶段性或区域性市场形势，调动沟通性传播的各方面创造性努力及成果，形成面向顾客的统一而具体的品牌形象与品牌价值实证，使自己的品牌深入人心，家喻户晓。

四、旅行社品牌化模式的选择

（一）旅行社企业品牌化模式

1. 一元化品牌战略

一元化品牌战略是指旅行社各分支机构都采用一个名称的战略。其优点在于结构单一，职工忠诚度高，企业凝聚力强，企业形象识别力强。对于旅行社来说，采取此战略可充分利用品牌形象不断实现规模扩张，节约促销费用。这种战略选择的缺点在于企业形象风险高。

2. 多元化品牌战略

多元化品牌战略是指那些以一个核心机构作为整个企业的名称，并以其为基础发展其他相对独立的事业机构品牌的战略。这种战略常见于通过兼并、收购或成立新企业（子公司）发展多种经营的企业。这种战略选择的优点在于企业经营有很大的灵活性和可塑性，缺点在于分散了人力和财力，较难创立名牌，企业形象识别性差，企业内部凝聚力弱。

（二）旅行社产品品牌化模式

1. 单一品牌经营模式

单一品牌经营模式是指企业在其所生产经营的产品上冠以一个相同的品牌名称，企业用同一品牌传递企业统一的经营理念，进行市场竞争。单一品牌经营模式的优势在于能有效地将企业有限的财力集中于单一品牌的塑造上，因此可以产生强大的品牌杠杆力，有利于消费者迅速认识新产品和对新产品产生信任感，也有利于企业准确地传递企业理念，塑造良好的企业形象，壮大企业声势，增强企业核心能力。在实践中，单一品牌经营模式有两种操作方式：一是采用企业名称作为品牌，二是另创一个与企业名称相关联的产品品牌。

2. 多品牌组合经营模式

多品牌组合经营模式是指在企业共同的经管理念指导下，通过市场细分和市场定位，赋予不同细分市场的产品不同的品牌，并依一定的目标确立合理的品牌结构，进行合理的品牌组合，以便企业规范有序地参与市场竞争的品牌经营模式。多品牌组合经营能有效地形成一道品牌屏障，加大潜在进入者的进入障碍，增大替代品生产经营者的竞争压力，进而保持本企业在市场竞争中的主导地位。相对于单一品牌经营模式而言，多品牌组合战略更有挑战性。

思考题：

1. 旅行社有可能面临哪些类型的危机？
2. 旅行社应该如何处理危机？
3. 旅行社应该如何创建和传播品牌？
4. 旅行社应该如何进行品牌模式化？

第十章　旅行社的集团化经营

学习目的

通过本章的学习，掌握旅行社集团化的基本概念、类型和经营模式，并能了解旅行社集团化存在问题与发展趋势的相关内容。

主要内容

- 旅行社集团化的概述
  旅行社集团化的内涵　类型　发展现状
- 旅行社集团化的经营模式
  资本模式　契约联盟模式　行政组合模式　资产经营模式
- 旅行社集团化的发展方向
  横向一体化　纵向一体化　多元化

第一节　旅行社集团化的概述

一、旅行社集团化的内涵

“企业集团”一词最早于 20 世纪 50 年代中期在日本出现。1986 年日本出版的《经济辞典》对“企业集团”的涵义规定：多数互相保持独立性并互相持股，对融资关系、人员派遣、原材料供应、产品销售、制造技术等方面建立紧密关系而协调行动的企业群体。国家工商局行政管理总局在 1998 年发布的《企业集团登记管理暂行规定》中这样规定：企业集团是指以资本为主要联结纽带的母子公司为主体，以集团章程为共同行为规范的母公司、子公司、参股公司及其他成员企业或机构共同组成的具有一定规模的企业法人联合体。

旅游企业集团具有一般企业集团的特征，在本质上是一种经济组织，是旅游企业发展到一定阶段才产生的高级组织形态，能够充分利用经营中的规模经济，并通过资金、技术、品牌、人才等各个方面的优势在市场中占据主导地位。

旅行社集团属于旅游企业集团的范畴，旅游企业集团是指由多个独立旅游企业构成的、以资产或非资产契约为连接纽带的旅游企业联合体。旅行社集团是指以旅行社为主要业务的旅游企业集团。旅行社集团化是指单体旅行社或以旅行社为主体的旅游企业，逐步走上经营一体化和资产一体化道路，建立起稳定的协作关系，进而进行集团化经营的动态过程。

旅行社企业集团和旅行社集团在概念上容易混淆，旅行社企业集团是若干个旅行社企业法人的联合，是“一群”实体，不需、也不能进行法人登记，而旅行社集团是一个企业法人，是一个旅游经济实体，必须进行工商法人登记。

二、旅行社集团化的类型①

（一）资产关系为纽带的紧密层和半紧密层联合型

进行紧密层的集团化建设，必须采用资产纽带吸引集团成员，实现资产、经营和管理一体化。可以通过资产划转，由国有资产管理局授权将地方性旅行社进行有形资产投入，从而达到控股标准；或采用有偿兼并方式将地方性旅行社划归核心企业；或由核心企业直接投资筹建企业等。总之，市场机制在集团化的组建过程中主要通过建立产权关系来实现。一些大型的旅行社可以依托自己的品牌、市场份额、资金优势进行投资购买兼并，授权特许经营、横向持股、收益转变等，达到扩大自己营销网络的目的。

（二）松散联合型

由一个实力雄厚、市场声誉较好、具有丰富经营管理经验的企业为龙头成立旅游集团。这种旅游集团一般不具备企业的性质、集团本身无实质性的经营管理权利，主要是根据协议，在平等互利、自愿结合的基础上，在各成员企业之间互相介绍客源、管理经验和开展专业技术培训，统一服务标准等。参加集团的各成员不改变各自的领导体制和隶属关系。集团开展的活动实行有价补偿。这种集团形式，只是依据契约进行分工协作，集团成员之间没有血缘关系，核心企业的控制力缺乏产权基础，网络庞大而结构松散。

目前，我国旅行社集团一般有多层次的组织结构。第一层为核心企业层，一般为骨干旅行社，在集团中起主导和核心作用；第二层为紧密层，是核心层的子公司或控股企业；第三层为半紧密层，是核心企业持有一定比例的股份，而未达到控股程度的企业和紧密层企业所属全资、控股的企业；第四层为松散层，松散层企业与核心企业没有资产关系。在旅行社集团的组织结构中应该建全规范的母子公司体制。所谓母子公司体制，是指以企业法人控股为主要特征，

① 此部分内容主要参考：李宝明．旅行社经营管理[M]．北京：经济科学出版社，2004．第 11 章，“我国旅行社业的发展趋势”。

由一个实力强大的、具有投资中心功能的集团核心（母公司）和一定数量的、与母公司有一定资产联结关系的控股或全资子公司以及参股经营的子公司共同组成，母子公司之间既存在“资产—利益”关系，又要有内在的生产、经营联系，共同的战略目标和相对一致的产品目标市场。按照规范的母子体制原理组建旅行社集团，集团内部一般要有四级结构，即核心层、骨干层（紧密层）、配套层（半紧密层）和协作层（松散层）。

三、旅行社集团化的发展现状

我国旅行社集团化发展大致经历了三个阶段：第一个阶段从 20 世纪 70 年代末到 90 年代初中期。这个时期是根据国家的产业政策而设立的一些旅行社集团，如 1989 年国家旅游局批准设立的国旅集团。第二个阶段从 20 世纪 90 年代中后期到我国加入世界贸易组织（WTO）以前。这个阶段我国进行现代企业制度改革，对我国旅行社集团化改革加强了政策扶持。中央和地方都出现了一些新的旅行社集团，这个阶段也是旅行社集团化发展的徘徊期和探索期。第三个阶段从我国加入 WTO 至今。该阶段是旅行社行业真正开始集团化并同世界接轨的时期，我国的旅游集团正在走出“种子期、孵化期”，进入成长期。从上述历程可以看出，第一、二阶段旅行社之间的集团化合作主要是通过行政组合模式即通过政府的大力扶持完成的，从第三阶段全国旅行社才开始真正脱离政府怀抱，深入到资本运作层进行集团化合作，并融入国际市场。

经历了改革开放以来近二十年发展的我国旅行社，无论在行业规模、数量、接待质量，还是作为旅游业龙头地位的确立，均有了长足的进步。特别是 80 年代后期，以国旅、中旅、青旅为代表的旅行社集团相继成立，以资产关系为纽带，以业务网络为核心，以高效有序的信息采集、加工和传输为渠道，以集团的统一形象为标识，基本确立了我国三大旅行社在国际国内的地位；之后，康辉、招商旅行社及上海春秋、华运铁路旅游集团的集团化进程均有了实质性进展。可以说，这种网络化经营和集团化发展为我国旅行社走向国际化、多元化打下了良好的基础。近年来，新进军旅游业的万达也不断投资并购旅行社，以其强大的财政支撑，万达支持的旅行社集团也不断发展起来，在国家旅游局公布的 2014 年全国旅行社集团二十强中，万达支持的旅行社集团有两个上榜，如表 10-1 所示。

表 10-1　2014 年度全国旅行社集团二十强

位次	许可证编号	旅行社名称
1	L-SH-CJ00009	上海春秋国际旅行社（集团）有限公司
2	L-BJ-CJ00003	中青旅控股股份有限公司
3	L-BJ-CJ00002	中国旅行社总社有限公司
4	L-BJ-CJ00011	中国康辉旅行社集团有限责任公司
5	L-GD-CJ00002	广东省中国旅行社股份有限公司
6	L-BJ-CJ00001	中国国际旅行社总社有限公司
7	L-BJ-CJ00071	北京众信国际旅行社股份有限公司
8	L-BJ-CJ00051	北京凯撒国际旅行社有限责任公司
9	L-GD-CJ00004	广州广之旅国际旅行社股份有限公司
10	L-CQ-CJ00001	重庆海外旅业（旅行社）集团有限公司
11	L-GD-CJ00019	广东南湖国际旅行社有限责任公司
12	L-BJ-CJ00005	中信旅游集团有限公司
13	L-SH-CJ00002	上海锦江国际旅游股份有限公司
14	L-FJ10180	福建省宝中旅游集团有限公司
15	L-HUN-CJ00002	湖南省万达亲和力旅游国际旅行社有限公司
16	L-ZJ-CJ00002	浙江省中国旅行社集团有限公司
17	L-BJ-CJ00080	北京神舟国际旅行社集团有限公司
18	L-JX-CJ00007	江西光大国际旅行社有限公司
19	L-YN-CJ00020	昆明康辉旅行社有限公司
20	L-ZJ02017	浙江万达旅游集团有限公司

资料来源：国家旅游局官网。

第二节　旅行社集团化的经营模式

一、资本模式

资本模式即股权联结式，作为核心的大旅行社在资本市场上，通过发行股票、兼并、收购、资产重组等资本经营手段实现规模扩张，获得增量资金，建立以资产为纽带，由核心企业（母公司）、子公司、孙公司、关联公司组成的旅行社集团，中国康辉是这一模式的典型代表。资本模式实现方法多种多样，有投资收购兼并式、授权持股经营式、资产划拨式、横向持股式、收益转换式、债权转换式和资产剥离式，其中以投资收购兼并式为主要方式，它是指发挥集团的主体作用，通过投资、购买、兼并等方式，构建母公司对子公司的控股、参股关系。

资本模式应成为组建我国旅行社集团的最主要方式。通过资本模式的运作可以从根本上改变我国旅游企业（小、散、弱、差）的现状，实现集团化经营。其具体实现方法通常有以下几种方式：投资购买兼并式、授权持股经营式、资产划拨式、横向持股式、收益转换式、债权转换式、资产剥离式。

二、契约联盟模式

契约联盟模式即通过契约扩大集团规模，也是集团化的一条重要途径，契约联盟模式又可分为契约联结式和战略联盟式。

（一）契约联结式

契约联结式企业没有直接投资，突破了资本量的限制，有利于提高企业集团的扩张速度，同时减少风险。而且，一般不涉及企业的产权问题，因此在进行跨地区、跨所有制或跨系统扩张时集团遇到的阻力较小，可以缩短市场培育期，利用契约方的相关资源迅速进入当地市场。但是存在集团成员控制力较弱、易复制，且获得收益较少等缺点。

契约联结式有（品牌）特许经营、租赁经营、管理合同三种模式，其中，（品牌）特许经营模式为最常用的扩张方式之一，（品牌）特许经营模式是指企业集团以特定的方式将拥有的具有知识产权性质的名称、注册商标、技术、产品、员工培训、预订系统和供应等通过契约有偿提供给其他企业使用。获得特许的企业必须支付一定的品牌特许使用费作为挂牌的代价，且必须达到特许组织制定的经营、服务、管理标准，并接受特许组织的检查。租赁经营模式和管理合同模式在企业集团化过程中使用较少。

（二）战略联盟式

战略联盟式是指两个或两个以上的有着对等经营实力或者在资源、能力、渠道和市场等方面以及在价值链的创造上有互补作用的企业或特定事业和职能部门，为达到共同拥有市场、共同使用资源、研发新产品、增加新知识等战略目标，通过各种契约而结成的优势相互促进、风险共担、要素双向或多向流动的松散型网络组织。因此，战略联盟实质上是企业之间的长期协定，联盟双方是长期的合作关系。联盟的各个企业是独立的，仍保持着自己的经营自主。战略联盟式的旅行社集团可以通过联合包装宣传，有效地杜绝浪费、降低成本、提高品牌的复合优势，但同样存在稳定性较差的弱点。

但由于它是通过协定、合同对加盟企业进行相互约束的，所以其约束力较弱，其形式也不稳定。

三、行政组合模式

旅行社业向集团化方向发展本来是市场发展的必然趋势和结果，是企业通过控股或相互持股建立产权连接纽带形成利益共同体的市场行为，不是政府行为。但在目前我国旅游市场发育不完善而行政垄断力量又十分强大的情况下，在政府主导下组建旅行社集团事实上是最简便易行的方法。一种情况是国有大旅行社依靠无偿划拨、委托经营等方式可以在很短时间内实现对其他旅行社的股权控制，组建以自己企业为核心的旅行社集团，并进行股份制改造，集团成员间建立起产权关系；另一种情况是政府主管部门用行政手段，将若干旅行社捏合在一起，这些旅行社体制落后、经营规模、经营范围、产品品种类似，集团成员间是基于经济利益等的一种契约关系，从一开始就潜伏着不稳定性。行政组合模式尽管不是市场自然渐进的结果，但由于我国长期处于计划经济制度下，旅行社所有制结构不合理，企业资本积累时间短，地方和行业割据严重，因此政府主导行为在有效克服集团化过程中的各种困难和障碍的作用是不容置疑的，也是无可替代的。这种模式成功的关键取决于两点：一是作为集团核心的国有大型旅行社具有品牌、资金、市场份额等方面的优势；二是当集团形成后，政府的主导行为应及时从企业退出，让位于市场机制，政府主要通过经济手段、法律手段来影响和引导旅行社集团的发展。

四、资产经营模式

资产经营模式即旅行社通过自身经营积累缓步发展的传统模式。上海春秋国旅的“自建分社”的扩张模式是这方面的代表。这种模式是通过旅行社自身积累，在各地建立分支机构，按照统一的经营理念、管理模式等来实现集团化。资产经营模式和上述的资本经营模式，其扩张的动力都来自于企业做大做强追求生存发展的内在冲动。所不同的是，在资产经营模式下，企业奉行的是步步为营的战略，企业的管理模式和核心竞争力不易外泄。这种集团化发展模式速度慢，容易造成资金浪费、资产存量的结构失衡，且易受到地方保护主义的制约，但集团内部一体化程度高且网络布局合理。这种模式对于资金、人力资源都比较有限的中国旅行社而言，不失为一种最佳的目标模式。一直以来，无论是理论界，还是国家有关部门一直都在倡导旅游业的集团化发展。随着我国加入 WTO，集团化更是一个必然趋势，会有更多的旅游企业成为企业集团，我国的旅游业将获得进一步的发展。

资本模式即股权联结式，主要目的是建立紧密型、以资本为纽带的企业集团，这是今后旅行社集团的发展方向。契约联盟模式主要是建立企业集团的松散组织，企业集团在扩张过程中可以综合利用这些模式。在各种集团化发展模式中，市场化取向的发展模式应当成为我国旅行社集团化发展的目标模式和最好选择。

第三节 旅行社集团化的发展方向

规模化经营是企业自身生存发展的要求，也是企业参与竞争的一种手段。规模经济是规模化经营的目的和结果，但每个企业拥有的生产函数也不尽相同。企业是做大做强还是做精，是由企业在一定的制度条件下根据自身的能力和市场选择共同作用的结果。而旅行社集团化发展方向有多种，集团所处环境不同，其发展方向也不一样。因此，国内旅行社企业应根据不同的环境特点，选择符合自身情况的集团化成长方向，如表 10-2 所示。

表 10-2 旅行社集团化成长方向选择

旅行社环境特点	旅行社目标	集团化成长方向	目标企业	增长方式
购买者威胁大	扩大市场占有率，增加代理商数量	横向	中小型旅行社，代理商	内部增长（主要是自建分社）实现网络化管理，共同发展方式建立销售联盟
供应商威胁大	在保证供货数和质量的前提下降低产品成本	纵向	旅游产业链上下游企业（景区、酒店、运输业等）	外部增长（收购供应商）；共同发展，与供应商企业加大合作
潜在或新进入者威胁大	维持市场占有率，行业联合，保护原地区原行业利益	多元化	旅行社同行和旅游产业链上下游企业	共同发展方式，增强企业集团的实力
替代品威胁大	规范操作，提高服务质量，加强与行业间的联系	多元化	旅行社同行和旅游产业链上下游企业	共同发展方式
行业竞争威胁大	扩大企业规模和市场占有率，注重品牌建设，降低成本，赢得客源	横向或纵向	竞争对手和产业链上下游企业	外部增长，收购或兼并竞争对手，扩大规模的同时弱化了竞争；内部增长，自建渠道，扩大企业规模，实现集团稳步增长

一、横向一体化

横向一体化是公司层面战略中最简单的，对旅行社集团而言较容易朝这个方向发展。旅行社集团在旅游交易链条上吃、住、行、游、购、娱的某一环节上进行扩张，并不涉及其他因素，是一种比较单一化的发展方向。对我国旅行社集团而言，旅行社集团横向一体化即国际旅行社和国内旅行社间的一体化。对于横向一体化的旅行社而言，规模经济效益所带来的成本优势使小企业越来越难以与之竞争，其优势很明显。第一，旅行社可以将资源充分利用起来用于开展旅行社业务，组织的资源面临的压力比较小，旅行社通过横向扩张可以获得规模经济效益，降低平均成本，提高与上游企业的议价能力。第二，同一业务能够让高层管理者获得关于这项业务的深入知识，可以减少战略性失误。但是，横向一体化也会在环境不稳定的时候带来风险。

二、纵向一体化

纵向一体化是把旅游交易链上有前后关系的旅游业务环节结合起来进行整体经营和管理的一种集团化成长方向。纵向一体化既可以是后向一体化——即一个旅行社集团生产自己的产品，也可以前向一体化——即旅行社集团提供自身的分销渠道。其主要优势在于提高效率等内部优势，能够争取规模经济，降低采购成本、改进旅游服务的销售价格等，能取得范围经济，如表 10-3 所示。除此之外，纵向一体化可能会由于旅行社集团所属企业类型多，相应加大管理费用，同时，对高层领导的要求也会很高。

表 10-3 旅行社集团成长方向特征对比①

类型	优势	劣势	组建与运作特点
横向一体化	内部规模经济，提高议价能力，节约市场竞争费用	转移风险能力较差，经营管理适应性、灵活性较差	旅行社之间的兼并组合，统一经营，统一管理
纵向一体化	范围经济与速度经济节约市场交易费用	管理费用加大，管理风险与技术风险	旅行社旅游交易链上的上游企业之间，多角化经营管理
多元化	兼有以上两方面的优点	易诱发大企业病	旅游价值链上多方面的扩张，整体战略管理

① 杨雷，戴卫东．旅行社经营与管理[M]．北京：电子工业出版社，2008：235．

三、多元化

除了横向一体化和纵向一体化，多元化发展逐渐成为旅行社集团的发展方向。多元化发展方向兼具横向和纵向发展方向的优势，并且还有二者都没有的一些优势，取二者精华去二者糟粕，但同时这种发展方向也产生了很多新问题，扩大了旅行社集团的经营触角，很难把握“度”，易诱发“大企业病”，旅行社集团面临着专业化与多元化两方面的高度要求，带来更大的管理风险与技术风险。

组建规范的、具有资产纽带联系的旅行社集团，寻求同业联合的优势，是由旅行社行业特征及国际国内市场经济发展趋势所决定的。第一，旅游业本身是跨区域的，融多种要素于一体的服务性行业，旅行社更具有强烈的依附性和脆弱性，这就要求实现跨区域的集团化和网络化，由核心企业和集团成员形成强大的集体促销能力，信息共享，服务规范，置集团于一个纵横交错的网络下开展经济活动，方能保证服务质量的提高以及规模经济效益的实现。第二，集团化发展也是寻求跨国联合，走向国际化的必由之路。第三，散客旅游作为21世纪国际旅游的一个新趋势，对旅行社的要求越来越，它不仅要求有灵活的旅游路线和产品组合，更要有合理的时间安排，多样化的服务和多品种的荐举方案，这一需求的实现须建立在便捷、统一的全国性旅游网络之上。

发达国家旅行社行业的历史经验表明，随着大型旅行社集团化程度的提高，旅游集团对产业链进行纵向整合是旅行社业的发展趋势之一。近几年来，国内越来越多的百强旅行社企业采用纵向整合的经营策略，投资景区、酒店、旅游地产等相关旅游子行业，加强了对上游旅游资源的控制，并实现了旅行社整体盈利能力的提高。另外，“十二五”规划的提出将加速旅游产业链的整合与旅行社行业的结构性升级，旅行社纵向收购兼并上下游企业的趋势也将更加明显。

思考题：

1. 旅行社集团化的涵义是什么？
2. 旅行社集团化有哪几类？
3. 旅行社集团化的经营模式有哪些？
4. 旅行社集团化的发展方向是什么？

第十一章　旅行社的信息化管理

学习目的

通过本章的学习，了解旅行社信息化管理思路与方法，并能够掌握旅游电子商务基本内容及旅游网络营销的相关内容。

主要内容

- 旅行社的信息化管理
  旅行社信息化管理特点　旅行社信息化管理系统
  旅行社信息化管理的战略
- 旅游电子商务
  旅行网站建设　旅行社电子商务发展策略
  旅行电子商务模式
  旅游网络营销

第一节　旅行社的信息化管理概述

一、信息技术在旅行社中的应用

信息技术的高速发展对旅游业产生了巨大的影响，以互联网为媒介的在线旅游企业兴起，传统旅行社的经营面临着机遇与挑战。旅行社对内可以通过信息管理系统实现管理的科学化、模式化，对外可以开展旅游电子商务，进一步树立品牌形象。

（一）信息与信息化

各类教材对信息的定义不尽相同，信息通常包括狭义的信息及广义的信息，而不同研究领域的学者也给予了不同的定义。控制论创始人维纳（Norbert Wiener）认为“信息是人们在适应外部世界，并使这种适应反作用于外部世界的过程中，同外部世界进行互相交换的内容和名称”，经济管理学家认为“信息是提供决策的有效数据”。现代的定义通常是指音讯、消息、通讯系统传输和处理的对象，泛指人类社会传播的一切内容。人通过获得、识别自然界和社会的不同信息来区别不同事物，得以认识和改造世界。

信息化是指培养、发展以计算机为主的智能化工具为代表的新生产力，并使之造福于社会的历史过程。网络性的生产工具改变了人类的生产、生活及思维的方式，对社会的发展产生了深刻的影响。信息化以现代通信、网络、数据库技术为基础，对所研究对象各要素汇总至数据库，供特定人群生活、工作、学习、辅助决策等和人类息息相关的各种行为相结合的一种技术，使用该技术后，可以极大地提高各种行为的效率，为推动人类社会进步提供极大的技术支持。[①]

（二）旅行社信息化管理的应用与特点

旅行社信息化管理就是利用计算机技术和网络通信技术构建信息系统，以便于更加便捷地管理、操作、经营旅行社的各种信息资源，包括食、住、行、游、购、娱及线路规划、人员调遣、行程排班、财务管理、成本核算等各个层面。

1. 旅行社管理

旅行社可通过信息系统的构建对其内外部进行综合的管理及调度。对外，旅行社可提供咨询服务，如英国旅行社广泛使用的“视频信息系统”，通过英国电信公司建立数据信息系统与显示终端对接，旅游者可便捷地进行相关信息的查询；通过信息系统进行旅游业务的预订是旅行社的主要销售渠道，旅行社可以通过计算机定位系统提供机票、酒店、景区、汽车租赁等业务的预订，如春秋国旅的旅游电子票预订。此外，我国众多的酒店、航空公司均有通过计算机系统连接海内外预订资源。对内，旅行社可通过高效的信息系统进行业务的管理，如旅游团的预订、业务安排、物流管理、财务管理、数据查询及人力资源管理等。旅行社的信息化可提升其组团接待能力，如互联网的应用建立信息交换和旅游产品的分销机制，对旅游产品信息进行归纳、整理及展示，并通过网络提升服务的便捷性。

2. 客户关系管理

客户关系管理（Customer Relationship Management，简称 CRM）对旅行社至关重要，旅行社信息系统可实现客户关系的维护，通过对客户的信息采集，统计游客基本信息、旅行偏好、消费行为等，进行用户分类，针对性地进行客户关系的管理与维护，有利于进一步增强用户粘性，通过客户端软件可及时与顾客进行沟通，进行旅行社相关业务的推送，实现增值服务，构建电子化的企

---

① 信息化．百度百科[EB/OL]．http://dwz.cn/2txDt1。

业客户关系管理系统。

3. 信息化的连锁经营

大型旅行社的集团化是发展的必然趋势，中小旅行社也在不断构建自己的网络经营体系，扩大企业规模，通过信息化可实现旅行社的连锁经营，打造一体化的服务平台，提升业务管理水平。旅行社的连锁经营基础是建立一个集成化的业务信息系统，实现业务数据的传递，通过网络联合发布组团信息并实施业务结算，网络构建的业务信息系统可以实现业务的自动化处理，各旅行社联合组团，进行统一的调度和系统结算，可提升旅行社单体运营能力，解决各旅行社线下业务互通的技术问题。连锁经营的信息系统主要包括计算机预订系统、连锁信息网站及旅游电子商务系统。

4. 信息化管理的特点

旅行社的信息化管理可以提高旅行社与供应商的系统谈判能力，现代旅行社的信息管理具有以下特点：信息资源种类多、信息量大；信息化系统的关联和互动性要求高；信息化系统交叉业务多，对系统安全性要求高；信息化系统软件规模小，系统的集成规模有限；信息系统应有接口规范；旅行社经营的个性化差异很大，信息系统不能大而全，应设计小而专的系统；信息化管理的实现过程是渐进式的[①]，注重系统的维护与更新；提升信息系统的安全性，防止用户信息外泄。

二、旅行社信息化管理系统

（一）旅行社经营管理系统

旅行社经营管理系统是利用信息通讯技术实现对旅行社经营管理中的各个环节的信息进行收集、处理、使用和综合调度的系统，主要功能有旅游接待信息管理、旅游产品设计与开发管理、营销管理、人事管理、核算管理、财务管理以及综合管理等，由于旅行社规模不同管理系统的功能也具有差异。目前的信息系统主要包括以下功能：

（1）旅游产品开发与设计；

（2）旅游服务信息处理：接待与组团；

（3）业务协调的职能；

（4）旅行社数据资料的管理；

（5）旅行社办公事务信息处理自动化；

（6）电子商务的职能。

① 陆均良，杨明魁，李云鹏．旅游信息化管理[M]．北京：中国人民大学出版社，2010：228～229.

旅行社的信息系统开发包括市场选购开发、委托开发及自行开发三种形式，一般情况下中小旅行社多选择市场选购开发，较大型的旅行社拥有较雄厚的资金，会选择委托开发及自行开发的形式。市场选购开发基本为购买现有的信息系统，满足旅旅行社调度的基本需求；委托开发为寻找第三方机构进行软件的设计；自行开发适用于旅行社集团，拥有自己的开发部门。

（二）旅行社会员管理系统

旅行社会员管理系统是旅行社较常见的一款的客户管理系统，主要包括会员的基本信息、消费信息、偏好信息、预订信息等基本的数据汇总，可提供会员信息查询及基本的统计分析功能，同时可对其进行数据的扩充和代码的更新，随着时代的发展，客户管理系统被越来越多的旅行社所应用，除基本的数据汇总外，还包括销售管理、市场营销管理、客户服务系统以及呼叫中心等方面，能够通过客户的不同需求提供“一对一”的个性化服务。

（三）旅行社产品设计与销售系统

旅游产品是旅行社提供给旅游者的有偿服务，是旅行社经营管理的基础，由于旅游线路及相关的增值服务是旅行社的主要产品，具有多样性，旅游产品从规划、开发、售卖到服务过程的信息处理非常重要。首先，应建立旅游基础资源数据库，按其在旅游产品构成中的作用进行分类存储，如经常合作的景区、待开发景区、海岛类资源、主题公园类资源等，并不断对其数据库存储条目进行扩充，丰富数据库资源。其次，通过计算机进行合理的资源与线路安排，通过信息系统进行成本的比较，可设计出最为优化的线路，进行相关产品的组合售卖及合理的促销，并获得旅游者的基本信息及对产品的偏好。旅游产品设计与销售功能模块如图 11-1 所示。

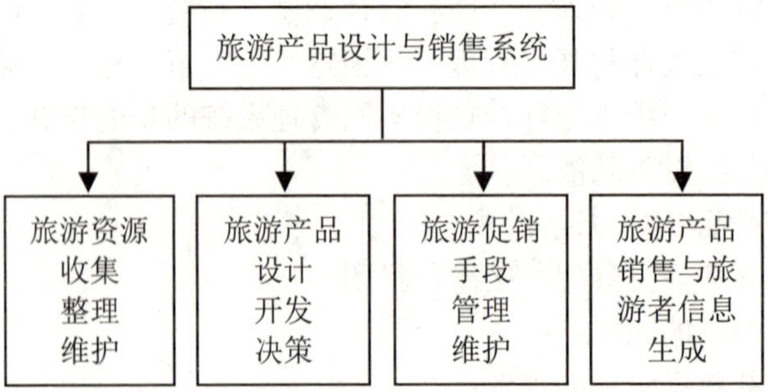

图 11-1 旅游产品设计与销售功能模块[①]

① 陈晓春．旅行社管理学[M]．北京：中国旅游出版社，2003：443.

三、旅行社信息化管理的战略

旅行社信息化管理战略的制定涉及旅行社经营理念、企业使命和商业模式，同时涉及企业机构设置、业务流程及内部经营等诸多方面的变革，信息化的管理需要对旅行社现有的业务流程进行再造，开发旅游电子信息系统，开展旅游电子商务战略。

（一）建立信息化的基础运营环境

旅行社建立信息化的系统要有良好的基础环境，第一，需要相应的管理人士或者建立信息化职能部门，进行专业的系统维护；第二，要梳理经营业务，与信息化的系统的应用内容相配；第三，要引进适宜的信息化管理平台，建立数据库系统，提供技术基础。

（二）业务流程再造

业务流程重组（Business Process Reengineering，简称 BPR）最早由美国的迈克尔·哈默（Michael Hammer）和詹姆斯·杰姆培（James Champy）提出，强调以业务流程为改造对象和中心、以关心客户的需求和满意度为目标、对现有的业务流程进行根本的再思考和彻底的再设计，使得企业业绩取得突破性的进展。旅行社引进信息系统，可以对自身的业务进行梳理、重塑，从而实现整体流程的最优、信息资源的共享。旅行社主要业务流程，包括组团、预订、旅游线路设计、团队派遣、财务核算等，均可以看作信息处理的流程，每项活动通过信息源传播，然后经过加工处理及存储，实现信息资源的共享，然后通过信息流实现物流、人流及资金流的运转。通过业务流程再造实现规模化的经营和一体化的运作，提升旅行社效率。

（三）信息系统战略

信息系统战略的主要任务是对适宜的信息系统进行识别并设立长远的发展目标，该战略目标不宜经常调整和变动。旅行社可以通过对企业的内外部环境进行 SWOT 分析，识别关键的业务流程和业务活动，对信息系统进行有着重的设定，比如预订系统薄弱可加强预订系统，接入多方位的上游资源；排班系统薄弱，可引入计调的系统，简化操作的人力成本；产品设计薄弱可引进资源调配系统，并将现有应用程序、所需的应用程序及潜在的应用程序进行排列，确定各信息系统的优先级，制定滚动的发展计划。

第二节 旅游电子商务应用

旅游业与信息产业发展潜力巨大，二者的有机结合进一步推动了相关产业的转型升级，旅游电子商务（Tourism E-Commerce）以互联网为本质快速发展起来，使各类旅游企业或组织在管理、结构和运营等方面发生了根本性的变革。

一、旅游电子商务

（一）旅游电子商务的定义

电子商务定义来源于 1997 年法国巴黎世界电子商务会议，是指对整个商务贸易活动实现电子化，即利用现有的计算机硬件设备、软件设备和网络基础设施，在通过一定的协议连接起来的网络环境下进行各种商务活动的方式。它包括两个方面：一方面通过加强联系的方式全面提升商务活动，另一方面运用互联网技术改善并传输重要的商务过程。

旅游电子商务是电子商务在旅游行业的应用，不同学者对旅游电子商务有不同的定义，在国际上沿用较广的是世界旅游组织在其出版物 *E-Business for Tourism: Practical Guidelines for Destination and Business* 中对旅游电子商务的定义：旅游电子商务就是通过先进的信息技术手段改进旅游机构内部和对外的连通性（connectivity），即改进旅游企业之间、旅游企业与供应商之间、旅游企业与旅游者之间的交流与交易，改进企业内部流程，增进知识共享。[①]

（二）旅游电子商务的体系

旅游电子商务体系是旅游机构为主体，以互联网的信息技术为媒介，连接旅游者、旅游信息化组织、旅游服务商、电子商务服务商即支付机构等组织的综合的信息运作系统，主要包括以下组成部分：

1. 网络信息系统

网络信息系统主要包括互联网（Internet）、内部网（Intranet）和增值网（Value Added Network）三种，网络信息系统是旅游电子商务体系的基础。

2. 电子商务服务商

电子商务服务商主要包括系统支持服务商和旅游电子商务平台运营商。系统支持服务商主要有接入服务商，如中国电信、联通等；互联网服务提供商即应用服务系统提供商，提供旅游电子商务的系统解决方案，如 IBM 公司等。平

① World Tourism Organization Business Council.E-Business for Tourism: Practical Guidelines for Destination and Business[M].UNWTO Publications, 2001.

台运营商主要是指在线旅游电商为旅行企业请提供的平台，如旅游企业间的同业交易平台，同程网、欣欣旅游网等；旅游产品终结服务平台，如携程、去哪儿等。

3. 旅游目的地营销机构

旅游目的地营销机构（Destination Marketing Organization）即负责旅游目的地促销事务的组织，世界各国，几乎所有的旅游目的地都设有与政府旅游管理机构合为一体的或相对独立运作的旅游目的地营销组织，如加拿大旅游管理委员会、西班牙旅游促进会、日本国家旅游组织等。在中国，各级政府旅游委及旅游局承担了相关职能，统一简称为 DMO。通常其主要职能包括：旅游目的地的形象设计及传播；产品推介与促销；拓展分系统销渠道；增加新型旅游项目进行旅行的开发与设计；强化旅游目的地的信息供应。旅游目的地的营销系统可以为旅游者提供全方位的旅游信息，它是政府主导、企业参与的旅游电子营销的较为成熟的模式，具有广泛的应用前景。

4. 旅游企业

旅游企业是旅游电子商务活动的主体，其电子商务系统的组成主要包括旅游企业信息管理系统、电子商务站点以及企业经营管理组织。整个系统可分为旅游企业内部网络和外部网络，内部基于旅游企业的数据库建设的 web 站点，外部通过互联网与上游的供应商、下游的代理商以及旅游者进行连接。

5. 旅游消费者

旅游者通过信息的传播能够全面了解到旅游资源、文化、旅游服务水平等多方面的内容并进行咨询、预订，而旅游电子商务系统能为旅游者提供行前的信息汇总查询，行中的基于位置的服务（LBS）及信息推送与产品的预订，行后的增值服务及评价分享等，并将相关信息纳入数据库进行汇总，进行旅游消费行为习惯的分析，定期针对性地推送符合其旅游偏好的促销信息。

二、旅游网站的建设

旅游企业的网站是企业传递信息、开展营销活动的重要手段，好的网站能够提升企业的形象，促进旅游产品的售卖，增强客户粘性。完善的旅游企业网站主要具备品牌形象、信息发布、产品展示、顾客服务、网上销售等功能。我国现有的旅游网站主要有以下三类：传统旅行社网站，如遨游网、国旅在线等；综合性旅游网站开展旅游业务，如去啊、京东旅行；旅游电商网站，如携程、去哪儿、同程网等。

（一）旅行社站点及组成

旅行社的站点组成主要包括以下方面：域名即网址、主页、产品和服务、新闻稿档案、参考页面、雇员页面、客户支持页面、市场调研页面、旅行社相关信息页面、广告及相关链接。

（二）旅行社营销网站的主要功能模块

旅行社营销网站需要具备相关的支持系统模块，进行网站的组合，主要有：网站内容管理系统，网站的导航栏、关键词搜索功能、栏目页面；旅游产品信息发布系统，对外的旅游线路及旅游产品的推送，对内的旅游同业者商机信息；旅游预订及预订处理模块，访问者信息查询、用户注册、用户资料的管理、预订及订单的管理；游客出游询价功能模块，游客的留言、在线的询价及线路定制沟通；在线组团系统，发布出团信息，修改 / 删除拼团计划；在线市场调查系统，旅游信息订阅系统，电子杂志的分发，旅游信息的定时更新与推送，包括发送至订阅者的邮箱；专业的旅游论坛系统，版主功能、发帖功能及积分管理等。

（三）网页设计原则

网页设计原则有以下几个方面：主页设置旅行社的标识（LOGO）；设计好的页面打开速度不超过 30 秒，以 10 秒以内为宜；旅游者可以直接从网站页面进行信息的下载；根据网民的浏览习惯，主要推送信息及产品信息可以设计在网页左侧 T 字部位；设计渐进式推广页面，将文字内容与图标相结合；应用高清的图像，不要过于杂乱，可以引起旅游者对旅游目的地的憧憬；设置与浏览者在线沟通的窗口或者留下联系方式；站点以中英文两个版本为宜，拥有海外业务的大型旅行社集团也可设立其他语言版本的站点。

（四）网站的建设

旅行社的网站建设主要包括以下五个步骤。（1）注册域名，注册域名时注意要与旅行社的名称保护一致，并且尽量简短易记。（2）web 服务器建设，网站建设需要与互联网信息服务器相连，但旅行社建立自己的 web 服务器需要投入大量的资金，一般情况下旅行社会选择服务器托管，委托代理公司进行。（3）网站策划与建设，旅行社与专业的网站服务商合作，交换旅游网站建设意见，包括页面的设计，产品的位置，整体的风格等，复杂的电子商务网站还需建立数据库，开发相关的软件。（4）网站推广，主要包括搜索引擎推广（Search Engine Marketing）及搜索引擎优化（Search Engine Optimization），此外，可在名片、实体店的宣传页、友情链接、相关论坛及与客户的邮件信息中添加旅游企业的网址，进行宣传。（5）网站的维护与更新，设立专职人员定期进行数据的更新与网站的维护。

三、旅行社电子商务发展策略

（一）实现旅行社电子商务发展模式

中国旅行社电子商务发展模式中，存在着几种模式并存的现象：一是传统大型旅行社建立旅游电子商务网站；二是旅游电子商务网站独立发展成电子旅行社；三是旅游电子网站专业化；四是旅游电子商务承包商。[①]

（二）市场调研定位

确定目标市场是营销的前提，针对服务群体特点通过互联网推出相应的旅游产品，在市场中进行品牌的推广并进一步树立自身的企业形象，制定促销方案。

（三）实现内部管理信息化

旅行社应从自身的实际情况出发，将收集信息、品牌推广、财务预算、组团接团、产品设计等各个层面与信息化接轨，通过信息技术进行资源的整合，提高竞争力。

（四）提升网站的质量

旅游网站的建设对旅游者是否会在线购买旅游产品具有直接的引导作用，好的页面设计会提升客户的浏览欲望和购买欲望，优质的在线服务会促进客户的二次消费及口碑传播，增强客户的信任度。

（五）加强专业化的咨询服务

咨询服务包括线上的咨询和线下的面对面交流，线上的咨询服务主要通过旅行社网站及旅游论坛、线上专家答疑与顾客进行网络上的交流，因旅游业的特殊性还包括旅游在线翻译等板块。线下的咨询服务是基于旅行社的营业网点与客户进行面对面的沟通及旅游行程中的导游服务。

（六）加入旅行社网络联合体

中小旅行社开发旅游电子商务系统的成本过高，可以选择加入旅行社的网络联合体进行联合的宣传及在线的营销，如上海春秋旅行社网络化的经营、旅游百事通等。

四、旅游电子商务模式

（一）传统商务模式

在线旅游网站及传统旅行社采用不同的发展模式进军在线旅游市场，其中以携程为代表的旅游电子商务网站发展态势良好，通过企业对消费者（B2C）

① 贺学良．现代旅行社经营管理[M]．上海：复旦大学出版社，200：393.

模式，构建了最大的旅游电商平台，从企业对企业（B2B）发展而来的同程、欣欣旅游网整合了同业旅游资源，为旅游企业提供了综合性的服务平台。大中型旅行社多采用信息化系统与国内外同行实现网络连接，构建自己的集团网络，大多中小旅行社也在积极寻求线上的转型，另外，其他的旅游企业如旅游汽车公司、传统的团购公司等也转变传统的发展模式，加入到信息化的行列中来，旅游电子商务模式概括主要有以下四种：

1. 企业对企业（B2B）

企业对企业之间的电子商务（Business to Business）即B2B模式。随着线上旅游竞争的加剧，越来越多的线下旅行社不得不纷纷转型，寻求线上的出路，大旅行社通过设立自己的网站与旅游电商合作，而发展规模较小的中小旅行社成为巨大的市场，目前B2B方式是电子商务应用最多和最受企业重视的形式，基于第三方平台而实施的旅行社与旅行社之间或其他旅游企业之间的在线交易，其交易形式主要包括：旅行社向景点、酒店、航空公司等旅游企业采购资源，客源地组团社与目的地接待社之间的委托关系，等等。旅游企业以B2B为基础进行业务的扩展具有较大的优势，企业可以通过网络寻求最佳的合作伙伴，完成线上交易行为。

2. 企业对消费者（B2C）

B2C（Business to Customer）类综合性旅游服务电商是最为典型的旅游电商模式，这种形式的电子商务一般以网络零售业为主，借助于互联网开展在线销售活动。此种类型的旅游服务电商大多从“机+酒”的传统模式发展而来，并不断地扩充版块，B2C模式可以有效解决旅游信息不对称的问题，旅游散客通过网络获取信息，报名参加旅游行程，自行通过网络订购都属于B2C的范畴，旅行社的B2C模式取消了中介渠道直接对最终客户进行服务。此种模式应用较为广泛，因为直接通过网络的对客模式拥有大量的用户，能够更加便捷地获得收益。

3. 消费者对企业（C2B）

消费者对企业之间的电子商务（Customer to Business）即C2B模式。C2B模式最先由美国发展起来，此种模式是消费者形成一个庞大的采购集团，增强自身的话语权，能够以大批发商的价格购买到单件产品。旅游电子商务中的C2B模式是以旅游者的需求为主，企业通过竞争去抢单的过程，旅游者可以分摊成本，共享优惠。C2B模式主要是通过电子中间商（专业旅游网站、门户网站旅游频道）进行，主要有两种形式。第一是反向拍卖（竞价拍卖的反过程），第二是网上组团，旅游者在网上发布其设计的旅游线路，吸引其他相同兴趣的旅游者组成一个旅游团。旅游C2B模式是一种需求方占主导地位的交易模式，它体现了旅游者在市场交易中的主体地位，对帮助旅游企业更加准确和及时地了解旅游者的需求、对旅游业向产品丰富和个性满足的方向发展起到促进作用。①

4. 消费者对消费者（C2C）

C2C 模式是消费者与消费者之间的电子商务（Customer to Customer）。这种交易方式在我国较少，处于起步阶段，主要是旅游者通过网络平台自行进行销售或交换产品。这些产品可以是交通票、旅游纪念品、旅游线路行程、旅游经验也可以是具有产权的实物如酒店、汽车等。可以不受地域、时间限制地向全国各地及世界各地的旅游者进行购售、交换、租赁。例如，有些中青旅的员工在博客或其他网络平台（淘宝网等）上，发布旅游线路、酒店、机票等信息，与上网寻找相关产品的消费者联系后进行交易。②电子商务模式各交易对象间的关系如图 11-2 所示。

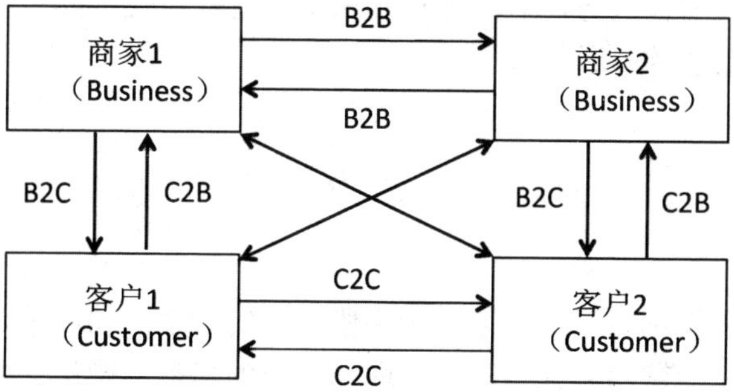

图 11-2　电子商务模式各交易对象间的关系图

（二）综合性的商务模式

随着网络的快速发展，综合性的旅游电子商务模式也逐渐兴起，能够更好地连接商家与消费者，提供全方位的服务，其中主要有 B2B2C 平台、C2C2B 平台及 B2C2C 平台。

1. 企业对企业对消费者（B2B2C）

B2B2C（Business to Business to Customer）主要是在某一细分行业或市场生产商或品牌商与零售商之间、零售商与消费者之间、品牌商与消费者之间，集批发、分销、零售于一体的综合性平台。B2B2C 平台帮助商家直接充当卖方角色，把商家直接推到与消费者面对面的前台，让生产商获得更多的利润，使更多的资金投入到技术和产品创新上，最终让广大消费者获益。这类电子商务模式的创新性在于为所有的消费者提供了新的电子交易规则。该平台颠覆了传

① 杨路明，巫宁．旅游电子商务理论与实务[M]．北京：中国旅游出版社，2003：3.
② 杨路明，张振．中小型旅行社电子商务模式研究[J]．企业管理，2010，08：49～58.

统的电子商务模式，将企业与单个客户的不同需求完全地整合在一个平台上。

2. 企业对消费者对消费者（B2C2C）

B2C2C（Business to Customer to Customer）的模式是企业提供网络直销渠道，个体中间商获得产品信息，将产品卖给终端消费者，个体中间商没有库存，不存在囤货的风险，供货厂家也免去了传统供货渠道的成本，该模式是基于互联网新兴的商业模式，许多消费者成为个体中间商，与旅游企业共同享受收益。

3. 消费者对消费者对企业（C2C2B）

C2C2B（Consumer to Consumer to Business）模式以消费者为核心，它改变了人们的生活方式和消费观念，是结合了 C2C 和 C2B 的优势的第四代电子商务模式，使人们能够利用新型的商业模式实现自己的财务自由和时间自由，主要通过个人介绍他人进驻或加盟形成更大的消费群体，在新的交易平台上进行交易，此种模式重视服务，对于旅行社来说，此种模式下商家与消费者逐渐融合，实现旅游信息的互通。

第三节 旅游网络营销

网络营销是指利用互联网等电子手段进行的营销活动，是随着互联网的发展而兴起的新型的营销方式，随着互联网用户的增多，网站、微博、微信、博客、论坛、播客等均成为网络营销的重要渠道，网站的建设是网络营销的基础，如何通过网络的端口进行产品的推广和企业形象的建立至关重要。

一、旅游网络营销的概念

（一）旅游网络营销

旅游网络营销是指旅游企业以电子信息技术为基础，以计算机网络为媒介和手段，而进行的各种营销活动，它综合了多种网络营销模式，是基于虚拟市场开展的动态的综合性的营销活动。

（二）旅游网络营销特点

网络营销的传播范围广、速度快、无时间和地域限制，可以有效节约企业的传播成本，通过内容详尽的多媒体传送，可将营销内容形象生动地推送给受众，并得到迅速的反馈。总体来说网络营销主要具有：跨时空性，生动性，高效性，交互式及纵深性，经济性，多维度性，重复性及可检索性，技术性及风险性八个特性。

二、旅游网络营销模式

（一）网络市场调研

网络市场调研主要通过企业的网络站点进行客户的信息采集，或者通过网络问卷的的调查进行目标市场的划分及定位。主要包括以下几个方面：

1. 识别公司站点的访问者

通过网络邮件或者客户的注册信息登记访问者，给予访问者奖品或免费咨询；通过访问者注册从而进入访问者主页；向访问者承诺物质奖励；测试访问者愿意回答的问题数目。

2. 在公司站点进行市场调研

监测在线服务；测试旅游产品的不同价格、广告封页；请求反馈信息；发送适当的信息给目标对象。

3. 发送电子调查表或电子邮件给目标对象①

可以发送电子调查表或者电子邮件进行信息的收集，同时可以给予调查者一定的奖励，增加其回复的概率。

4. 通过网络问卷方式进行调查

可通过论坛、贴吧等发放问卷，此外可以通过问卷星等专业的网络调查问卷软件进行消费者信息的采集与分析。

（二）网络营销策略的制定

网络营销策略的制定首先要对网络市场调研所收集的数据进行分析，了解消费者的群体特征和行为偏好，并对其网络浏览纪录进行汇总，针对性地进行网站推送内容的调整，制定相应的营销策略，此营销策略要适应网络传播的特点同时考虑产品制定周期与网站信息的更新。

（三）网络促销与广告

1. 网络促销

旅行社可以通过发送邮件、微信推送及微博、聊天室、电子广告牌等方式向潜在顾客定期发送旅游产品、服务信息及促销信息，网络促销具有交互性和直接性，能够提升与消费者互动频次，减少传播的损耗。

2. 网络广告

网络广告是一种即时互动性的广告，是主要的网络营销方法之一，可以利用网络平台的广告横幅、文本链接、多媒体的方法，在互联网刊登或发布广告，具有便捷性、直接性等特点，游客可以通过互联网输入关键词，进行旅游信息

① 陈晓春. 旅行社管理学[M]. 北京：中国旅游出版社，2003：391.

的搜索，通过比价、行程的安排及旅行社的网站的咨询与沟通，最终进行旅游线路或相关旅游产品的预订。旅行社投放的广告主要有搜索引擎推广、网盟、品牌专区、微信订阅号等。

（四）定制产品

随着旅游者个性化需求的增多与互联网信息的快速发展，旅游定制成为人们出游的重要选择方式。传统的广告推销以大众群体为主，消费者无法进行准确的选择，随着营销 3.0 时代的到来，定制旅游产品能够更好满足游客的需求，通过网站进行定制产品的推广，提供专家咨询服务、线路规划服务，并提供相关的旅游产品能够更加准确地进行营销。

（五）网络分销与直接销售

互联网为旅行社及分销商提供了高效的分销平台，通过互联网的沟通可降低渠道中的营销费用，旅行社可通过互联网将分销商的内部网进行融合，了解分销的情况和库存信息，更加有效地制定营销策略。同时，旅行社可接入现有的在线旅游 B2B 平台，进行产品的对接与销售。

（六）网络营销的管理

网络传播通过用户口碑传播，能够快速宣传企业信息，但同时，如果出现负面的报道、服务缺失、用户信息泄漏等问题很容易对企业形象造成负面影响，且不易挽救，基于旅行社涉及多个服务环节，要加强线上的管控，同时提升线下的服务质量，确保提升企业的口碑。

三、旅行社网络营销对策

（一）网络营销和传统营销相结合

网络营销作为新型的营销方式，对传统的营销产生了巨大的冲击，但却不能完全取代线下营销，二者有不同的优势，必须将其结合起来，形成线上线下的 O2O 闭环，才能进而实现全方位的整合营销。同时，网络营销大大提升了传统营销的交互性，从单项沟通发展为双向沟通，信息也从企业的单项传递发展为双向的交流，旅游者逐渐成为传播的主体力量之一，社群的力量得到快速的发展。

（二）加强网络支付的安全建设

网络支付是网络营销的关键步骤，安全的网络支付能够让消费者实现在线购买，形成从商品的查询、比价、筛选到预订的交易闭环。网上支付主要有与第三方对接，如网上销售的结算与银行系统联网，或者与支付宝、微信支付合作，形成自己过渡的资金池，使游客能够轻松地在网上预订旅游产品，通过网络进行快捷结算。

（三）增强消费者的信任程度

旅行社应通过互联网加大自身的宣传与品牌推广，树立企业的形象，并以线上线下良好的服务满足消费者的个性化需求，让更多的消费者了解本旅行社的网址，关注其微信公众账号，定期进行产品的推送，并逐步通过网络传播自身的企业文化，在顾客中增大影响力，增加认同感，提升网络信誉，减轻网络营销的发展阻力。

（四）保证数据的真实性和有效性

随着“互联网＋”的兴起及智慧旅游的发展，大数据作为重要的营销途径进入人们的视野，旅行社可通过客户及上下游的对接资源搜集到大量的数据信息，旅行社可通过对客户数据的处理进行游客的画像，并对客户打上标签，进行针对性的营销，如性别标签、年龄标签、地域标签，等等。随着客户的不断增多及老客户的二次消费等，游客的信息数据也要随之更新，确保其有效性及真实性。同时对接的上下游资源也要进行即时数据的输入与处理，以免由于信息的滞后而造成服务的缺失。

思考题：

1. 信息化在旅行社中有哪些应用？
2. 旅行社信息化管理的战略？
3. 旅游电子商务模式有哪些？
4. 旅行社应该如何进行网络营销？

附录1　旅行社条例

第一章　总　则

第一条　为了加强对旅行社的管理，保障旅游者和旅行社的合法权益，维护旅游市场秩序，促进旅游业的健康发展，制定本条例。

第二条　本条例适用于中华人民共和国境内旅行社的设立及经营活动。

本条例所称旅行社，是指从事招徕、组织、接待旅游者等活动，为旅游者提供相关旅游服务，开展国内旅游业务、入境旅游业务或者出境旅游业务的企业法人。

第三条　国务院旅游行政主管部门负责全国旅行社的监督管理工作。

县级以上地方人民政府管理旅游工作的部门按照职责负责本行政区域内旅行社的监督管理工作。

县级以上各级人民政府工商、价格、商务、外汇等有关部门，应当按照职责分工，依法对旅行社进行监督管理。

第四条　旅行社在经营活动中应当遵循自愿、平等、公平、诚信的原则，提高服务质量，维护旅游者的合法权益。

第五条　旅行社行业组织应当按照章程为旅行社提供服务，发挥协调和自律作用，引导旅行社合法、公平竞争和诚信经营。

第二章　旅行社的设立

第六条　申请设立旅行社，经营国内旅游业务和入境旅游业务的，应当具备下列条件：

（一）有固定的经营场所；

（二）有必要的营业设施；

（三）有不少于 30 万元的注册资本。

第七条　申请设立旅行社，经营国内旅游业务和入境旅游业务的，应当向所在地省、自治区、直辖市旅游行政管理部门或者其委托的设区的市级旅游行政管理部门提出申请，并提交符合本条例第六条规定的相关证明文件。受理申请的旅游行政管理部门应当自受理申请之日起 20 个工作日内作出许可或者不予许可的决定。予以许可的，向申请人颁发旅行社业务经营许可证，申请人持旅行社业务经营许可证向工商行政管理部门办理设立登记；不予许可的，书面通知申请人并说明理由。

第八条　旅行社取得经营许可满两年，且未因侵害旅游者合法权益受到行政机关罚款以上处罚的，可以申请经营出境旅游业务。

第九条　申请经营出境旅游业务的，应当向国务院旅游行政主管部门或者其委托的省、自治区、直辖市旅游行政管理部门提出申请，受理申请的旅游行政管理部门应当自受理申请之日起 20 个工作日内作出许可或者不予许可的决定。予以许可的，向申请人换发旅行社业务经营许可证，旅行社应当持换发的旅行社业务经营许可证到工商行政管理部门办理变更登记；不予许可的，书面通知申请人并说明理由。

第十条　旅行社设立分社的，应当持旅行社业务经营许可证副本向分社所在地的工商行政管理部门办理设立登记，并自设立登记之日起 3 个工作日内向分社所在地的旅游行政管理部门备案。

旅行社分社的设立不受地域限制。分社的经营范围不得超出设立分社的旅行社的经营范围。

第十一条　旅行社设立专门招徕旅游者、提供旅游咨询的服务网点（以下简称旅行社服务网点）应当依法向工商行政管理部门办理设立登记手续，并向所在地的旅游行政管理部门备案。

旅行社服务网点应当接受旅行社的统一管理，不得从事招徕、咨询以外的活动。

第十二条　旅行社变更名称、经营场所、法定代表人等登记事项或者终止经营的，应当到工商行政管理部门办理相应的变更登记或者注销登记，并在登记办理完毕之日起 10 个工作日内，向原许可的旅游行政管理部门备案，换领或者交回旅行社业务经营许可证。

第十三条　旅行社应当自取得旅行社业务经营许可证之日起 3 个工作日内，在国务院旅游行政主管部门指定的银行开设专门的质量保证金账户，存入质量保证金，或者向作出许可的旅游行政管理部门提交依法取得的担保额度不低于相应质量保证金数额的银行担保。

经营国内旅游业务和入境旅游业务的旅行社，应当存入质量保证金 20 万元；经营出境旅游业务的旅行社，应当增存质量保证金 120 万元。

质量保证金的利息属于旅行社所有。

第十四条　旅行社每设立一个经营国内旅游业务和入境旅游业务的分社，应当向其质量保证金账户增存 5 万元；每设立一个经营出境旅游业务的分社，应当向其质量保证金账户增存 30 万元。

第十五条　有下列情形之一的，旅游行政管理部门可以使用旅行社的质量保证金：

（一）旅行社违反旅游合同约定，侵害旅游者合法权益，经旅游行政管理部门查证属实的；

（二）旅行社因解散、破产或者其他原因造成旅游者预交旅游费用损失的。

第十六条　人民法院判决、裁定及其他生效法律文书认定旅行社损害旅游者合法权益，旅行社拒绝或者无力赔偿的，人民法院可以从旅行社的质量保证金账户上划拨赔偿款。

第十七条　旅行社自交纳或者补足质量保证金之日起三年内未因侵害旅游者合法权益受到行政机关罚款以上处罚的，旅游行政管理部门应当将旅行社质量保证金的交存数额降低50%，并向社会公告。旅行社可凭省、自治区、直辖市旅游行政管理部门出具的凭证减少其质量保证金。

第十八条　旅行社在旅游行政管理部门使用质量保证金赔偿旅游者的损失，或者依法减少质量保证金后，因侵害旅游者合法权益受到行政机关罚款以上处罚的，应当在收到旅游行政管理部门补交质量保证金的通知之日起5个工作日内补足质量保证金。

第十九条　旅行社不再从事旅游业务的，凭旅游行政管理部门出具的凭证，向银行取回质量保证金。

第二十条　质量保证金存缴、使用的具体管理办法由国务院旅游行政主管部门和国务院财政部门会同有关部门另行制定。

第三章　外商投资旅行社

第二十一条　外商投资旅行社适用本章规定；本章没有规定的，适用本条例其他有关规定。

前款所称外商投资旅行社，包括中外合资经营旅行社、中外合作经营旅行社和外资旅行社。

第二十二条　设立外商投资旅行社，由投资者向国务院旅游行政主管部门提出申请，并提交符合本条例第六条规定条件的相关证明文件。国务院旅游行政主管部门应当自受理申请之日起30个工作日内审查完毕。同意设立的，出具外商投资旅行社业务许可审定意见书；不同意设立的，书面通知申请人并说明理由。

申请人持外商投资旅行社业务许可审定意见书、章程，合资、合作双方签订的合同向国务院商务主管部门提出设立外商投资企业的申请。国务院商务主管部门应当依照有关法律、法规的规定，作出批准或者不予批准的决定。予以批准的，颁发外商投资企业批准证书，并通知申请人向国务院旅游行政主管部门领取旅行社业务经营许可证，申请人持旅行社业务经营许可证和外商投资企业批准证书向工商行政管理部门办理设立登记；不予批准的，书面通知申请人并说明理由。

第二十三条　外商投资旅行社不得经营中国内地居民出国旅游业务以及赴香港特别行政区、澳门特别行政区和台湾地区旅游的业务，但是国务院决定或者我国签署的自由贸易协定和内地与香港、澳门关于建立更紧密经贸关系的安排另有规定的除外。

第四章　旅行社经营

第二十四条　旅行社向旅游者提供的旅游服务信息必须真实可靠，不得作虚假宣传。

第二十五条　经营出境旅游业务的旅行社不得组织旅游者到国务院旅游行政主管部门公布的中国公民出境旅游目的地之外的国家和地区旅游。

第二十六条　旅行社为旅游者安排或者介绍的旅游活动不得含有违反有关法律、法规规定的内容。

第二十七条　旅行社不得以低于旅游成本的报价招徕旅游者。未经旅游者同意，旅行社不得在旅游合同约定之外提供其他有偿服务。

第二十八条　旅行社为旅游者提供服务，应当与旅游者签订旅游合同并载明下列事项：

（一）旅行社的名称及其经营范围、地址、联系电话和旅行社业务经营许可证编号；

（二）旅行社经办人的姓名、联系电话；

（三）签约地点和日期；

（四）旅游行程的出发地、途经地和目的地；

（五）旅游行程中交通、住宿、餐饮服务安排及其标准；

（六）旅行社统一安排的游览项目的具体内容及时间；

（七）旅游者自由活动的时间和次数；

（八）旅游者应当交纳的旅游费用及交纳方式；

（九）旅行社安排的购物次数、停留时间及购物场所的名称；

（十）需要旅游者另行付费的游览项目及价格；

（十一）解除或者变更合同的条件和提前通知的期限；

（十二）违反合同的纠纷解决机制及应当承担的责任；

（十三）旅游服务监督、投诉电话；

（十四）双方协商一致的其他内容。

第二十九条　旅行社在与旅游者签订旅游合同时，应当对旅游合同的具体内容作出真实、准确、完整的说明。

旅行社和旅游者签订的旅游合同约定不明确或者对格式条款的理解发生争议的，应当按照通常理解予以解释；对格式条款有两种以上解释的，应当作出有利于旅游者的解释；格式条款和非格式条款不一致的，应当采用非格式条款。

第三十条　旅行社组织中国内地居民出境旅游的，应当为旅游团队安排领队全程陪同。

第三十一条　旅行社为接待旅游者委派的导游人员或者为组织旅游者出境旅游委派的领队人员，应当持有国家规定的导游证、领队证。

第三十二条　旅行社聘用导游人员、领队人员应当依法签订劳动合同，并向其支付不低于当地最低工资标准的报酬。

第三十三条　旅行社及其委派的导游人员和领队人员不得有下列行为：

（一）拒绝履行旅游合同约定的义务；

（二）非因不可抗力改变旅游合同安排的行程；

（三）欺骗、胁迫旅游者购物或者参加需要另行付费的游览项目。

第三十四条　旅行社不得要求导游人员和领队人员接待不支付接待和服务费用或者支付的费用低于接待和服务成本的旅游团队，不得要求导游人员和领队人员承担接待旅游团队的相关费用。

第三十五条　旅行社违反旅游合同约定，造成旅游者合法权益受到损害的，应当采取必要的补救措施，并及时报告旅游行政管理部门。

第三十六条　旅行社需要对旅游业务作出委托的，应当委托给具有相应资质的旅行社，征得旅游者的同意，并与接受委托的旅行社就接待旅游者的事宜签订委托合同，确定接待旅游者的各项服务安排及其标准，约定双方的权利、义务。

第三十七条　旅行社将旅游业务委托给其他旅行社的，应当向接受委托的旅行社支付不低于接待和服务成本的费用；接受委托的旅行社不得接待不支付或者不足额支付接待和服务费用的旅游团队。

接受委托的旅行社违约，造成旅游者合法权益受到损害的，作出委托的旅行社应当承担相应的赔偿责任。作出委托的旅行社赔偿后，可以向接受委托的旅行社追偿。

接受委托的旅行社故意或者重大过失造成旅游者合法权益损害的，应当承担连带责任。

第三十八条　旅行社应当投保旅行社责任险。旅行社责任险的具体方案由国务院旅游行政主管部门会同国务院保险监督管理机构另行制定。

第三十九条　旅行社对可能危及旅游者人身、财产安全的事项，应当向旅游者作出真实的说明和明确的警示，并采取防止危害发生的必要措施。

发生危及旅游者人身安全的情形的，旅行社及其委派的导游人员、领队人员应当采取必要的处置措施并及时报告旅游行政管理部门；在境外发生的，还应当及时报告中华人民共和国驻该国使领馆、相关驻外机构、当地警方。

第四十条　旅游者在境外滞留不归的，旅行社委派的领队人员应当及时向旅行社和中华人民共和国驻该国使领馆、相关驻外机构报告。旅行社接到报告后应当及时向旅游行政管理部门和公安机关报告，并协助提供非法滞留者的信息。

旅行社接待入境旅游发生旅游者非法滞留我国境内的，应当及时向旅游行政管理部门、公安机关和外事部门报告，并协助提供非法滞留者的信息。

第五章　监督检查

第四十一条　旅游、工商、价格、商务、外汇等有关部门应当依法加强对旅行社的监督管理，发现违法行为，应当及时予以处理。

第四十二条　旅游、工商、价格等行政管理部门应当及时向社会公告监督检查的情况。公告的内容包括旅行社业务经营许可证的颁发、变更、吊销、注销情况，旅行社的违法经营行为以及旅行社的诚信记录、旅游者投诉信息等。

第四十三条　旅行社损害旅游者合法权益的，旅游者可以向旅游行政管理部门、工商行政管理部门、价格主管部门、商务主管部门或者外汇管理部门投诉，接到投诉的部门应当按照其职责权限及时调查处理，并将调查处理的有关情况告知旅游者。

第四十四条　旅行社及其分社应当接受旅游行政管理部门对其旅游合同、服务质量、旅游安全、财务账簿等情况的监督检查，并按照国家有关规定向旅游行政管理部门报送经营和财务信息等统计资料。

第四十五条　旅游、工商、价格、商务、外汇等有关部门工作人员不得接受旅行社的任何馈赠，不得参加由旅行社支付费用的购物活动或者游览项目，不得通过旅行社为自己、亲友或者其他个人、组织牟取私利。

第六章　法律责任

第四十六条　违反本条例的规定，有下列情形之一的，由旅游行政管理部门或者工商行政管理部门责令改正，没收违法所得，违法所得 10 万元以上的，并处违法所得 1 倍以上 5 倍以下的罚款；违法所得不足 10 万元或者没有违法所得的，并处 10 万元以上 50 万元以下的罚款：

（一）未取得相应的旅行社业务经营许可，经营国内旅游业务、入境旅游业务、出境旅游业务的；

（二）分社的经营范围超出设立分社的旅行社的经营范围的；

（三）旅行社服务网点从事招徕、咨询以外的活动的。

第四十七条　旅行社转让、出租、出借旅行社业务经营许可证的，由旅游行政管理部门责令停业整顿 1 个月至 3 个月，并没收违法所得；情节严重的，吊销旅行社业务经营许可证。受让或者租借旅行社业务经营许可证的，由旅游行政管理部门或者工商行政管理部门责令停止非法经营，没收违法所得，并处 10 万元以上 50 万元以下的罚款。

第四十八条　违反本条例的规定，旅行社未在规定期限内向其质量保证金账户存入、增存、补足质量保证金或者提交相应的银行担保的，由旅游行政管理部门责令改正；拒不改正的，吊销旅行社业务经营许可证。

第四十九条　违反本条例的规定，旅行社不投保旅行社责任险的，由旅游行政管理部门责令改正；拒不改正的，吊销旅行社业务经营许可证。

第五十条　违反本条例的规定，旅行社有下列情形之一的，由旅游行政管理部门责令改正；拒不改正的，处 1 万元以下的罚款：

（一）变更名称、经营场所、法定代表人等登记事项或者终止经营，未在规定期限内向原许可的旅游行政管理部门备案，换领或者交回旅行社业务经营许可证的；

（二）设立分社未在规定期限内向分社所在地旅游行政管理部门备案的；

（三）不按照国家有关规定向旅游行政管理部门报送经营和财务信息等统计资料的。

第五十一条　违反本条例的规定，外商投资旅行社经营中国内地居民出国旅游业务以及赴香港特别行政区、澳门特别行政区和台湾地区旅游业务，或者经营出境旅游业务的旅行社组织旅游者到国务院旅游行政主管部门公布的中国公民出境旅游目的地之外的国家和地区旅游的，由旅游行政管理部门责令改正，没收违法所得，违法所得 10 万元以上的，并处违法所得 1 倍以上 5 倍以下的罚款；违法所得不足 10 万元或者没有违法所得的，并处 10 万元以上 50 万元以下的罚款；情节严重的，吊销旅行社业务经营许可证。

第五十二条　违反本条例的规定，旅行社为旅游者安排或者介绍的旅游活动含有违反有关法律、法规规定的内容的，由旅游行政管理部门责令改正，没收违法所得，并处 2 万元以上 10 万元以下的罚款；情节严重的，吊销旅行社业务经营许可证。

第五十三条　违反本条例的规定，旅行社向旅游者提供的旅游服务信息含有虚假内容或者作虚假宣传的，由工商行政管理部门依法给予处罚。

违反本条例的规定，旅行社以低于旅游成本的报价招徕旅游者的，由价格主管部门依法给予处罚。

第五十四条　违反本条例的规定，旅行社未经旅游者同意在旅游合同约定之外提供其他有偿服务的，由旅游行政管理部门责令改正，处 1 万元以上 5 万元以下的罚款。

第五十五条　违反本条例的规定，旅行社有下列情形之一的，由旅游行政管理部门责令改正，处 2 万元以上 10 万元以下的罚款；情节严重的，责令停业整顿 1 个月至 3 个月：

（一）未与旅游者签订旅游合同；

（二）与旅游者签订的旅游合同未载明本条例第二十八条规定的事项；

（三）未取得旅游者同意，将旅游业务委托给其他旅行社；

（四）将旅游业务委托给不具有相应资质的旅行社；

（五）未与接受委托的旅行社就接待旅游者的事宜签订委托合同。

第五十六条　违反本条例的规定，旅行社组织中国内地居民出境旅游，不为旅游团队安排领队全程陪同的，由旅游行政管理部门责令改正，处 1 万元以上 5 万元以下的罚款；拒不改正的，责令停业整顿 1 个月至 3 个月。

第五十七条　违反本条例的规定，旅行社委派的导游人员和领队人员未持有国家规定的导游证或者领队证的，由旅游行政管理部门责令改正，对旅行社处 2 万元以上 10 万元以下的罚款。

第五十八条　违反本条例的规定，旅行社不向其聘用的导游人员、领队人员支付报酬，或者所支付的报酬低于当地最低工资标准的，按照《中华人民共和国劳动合同法》的有关规定处理。

第五十九条　违反本条例的规定，有下列情形之一的，对旅行社，由旅游行政管理部门或者工商行政管理部门责令改正，处 10 万元以上 50 万元以下的罚款；对导游人员、领队人员，由旅游行政管理部门责令改正，处 1 万元以上 5 万元以下的罚款；情节严重的，吊销旅行社业务经营许可证、导游证或者领队证：

（一）拒不履行旅游合同约定的义务的；

（二）非因不可抗力改变旅游合同安排的行程的；

（三）欺骗、胁迫旅游者购物或者参加需要另行付费的游览项目的。

第六十条　违反本条例的规定，旅行社要求导游人员和领队人员接待不支付接待和服务费用、支付的费用低于接待和服务成本的旅游团队，或者要求导游人员和领队人员承担接待旅游团队的相关费用的，由旅游行政管理部门责令改正，处 2 万元以上 10 万元以下的罚款。

第六十一条　旅行社违反旅游合同约定，造成旅游者合法权益受到损害，不采取必要的补救措施的，由旅游行政管理部门或者工商行政管理部门责令改正，处 1 万元以上 5 万元以下的罚款；情节严重的，由旅游行政管理部门吊销旅行社业务经营许可证。

第六十二条　违反本条例的规定，有下列情形之一的，由旅游行政管理部门责令改正，停业整顿 1 个月至 3 个月；情节严重的，吊销旅行社业务经营许可证：

（一）旅行社不向接受委托的旅行社支付接待和服务费用的；

（二）旅行社向接受委托的旅行社支付的费用低于接待和服务成本的；

（三）接受委托的旅行社接待不支付或者不足额支付接待和服务费用的旅游团队的。

第六十三条　违反本条例的规定，旅行社及其委派的导游人员、领队人员有下列情形之一的，由旅游行政管理部门责令改正，对旅行社处 2 万元以上 10 万元以下的罚款；对导游人员、领队人员处 4000 元以上 2 万元以下的罚款；情节严重的，责令旅行社停业整顿 1 个月至 3 个月，或者吊销旅行社业务经营许可证、导游证、领队证：

（一）发生危及旅游者人身安全的情形，未采取必要的处置措施并及时报告的；

（二）旅行社组织出境旅游的旅游者非法滞留境外，旅行社未及时报告并协助提供非法滞留者信息的；

（三）旅行社接待入境旅游的旅游者非法滞留境内，旅行社未及时报告并协助提供非法滞留者信息的。

第六十四条　因妨害国（边）境管理受到刑事处罚的，在刑罚执行完毕之日起五年内不得从事旅行社业务经营活动；旅行社被吊销旅行社业务经营许可的，其主要负责人在旅行社业务经营许可被吊销之日起五年内不得担任任何旅行社的主要负责人。

第六十五条　旅行社违反本条例的规定，损害旅游者合法权益的，应当承担相应的民事责任；构成犯罪的，依法追究刑事责任。

第六十六条　违反本条例的规定，旅游行政管理部门或者其他有关部门及其工作人员有下列情形之一的，对直接负责的主管人员和其他直接责任人员依法给予处分：

（一）发现违法行为不及时予以处理的；

（二）未及时公告对旅行社的监督检查情况的；

（三）未及时处理旅游者投诉并将调查处理的有关情况告知旅游者的；

（四）接受旅行社的馈赠的；

（五）参加由旅行社支付费用的购物活动或者游览项目的；

（六）通过旅行社为自己、亲友或者其他个人、组织牟取私利的。

第七章　附　则

第六十七条　香港特别行政区、澳门特别行政区和台湾地区的投资者在内地投资设立的旅行社，参照适用本条例。

第六十八条　本条例自 2009 年 5 月 1 日起施行。1996 年 10 月 15 日国务院发布的《旅行社管理条例》同时废止。

附录2　旅行社条例实施细则

第一章　总　则

第一条　根据《旅行社条例》（以下简称《条例》），制定本实施细则。

第二条　《条例》第二条所称招徕、组织、接待旅游者提供的相关旅游服务，主要包括：

（一）安排交通服务；

（二）安排住宿服务；

（三）安排餐饮服务；

（四）安排观光游览、休闲度假等服务；

（五）导游、领队服务；

（六）旅游咨询、旅游活动设计服务。

旅行社还可以接受委托，提供下列旅游服务：

（一）接受旅游者的委托，代订交通客票、代订住宿和代办出境、入境、签证手续等；

（二）接受机关、事业单位和社会团体的委托，为其差旅、考察、会议、展览等公务活动，代办交通、住宿、餐饮、会务等事务；

（三）接受企业委托，为其各类商务活动、奖励旅游等，代办交通、住宿、餐饮、会务、观光游览、休闲度假等事务；

（四）其他旅游服务。

前款所列出境、签证手续等服务，应当由具备出境旅游业务经营权的旅行社代办。

第三条　《条例》第二条所称国内旅游业务，是指旅行社招徕、组织和接待中国内地居民在境内旅游的业务。

《条例》第二条所称入境旅游业务，是指旅行社招徕、组织、接待外国旅游者来我国旅游，香港特别行政区、澳门特别行政区旅游者来内地旅游，台湾地区居民来大陆旅游，以及招徕、组织、接待在中国内地的外国人，在内地的香港特别行政区、澳门特别行政区居民和在大陆的台湾地区居民在境内旅游的业务。

《条例》第二条所称出境旅游业务，是指旅行社招徕、组织、接待中国内地居民出国旅游，赴香港特别行政区、澳门特别行政区和台湾地区旅游，以及招徕、组织、接待在中国内地的外国人、在内地的香港特别行政区、澳门特别行政区居民和在大陆的台湾地区居民出境旅游的业务。

第四条　对旅行社及其分支机构的监督管理，县级以上旅游行政管理部门应当按照《条例》、本细则的规定和职责，实行分级管理和属地管理。

第五条　鼓励旅行社实行服务质量等级制度；鼓励旅行社向专业化、网络化、品牌化发展。

第二章　旅行社的设立与变更

第六条　《条例》第六条第（一）项规定的经营场所应当符合下列要求：

（一）申请者拥有产权的营业用房，或者申请者租用的、租期不少于 1 年的营业用房；

（二）营业用房应当满足申请者业务经营的需要。

第七条　《条例》第六条第（二）项规定营业设施应当至少包括下列设施、设备：

（一）2 部以上的直线固定电话；

（二）传真机、复印机；

（三）具备与旅游行政管理部门及其他旅游经营者联网条件的计算机。

第八条　申请设立旅行社，应当向省、自治区、直辖市旅游行政管理部门（简称省级旅游行政管理部门，下同）提交下列文件：

（一）设立申请书，内容包括申请设立的旅行社的中英文名称及英文缩写，设立地址，企业形式、出资人、出资额和出资方式，申请人、受理申请部门的全称、申请书名称和申请的时间；

（二）法定代表人履历表及身份证明；

（三）企业章程；

（四）依法设立的验资机构出具的验资证明；

（五）经营场所的证明；

（六）营业设施、设备的证明或者说明；

（七）工商行政管理部门出具的《企业名称预先核准通知书》。

省级旅游行政管理部门可以委托设区的市（含州、盟，下同）级旅游行政管理部门，受理当事人的申请并作出许可或者不予许可的决定。

第九条　受理申请的旅游行政管理部门可以对申请人的经营场所、营业设施、设备进行现场检查，或者委托下级旅游行政管理部门检查。

第十条　旅行社申请出境旅游业务的，应当向国务院旅游行政主管部门提交原许可的旅游行政管理部门出具的，证明其经营旅行社业务满两年、且连续两年未因侵害旅游者合法权益受到行政机关罚款以上处罚的文件。

旅行社取得出境旅游经营业务许可的，由国务院旅游行政主管部门换发旅行社业务经营许可证。旅行社持旅行社业务经营许可证向工商行政管理部门办理经营范围变更登记。

国务院旅游行政主管部门可以委托省级旅游行政管理部门受理旅行社经营出境旅游业务的申请，并作出许可或者不予许可的决定。

旅行社申请经营边境旅游业务的，适用《边境旅游暂行管理办法》的规定。

旅行社申请经营赴台湾地区旅游业务的，适用《大陆居民赴台湾地区旅游管理办法》的规定。

第十一条　旅行社因业务经营需要，可以向原许可的旅游行政管理部门申请核发旅行社业务经营许可证副本。

旅行社业务经营许可证及副本，由国务院旅游行政主管部门制定统一样式，国务院旅游行政主管部门和省级旅游行政管理部门分别印制。

旅行社业务经营许可证及副本损毁或者遗失的，旅行社应当向原许可的旅游行政管理部门申请换发或者补发。

申请补发旅行社业务经营许可证及副本的，旅行社应当通过本省、自治区、直辖市范围内公开发行的报刊，或者省级以上旅游行政管理部门网站，刊登损毁或者遗失作废声明。

第十二条　旅行社名称、经营场所、出资人、法定代表人等登记事项变更的，应当在办理变更登记后，持已变更的《企业法人营业执照》向原许可的旅游行政管理部门备案。

旅行社终止经营的，应当在办理注销手续后，持工商行政管理部门出具的注销文件，向原许可的旅游行政管理部门备案。

外商投资旅行社的，适用《条例》第三章的规定。未经批准，旅行社不得引进外商投资。

第十三条　国务院旅游行政主管部门指定的作为旅行社存入质量保证金的商业银行，应当提交具有下列内容的书面承诺：

（一）同意与存入质量保证金的旅行社签订符合本实施细则第十五条规定的协议；

（二）当县级以上旅游行政管理部门或者人民法院依据《条例》规定，划拨质量保证金后 3 个工作日内，将划拨情况及其数额，通知旅行社所在地的省级旅游行政管理部门，并提供县级以上旅游行政管理部门出具的划拨文件或者人民法院生效法律文书的复印件；

（三）非因《条例》规定的情形，出现质量保证金减少时，承担补足义务。

旅行社应当在国务院旅游行政主管部门指定银行的范围内，选择存入质量保证金的银行。

第十四条　旅行社在银行存入质量保证金的，应当设立独立账户，存期由旅行社确定，但不得少于 1 年。账户存期届满，旅行社应当及时办理续存手续。

第十五条　旅行社存入、续存、增存质量保证金后 7 个工作日内，应当向作出许可的旅游行政管理部门提交存入、续存、增存质量保证金的证明文件，以及旅行社与银行达成的使用质量保证金的协议。

前款协议应当包含下列内容：

（一）旅行社与银行双方同意依照《条例》规定使用质量保证金；

（二）旅行社与银行双方承诺，除依照县级以上旅游行政管理部门出具的划拨质量保证金，或者省级以上旅游行政管理部门出具的降低、退还质量保证金的文件，以及人民法院作出的认定旅行社损害旅游者合法权益的生效法律文书外，任何单位和个人不得动用质量保证金。

第十六条　旅行社符合《条例》第十七条降低质量保证金数额规定条件的，原许可的旅游行政管理部门应当根据旅行社的要求，在 10 个工作日内向其出具降低质量保证金数额的文件。

第十七条　旅行社按照《条例》第十八条规定补足质量保证金后 7 个工作日内，应当向原许可的旅游行政管理部门提交补足的证明文件。

第三章　旅行社的分支机构

第十八条　旅行社分社（简称分社，下同）及旅行社服务网点（简称服务网点，下同），不具有法人资格，以设立分社、服务网点的旅行社（简称设立社，下同）的名义从事《条例》规定的经营活动，其经营活动的责任和后果，由设立社承担。

第十九条　设立社向分社所在地工商行政管理部门办理分社设立登记后，应当持下列文件向分社所在地与工商登记同级的旅游行政管理部门备案：

（一）设立社的旅行社业务经营许可证副本和企业法人营业执照副本；

（二）分社的《营业执照》；

（三）分社经理的履历表和身份证明；

（四）增存质量保证金的证明文件。

没有同级的旅游行政管理部门的，向上一级旅游行政管理部门备案。

第二十条　分社的经营场所、营业设施、设备，应当符合《条例》第六条第（一）项、第（二）项及本实施细则第六条、第七条规定的要求。

分社的名称中应当包含设立社名称、分社所在地地名和“分社”或者“分公司”字样。

第二十一条　服务网点是指旅行社设立的，为旅行社招徕旅游者，并以旅行社的名义与旅游者签订旅游合同的门市部等机构。

设立社设立服务网点的区域范围，应当在设立社所在地的设区的市的行政区划内。

设立社不得在前款规定的区域范围外，设立服务网点。

第二十二条　服务网点应当设在方便旅游者认识和出入的公众场所。

服务网点的名称、标牌应当包括设立社名称、服务网点所在地地名等，不得含有使消费者误解为是旅行社或者分社的内容，也不得作易使消费者误解的简称。

服务网点应当在设立社的经营范围内，招徕旅游者、提供旅游咨询服务。

第二十三条　设立社向服务网点所在地工商行政管理部门办理服务网点设立登记后，应当在3个工作日内，持下列文件向服务网点所在地与工商登记同级的旅游行政管理部门备案：

（一）设立社的旅行社业务经营许可证副本和企业法人营业执照副本；

（二）服务网点的《营业执照》；

（三）服务网点经理的履历表和身份证明。

没有同级的旅游行政管理部门的，向上一级旅游行政管理部门备案。

第二十四条　分社、服务网点备案后，受理备案的旅游行政管理部门应当向旅行社颁发《旅行社分社备案登记证明》或者《旅行社服务网点备案登记证明》。

第二十五条　设立社应当与分社、服务网点的员工，订立劳动合同。

设立社应当加强对分社和服务网点的管理，对分社实行统一的人事、财务、招徕、接待制度规范，对服务网点实行统一管理、统一财务、统一招徕和统一咨询服务规范。

第四章　旅行社经营规范

第二十六条　旅行社及其分社、服务网点，应当将《旅行社业务经营许可证》《旅行社分社备案登记证明》或者《旅行社服务网点备案登记证明》，与营业执照一起，悬挂在经营场所的显要位置。

第二十七条　旅行社业务经营许可证不得转让、出租或者出借。

旅行社的下列行为属于转让、出租或者出借旅行社业务经营许可证的行为：

（一）除招徕旅游者和符合本实施细则第三十四条第一款规定的接待旅游者的情形外，准许或者默许其他企业、团体或者个人，以自己的名义从事旅行社业务经营活动的；

（二）准许其他企业、团体或者个人，以部门或者个人承包、挂靠的形式经营旅行社业务的。

第二十八条　旅行社设立的办事处、代表处或者联络处等办事机构，不得从事旅行社业务经营活动。

第二十九条　旅行社以互联网形式经营旅行社业务的，除符合法律、法规规定外，其网站首页应当载明旅行社的名称、法定代表人、许可证编号和业务经营范围，以及原许可的旅游行政管理部门的投诉电话。

第三十条　《条例》第二十六条规定的旅行社不得安排的活动，主要包括：

（一）含有损害国家利益和民族尊严内容的；

（二）含有民族、种族、宗教歧视内容的；

（三）含有淫秽、赌博、涉毒内容的；

（四）其他含有违反法律、法规规定内容的。

第三十一条　《条例》第三十四条所规定的旅行社不得要求导游人员和领队人员承担接待旅游团队的相关费用，主要包括：

（一）垫付旅游接待费用；

（二）为接待旅游团队向旅行社支付费用；

（三）其他不合理费用。

第三十二条　旅行社招徕、组织、接待旅游者，其选择的交通、住宿、餐饮、景区等企业，应当符合具有合法经营资格和接待服务能力的要求。

第三十三条　在签订旅游合同时，旅行社不得要求旅游者必须参加旅行社安排的购物活动或者需要旅游者另行付费的旅游项目。

同一旅游团队中，旅行社不得由于下列因素，提出与其他旅游者不同的合同事项：

（一）旅游者拒绝参加旅行社安排的购物活动或者需要旅游者另行付费的旅游项目的；

（二）旅游者存在的年龄或者职业上的差异，但旅行社提供了与其他旅游者相比更多的服务，或者旅游者主动要求的除外。

第三十四条　旅行社需要将在旅游目的地接待旅游者的业务作出委托的，应当按照《条例》第三十六条的规定，委托给旅游目的地的旅行社并签订委托接待合同。

旅行社对接待旅游者的业务作出委托的，应当按照《条例》第三十六条的规定，将旅游目的地接受委托的旅行社的名称、地址、联系人和联系电话，告知旅游者。

第三十五条　旅游行程开始前，当发生约定的解除旅游合同的情形时，经征得旅游者的同意，旅行社可以将旅游者推荐给其他旅行社组织、接待，并由旅游者与被推荐的旅行社签订旅游合同。

未经旅游者同意的，旅行社不得将旅游者转交给其他旅行社组织、接待。

第三十六条 旅行社及其委派的导游人员和领队人员的下列行为，属于擅自改变旅游合同安排行程：

（一）减少游览项目或者缩短游览时间的；

（二）增加或者变更旅游项目的；

（三）增加购物次数或者延长购物时间的；

（四）其他擅自改变旅游合同安排的行为。

第三十七条 在旅游行程中，当发生不可抗力、危及旅游者人身、财产安全，或者非旅行社责任造成的意外情形，旅行社不得不调整或者变更旅游合同约定的行程安排时，应当在事前向旅游者作出说明；确因客观情况无法在事前说明的，应当在事后作出说明。

第三十八条 在旅游行程中，旅游者有权拒绝参加旅行社在旅游合同之外安排的购物活动或者需要旅游者另行付费的旅游项目。

旅行社及其委派的导游人员和领队人员不得因旅游者拒绝参加旅行社安排的购物活动或者需要旅游者另行付费的旅游项目等情形，以任何借口、理由，拒绝继续履行合同、提供服务，或者以拒绝继续履行合同、提供服务相威胁。

第三十九条 旅行社及其委派的导游人员、领队人员，应当对其提供的服务可能危及旅游者人身、财物安全的事项，向旅游者作出真实的说明和明确的警示。

在旅游行程中的自由活动时间，旅游者应当选择自己能够控制风险的活动项目，并在自己能够控制风险的范围内活动。

第四十条 为减少自然灾害等意外风险给旅游者带来的损害，旅行社在招徕、接待旅游者时，可以提示旅游者购买旅游意外保险。

鼓励旅行社依法取得保险代理资格，并接受保险公司的委托，为旅游者提供购买人身意外伤害保险的服务。

第四十一条 发生出境旅游者非法滞留境外或者入境旅游者非法滞留境内的，旅行社应当立即向所在地县级以上旅游行政管理部门、公安机关和外事部门报告。

第四十二条 在旅游行程中，旅行社及其委派的导游人员、领队人员应当提示旅游者遵守文明旅游公约和礼仪。

第四十三条 旅行社及其委派的导游人员、领队人员在经营、服务中享有下列权利：

(一)要求旅游者如实提供旅游所必需的个人信息,按时提交相关证明文件;

(二)要求旅游者遵守旅游合同约定的旅游行程安排,妥善保管随身物品;

(三)出现突发公共事件或者其他危急情形,以及旅行社因违反旅游合同约定采取补救措施时,要求旅游者配合处理防止扩大损失,以将损失降低到最低程度;

(四)拒绝旅游者提出的超出旅游合同约定的不合理要求;

(五)制止旅游者违背旅游目的地的法律、风俗习惯的言行。

第四十四条　旅行社应当妥善保存《条例》规定的招徕、组织、接待旅游者的各类合同及相关文件、资料,以备县级以上旅游行政管理部门核查。

前款所称的合同及文件、资料的保存期,应当不少于两年。

旅行社不得向其他经营者或者个人,泄露旅游者因签订旅游合同提供的个人信息;超过保存期限的旅游者个人信息资料,应当妥善销毁。

第五章　监督检查

第四十五条　根据《条例》和本实施细则规定,受理旅行社申请或者备案的旅游行政管理部门,可以要求申请人或者旅行社,对申请设立旅行社、办理《条例》规定的备案时提交的证明文件、材料的原件,提供复印件并盖章确认,交由旅游行政管理部门留存。

第四十六条　县级以上旅游行政管理部门对旅行社及其分支机构实施监督检查时,可以进入其经营场所,查阅招徕、组织、接待旅游者的各类合同、相关文件、资料,以及财务账簿、交易记录和业务单据等材料,旅行社及其分支机构应当给予配合。

县级以上旅游行政管理部门对旅行社及其分支机构监督检查时,应当由两名以上持有旅游行政执法证件的执法人员进行。

不符合前款规定要求的,旅行社及其分支机构有权拒绝检查。

第四十七条　旅行社应当按年度将下列经营和财务信息等统计资料,在次年3月底前,报送原许可的旅游行政管理部门:

(一)旅行社的基本情况,包括企业形式、出资人、员工人数、部门设置、分支机构、网络体系等;

(二)旅行社的经营情况,包括营业收入、利税等;

(三)旅行社组织接待情况,包括国内旅游、入境旅游、出境旅游的组织、接待人数等;

(四)旅行社安全、质量、信誉情况,包括投保旅行社责任保险、认证认可和奖惩等。

对前款资料中涉及旅行社商业秘密的内容,旅游行政管理部门应当予以保密。

第四十八条　《条例》第十七条、第四十二条规定的各项公告，县级以上旅游行政管理部门应当通过本部门或者上级旅游行政管理部门的政府网站向社会发布。

质量保证金存缴数额降低、旅行社业务经营许可证的颁发、变更和注销的，国务院旅游行政主管部门或者省级旅游行政管理部门应当在作出许可决定或者备案后20个工作日内向社会公告。

旅行社违法经营或者被吊销旅行社业务经营许可证的，由作出行政处罚决定的旅游行政管理部门，在处罚生效后10个工作日内向社会公告。

旅游者对旅行社的投诉信息，由处理投诉的旅游行政管理部门每季度向社会公告。

第四十九条　因下列情形之一，给旅游者的合法权益造成损害的，旅游者有权向县级以上旅游行政管理部门投诉：

（一）旅行社违反《条例》和本实施细则规定的；

（二）旅行社提供的服务，未达到旅游合同约定的服务标准或者档次的；

（三）旅行社破产或者其他原因造成旅游者预交旅游费用损失的。

划拨旅行社质量保证金的决定，应当由旅行社或者其分社所在地处理旅游者投诉的县级以上旅游行政管理部门作出。

第五十条　县级以上旅游行政管理部门，可以在其法定权限内，委托符合法定条件的同级旅游质监执法机构实施监督检查。

第六章　法律责任

第五十一条　违反本实施细则第十二条第三款、第二十三条、第二十六条的规定，擅自引进外商投资、设立服务网点未在规定期限内备案，或者旅行社及其分社、服务网点未悬挂旅行社业务经营许可证、备案登记证明的，由县级以上旅游行政管理部门责令改正，可以处1万元以下的罚款。

第五十二条　违反本实施细则第二十二条第三款、第二十八条的规定，服务网点超出设立社经营范围招徕旅游者、提供旅游咨询服务，或者旅行社的办事处、联络处、代表处等从事旅行社业务经营活动的，由县级以上旅游行政管理部门依照《条例》第四十六条的规定处罚。

第五十三条　违反本实施细则第三十二条的规定，旅行社为接待旅游者选择的交通、住宿、餐饮、景区等企业，不具有合法经营资格或者接待服务能力的，由县级以上旅游行政管理部门责令改正，没收违法所得，处违法所得3倍以下但最高不超过3万元的罚款，没有违法所得的，处1万元以下的罚款。

第五十四条　违反本实施细则第三十三条的规定，要求旅游者必须参加旅行社安排的购物活动、需要旅游者另行付费的旅游项目，或者对同一旅游团队的旅游者提出与其他旅游者不同合同事项的，由县级以上旅游行政管理部门责令改正，处 1 万元以下的罚款。

第五十五条　违反本实施细则第三十四条第二款的规定，旅行社未将旅游目的地接待旅行社的情况告知旅游者的，由县级以上旅游行政管理部门依照《条例》第五十五条的规定处罚。

第五十六条　违反本实施细则第三十五条第二款的规定，旅行社未经旅游者的同意，将旅游者转交给其他旅行社组织、接待的，由县级以上旅游行政管理部门依照《条例》第五十五条的规定处罚。

第五十七条　违反本实施细则第三十八条第二款的规定，旅行社及其导游人员和领队人员拒绝继续履行合同、提供服务，或者以拒绝继续履行合同、提供服务相威胁的，由县级以上旅游行政管理部门依照《条例》第五十九条的规定处罚。

第五十八条　违反本实施细则第四十四条的规定，未妥善保存各类旅游合同及相关文件、资料，保存期不够两年，或者泄露旅游者个人信息的，由县级以上旅游行政管理部门责令改正，没收违法所得，处违法所得 3 倍以下但最高不超过 3 万元的罚款；没有违法所得的，处 1 万元以下的罚款。

第五十九条　吊销旅行社业务经营许可证的行政处罚，由原许可的省级以上旅游行政管理部门作出。

对旅行社作出停业整顿行政处罚的，旅行社在停业整顿期间，不得招徕旅游者、签订旅游合同；停业整顿期间，不影响已签订的旅游合同的履行。

第七章　附　则

第六十条　本实施细则由国务院旅游行政主管部门负责解释。

第六十一条　本实施细则自 2009 年 5 月 3 日起施行。2001 年 12 月 27 日国家旅游局公布的《旅行社管理条例实施细则》同时废止。

附录 3　导游人员等级考核评定管理办法（试行）

第一条　为加强导游队伍建设，不断提高导游人员的业务素质，根据《导游人员管理条例》，制定本办法。

第二条　导游人员等级考核评定工作，遵循自愿申报、逐级晋升、动态管理的原则。

第三条　凡通过全国导游人员资格考试并取得导游员资格证书，符合全国导游人员等级考核评定委员会规定报考条件的导游人员，均可申请参加相应的等级考核评定。

第四条　国家旅游局负责导游人员等级考核评定标准、实施细则的制定工作，负责对导游人员等级考核评定工作进行监督检查。

第五条　国家旅游局组织设立全国导游人员等级考核评定委员会。

第六条　全国导游人员等级考核评定委员会组织实施全国导游人员等级考核评定工作。省、自治区、直辖市和新疆生产建设兵团旅游行政管理部门组织设立导游人员等级考核证实办公室，在全国导游人员等级考核评定委员会的授权和指导下开展相应的工作。

第七条　导游人员等级分为初级、中级、高级、特级四个等级。导游员申报等级时，由低到高，逐级递升，经考核评定合格者，颁发相应的导游员等级证书。

第八条　导游人员等级考核评定工作，按照“申请、受理、考核评定、告知、发证”的程序进行。

中级导游员的考核采取笔试方式。其中，中文导游人员考试科目为“导游知识专题”和“汉语言文学知识”；外语导游人员考试科目为“导游知识专题”和“外语”。高级导游员的考核采取笔试方式，考试科目为“导游案例分析”和“导游词创作”。特级导游员的考核采取论文答辩方式。

第九条　参加省部级以上单位组织的导游技能大赛获得最佳名次的导游人员，报全国导游人员等级考核评定委员会批准后，可晋升一级导游人员等级。一人多次获奖只能晋升一次，晋升的最高等级为高级。

第十条　旅行社和导游管理服务机构应当采取有效措施，鼓励导游人员积极参加导游人员等级考核评定。

第十一条　参与导游人员等级考核评定的命题和考核员必须是经全国导游人员等级考核评定委员会进行资格认定。命题员和考核员接受全国导游人员等级考核评定委员会的委派，承担导游人员等级考核评定相关工作。

第十二条　参与考核评定的命题员和考核员不得徇私舞弊。全国导游人员等级考核评定委员会要加强对考核人员的监督管理，对有违规行为的要从严处理，撤销其资格。

第十三条　导游员等级证书由全国导游人员等级考核评定委员会统一印制。

第十四条　导游人员获得导游员资格证书和中级、高级、特级导游员证书后，可通过省、自治区、直辖市和新疆生产建设兵团旅游行政管理部门申请办理相应等级的导游证。

第十五条　导游人员等级考核评定的收费标准按照国家有关部门审批的标准执行。

第十六条　本办法由国家旅游局负责解释。

第十七条　本办法由 2005 年 7 月 3 日起施行。原有政策、规定与本办法不符的，以本办法为准。